U0123999

让我们走近张爱玲

看看那美丽月光下一个"传奇"女子的

飞翔与梦想吧！

张爱玲传

张均 著

（修订版）

GUANGXI NORMAL UNIVERSITY PRESS
广西师范大学出版社
·桂林·

张爱玲传
ZHANG AILING ZHUAN

图书在版编目（CIP）数据

张爱玲传 / 张均著. -- 修订本. --桂林：广西师范
大学出版社，2021.8
　　ISBN 978-7-5598-3905-3

Ⅰ.①张… Ⅱ.①张… Ⅲ.①张爱玲（1920-1995）—
传记 Ⅳ.①K825.6

中国版本图书馆 CIP 数据核字（2021）第 114618 号

广西师范大学出版社出版发行

（广西桂林市五里店路 9 号　　邮政编码：541004）
（网址：http://www.bbtpress.com）

出版人：黄轩庄
全国新华书店经销
湛江南华印务有限公司印刷
（广东省湛江市霞山区绿塘路 61 号　邮政编码：524002）
开本：880 mm × 1 230 mm　1/32
印张：11.875　　字数：308 千
2021 年 8 月第 1 版　　2021 年 8 月第 1 次印刷
印数：0 001~6 000 册　　定价：69.00 元

前　言

在 20 世纪 90 年代之后出版张爱玲的传记，不能不说兼有自我挑战之意味。由海外、港台延播至大陆的"张爱玲热"已持续数十年之久，其间先后出版的张爱玲传记已经很多，但张爱玲仍受到众多读者与知识人有增无减的热情关注，她的个人故事，以及她笔下的 20 世纪 30 年代的上海，正作为日益巨大的魅惑形象，稳步进入今日中国的公共想象空间。关于张爱玲，我们不是说得太多，而是太少。我们太多渲染、重复她作为一个天才女子的"传奇"，而太少将心比心地探寻她在现实中，作为生活着的、感受着的女性所经历过的内心的光芒与黑暗。

20 世纪 90 年代后期渐次面世的新的张爱玲的生平资料为本书的写作提供了有价值的参考，学界的新近研究成果，亦对本书个人化的叙说角度与眼光大有助益。我将从一个新的角度解读张爱玲所经历过的美好的和不那么美好的岁月与生活。也许您并不熟悉"这一个"张爱玲，但这恰恰是我希望的。我未必以传奇与佳话为目的，我尝试理解。

为什么说张爱玲是"20 世纪中国最为彻底的唯美主义者"？

张爱玲一生自始至终都追求完美，追求极致，这既是《传奇》魅力之所在，亦是她个人婚姻人生悲剧的重要原因，更是持续至今的"张爱玲热"

背后深刻的文化心理内涵。比较而言，20世纪中国的其他一些作家与诗人，譬如徐志摩、戴望舒、沈从文、萧红和何其芳等人，创作虽然也有不同程度的唯美主义倾向，但人生态度却远非张爱玲那样彻底。张爱玲的唯美态度与她观察人生、世界"眼光"的分裂有关。她的这种"眼光"极为个人化、私人化，早在童年父母离异之际便已出现。别人很难和她一样。

张爱玲20世纪40年代的小说集《传奇》与散文集《流言》，最初是作为新文学的"异数"出现的，但到20世纪90年代它们已被承认为经典之作，张爱玲甚至被北京大学的评论家列为"20世纪中国十大小说家"之一，与鲁迅、巴金、老舍、沈从文等文学大家比肩而列，那么，张爱玲小说与散文的艺术魅力究竟在什么地方？

张爱玲杰出的艺术才华，在于她为20世纪40年代亦新亦旧的中国生活创造出了一种特殊的表现形式，又从这种形式中衍生出某种六朝挽歌般的悲凉美感：一边是古旧中国的精致情调与喧哗声响，一边是现代人独自孤独的荒凉体验。两者交融，塑造出特殊的美感形式。按照她自己的说法是，"我喜欢参差的对照的写法"。

张爱玲与汪伪官员胡兰成历时三年有余的婚恋，以轰轰烈烈始，以决然绝去终，这场乱世之恋对她后来的人生道路是否有所影响？

影响非常之大。尽管张爱玲一生著述从未就此提过只言片语，但与胡兰成感情的破裂深深地损毁并改变了她的人生态度。1944年他们开始相恋时，张爱玲对外部世界是抱有很多热烈想象的，希求从外部世界求得人生的极致与完美，1947年后，张对自我以外的一切则抱失望感受，开始转向较为纯粹的内心生活。这也是她为什么20世纪40年代喜以奇装炫人，好在杂志媒体上大出风头，而20世纪50年代以后却迅速淡出，到晚年索性闭门不出，与世隔绝，前后判若两人。不过张爱玲对胡兰成并无怨恚之意，

50年代还跟他借过书。很多人一生只爱一个人，而且一爱就是一生。在现代社会，张爱玲对待爱情的态度很使人怀念。

张爱玲在抗战胜利后的一段"沉默年代"里，曾与当时颇有前途的青年导演桑弧相识相交，但她为什么又对好心人婉转的示意"摇头再摇头"呢？

她的确很赏识年轻且才具逸群的桑弧，但她没有机会。这中间埋藏着一段不为人知的隐痛。作为一名被伤害过的女性，她经历着所有妇女共同的命运。

20世纪50年代以后的张爱玲差不多被人"遗忘"了，事实上她仍创作了一些长、短篇作品，譬如《赤地之恋》《秧歌》与《五四遗事》等，但直到今天，人们对她后四十年的创作仍然不够重视，这中间是否存在不公正？

没有。张爱玲虽然曾经是璀璨夺目的旷世之才，但20世纪50年代之后，漂泊海外、孑然一身的她亦不得不接受普通人的命运，为衣食生计而奔波，她这时期的小说剧本多是政治性或商业性的。她自己也清楚，后来皇冠出版社出版她的作品集，她坚决不收入《赤地之恋》。

晚年张爱玲离群索居，最后又无声而去，她在去世前长达二十余年的幽居岁月中处于一种什么样的精神境界呢？

用一个语义业已限定的词语来传达那种境界是很困难的，若一定要勉力为之，最好用"美"这个词。如何理解张爱玲晚年"美"的境界呢？如果我们能够想象一个女子在银色的月光下，起舞，飞扬，又悲恸低回，最后缓缓旋起，慢慢化入一片平静澄明的月光，那么，我们就能理解张爱玲经历过的内心旅程，她晚年淡如止水的心境。其实到20世纪80年代，她的独异艺术才华已为台湾、香港和进入改革开放时代的大陆逐渐承认，声誉日显，但她谢绝一切邀请与访见，宁愿沉迷于"海上红楼"而遗世忘形。

她以平静的姿态接受了时间和命运。她选择了一种自己与自己对话的生活方式，一种沉湎于想象与记忆的唯美姿态。于灿烂之处归于平静，是她晚年的情形。

让我们走近张爱玲，看看那美丽月光下一个"传奇"女子的飞翔与梦想吧！

目　录

第一章　乱世天才梦

　　张爱玲为什么会成为 20 世纪中国最为彻底的唯美主义者？童年、少年时期的生活对她的影响相当深刻：煊赫门族渐次散去的繁华喧闹导致了她对时间流逝的异常敏感，父母之家的分裂更导致了她观察人生、世界的"眼光"的分裂。一个人愈是感受到现实的破裂、易碎与不完美，便愈易倾向于内心世界的安静与完美。张爱玲的唯美主义态度在少年时期就已基本形成。

显赫身世

　　她出生于一个煊赫的门族，祖母是晚清"中兴四大名臣"之一李鸿章的亲生女儿，但成年以后她并不愿意与人谈论张家公馆广为流传的往事逸闻，只是，世家血脉对她后来特立独行的个性气质、唯美主义的人生态度的影响，实在是她始料不及，也始终未能觉察到的。

　　1920 年 9 月 30 日，张爱玲出生于上海公共租界的张家公馆。这座公馆幽深、阴秘，笼罩着迟暮之气，仿佛与当时摧折一切旧文化、旧制度的五四新文化运动隔着厚厚的一层空气。20 世纪 20 年代的中国，是个"趋极端的时代"，"年青的知识阶级仇视着传统的一切，甚至于中国的一切"。（张爱玲：《更衣记》）在这种情形下，张家公馆很接近二十余年后张爱玲在中篇小说《倾城之恋》里面所描绘的白公馆，"上海为了'节省天光'，将所有的时钟都拨快了一小时，然而白公馆里说：'我们用的是老钟。'他们的十点钟是人家的十一点。他们唱歌唱走了板，跟不上生命的胡琴"。

　　这是一幢不愿意从清王朝的残余梦想中跨入新时代的兼取中西建筑特色的官僚私宅。宅第的前主人身世显赫，其名门大族的声誉余荫与传奇佳话直到 20 世纪 20 年代依然存在。对于自己家族广为流传的旧事逸闻，成年以后的张爱玲不太愿意与人谈及，常常顾左右而言他。但这并不妨碍我们对丰润张氏家族（张家祖籍为河北省丰润县）的历史稍作钩沉。

张爱玲的曾祖父名张印塘（1797—1854），字雨樵，在同治年间出任过安徽按察史一职，因为职务关系，与后来的"中兴四大名臣"之一李鸿章结识。李鸿章系曾国藩门生，平定太平天国时期，曾国藩总督江南军务，以半私人性质的民团"湘军"与太平军作战，其间因"湘军"数次失利，局势紧张，曾国藩遂命李鸿章返回安徽筹办"淮军"，以助战事。张印塘与李鸿章熟识并深交，就在"淮军"筹办初起期间。二人共理军务，彼此投合，结下深谊。到张爱玲的祖父张佩纶（1847—1903）这一代人，张、李两家已经成为世交。

张佩纶自己幼禀家学，才思敏捷，在1854年父亲张印塘积劳成疾故于任上时，"佩纶方七岁"，此后"转徙兵间十余年，操行坚卓，肆力为经世之学"。张佩纶23岁时应试中举，第二年再登进士，"授编修，充国史馆协修官"，四年后擢升为侍讲学士及都察院侍讲署左副都史，被派在总理各国事务衙门任职。青年时代的张佩纶为人耿直自负，"抱经世略，忧天下之将危"，是晚清士大夫中"清流党"的代表人物。他"屡上书言国事，所言必君国宗社大计，不举细故，批却导窾，语必中其肯綮，一疏出，朝野耸听……"因此，张佩纶深得军机首辅恭亲王奕䜣和另一位军机大臣李鸿藻的赏识与恩待，仕途通达。《清朝野史大观》记载说，除张佩纶外，在同光之际同列"清流"的士大夫尚有张之洞、陈宝琛、黄体芳、宝廷、潘祖荫等人，他们"号曰'清流'……弹击不避权贵，白简朝入，巩带夕褫，举国为之震竦……丰润（代指祖籍丰润的张佩纶）喜着竹布衫，士大夫争效之……"清流诸君子在明儒杨福山的故居"松筠庵"设了一个"谏草堂"，效东林遗风，以言论议政，在很大程度上影响了同光两朝的国事政局。张佩纶本人在朝期间，曾经先后弹劾户部尚书王文韶核准云南报销受贿六百万两和参奏京官大员万青藜昏庸顽固滥竽朝政，震动朝野。他所上奏的诸种海防外交的折子，也深为中外官员赞赏。作为一名清朝士臣，张佩纶在很长时间内保持了忠正

张爱玲祖父张佩纶像

的官誉。美国驻华大使杨约翰曾对人说，"在华所见大臣，忠清无气习者惟佩纶一人"。

如果说张印塘、张佩纶的军功与治才初步奠定了丰润张氏的荣耀的话，那么张爱玲祖母的出现更把这种荣耀推到了极致。张爱玲的祖母李菊耦是张佩纶的第三任妻子。她是张印塘旧交、当时直隶总督兼北洋大臣李鸿章的女儿，作为名门千金，她被李鸿章视如掌上明珠。与张印塘死于太平天国战乱的糟糕命运相比，李鸿章无疑幸运得多。他成功筹办了"淮军"，佐助恩师曾国藩围攻天京，擒拿太平天国忠王李秀成，战功卓著。内乱结束以后，获封一等肃毅伯。嗣后，曾国藩自抑"湘军"，李鸿章则率领"淮军"陆续平定河北、河南等地的捻军起义。1872年曾国藩病逝后，李鸿章接替曾国藩出任直隶总督兼北洋大臣，从此权倾一时，深孚众望，主持清廷朝政达二十五年。他在主政期间，还大力倡办洋务，创立近代新式海军（北洋舰队），成为影响整整一个时代的重要人物，也被认为是中国社会现代化转型的枢纽人物。作为位极人臣的李鸿章的女儿，李菊耦与张佩纶的婚姻充满了不可思议与奇异的色彩，因为在1888年二人订婚时，李菊耦才22岁，而张佩纶已年过40岁，足足大了19岁；而且更不"适宜"的是，张佩纶此时已不复青年时代的意气，以战败之罪被朝廷罢黜、流放，并且是刚刚从流放地察哈尔返归京师，无财无职。从通常门当户对的婚姻规则看，一个落魄、失意的文人显然与名门千金极不般配。张、李二人的婚姻，无疑违反了这样的规则，可谓"例外"。

说起来这里面还有一则慧眼识英才的美丽佳话。因为事出名门，以影射、实事隐写见长的清末"四大谴责小说"之一的《孽海花》（作者曾朴）直接将此段实事巧加发挥，演绎成了一段传奇故事。原来张佩纶恃才傲物，声誉直上的同时也为自己埋下了不少祸根。1884年，法国殖民军队进入越南，与越南的宗主国清王朝发生严重冲突。法军不仅在越南直接挑衅清军，而且窥伺台湾，把军舰停泊在福建马尾口外胁迫驻扎于该地的清军福建水师。在御前会议上，张佩纶与"清流党"人力主与法国开战。结果与"清流"素有宿怨的军机大臣孙敏汶趁机上奏，要求将几位主要的"清流"士大夫派驻情势危急的海防前线。张之洞、陈宝琛被派往广东，张佩纶则被派往福建马尾主持战事。张佩纶踌躇满志，赶赴福建，满以为经此一战就可以实现报国热望，但没料到结果恰恰相反，迎接他的却是一次悲剧性的人生转折。因为张佩纶本来只是词臣与书生，以言论政尚可，但对具体的军务、作战无疑缺乏实际经验，所以真等到海战打响，就只知道依着北京来的上谕和李鸿章的电报布置战守，兼之和闽籍水师将领的关系难以协调，结果一战而败，以福建水师全军覆没告终。张佩纶自己在大雨中顶着一只破铜盆逃生出来。这场失败断送了张佩纶。同年底，张佩纶被清廷发配到边塞察哈尔。张把家室留在北京，一人束书北上。这是张仕宦生涯中最大的一次挫折，但他并未消沉自没，而是重新恢复自己的学者角色，在塞上勤勉研读，以著述自遣。三年流放时间，张佩纶竟先后完成《管子注》24卷、《庄子古义》10卷，以及《涧于集》《涧于日记》多卷（《涧于日记》是张爱玲少年时代常读之书）。1886年，张佩纶的继室边粹玉在北京病故。1888年，张佩纶戍满归京。李鸿章非常关切这位故旧之子，"分俸千金，以资归葬"。当年4月，张佩纶处理完家事，前往津门，投身李门，在李鸿章都署内协办文书，掌握重要文件。大约过了不到半个月的时间，就与李菊耦订婚，成为一时佳谈。对女儿的婚姻，李鸿章相当满意。他在致朋友的信中说，"平生期许，老年得此，深惬素怀"，"幼樵以北学大师做东方赘婿，北宋泰山孙先生故事，窃喜同符"，又说，"幼樵天性真挚，曩微嫌其神锋太隽，近则愈近深沉，所造正未可量，得婿如此，颇惬素怀"。（李鸿章：《李文忠公尺牍》）

《孽海花》对这段姻缘有生动的描写。在小说中，以张佩纶为原型的庄仑樵虽然战败，遭到流放的惩罚，但总理北洋军务的威毅伯（以李鸿章为原型）仍然非常爱惜他的才能与识见，甚至有意将女儿嫁给他。一天，庄仑樵恰巧有事需要去拜见威毅伯，正要迈进他的书房时，忽然瞥见里面立着一个美丽少女，"眉长而略弯，目秀而不媚，鼻悬玉准，齿列贝编"，一时没地方回避，进退为难。威毅伯看见了，非常高兴，说："贤弟进来不妨事，这是小女呀，——你来见见庄世兄。"女孩子轻轻回身，蓦地瞧见有点儿手足无措的庄仑樵，顿时满腮绯红，盈盈转身，悄无声儿地进了里间。庄仑樵进去，看见桌上正好铺着两首七律，都是咏叹马江战的，诗中充满了对败军之将庄仑樵深切的体谅与理解之情。

第一首是：

　　基隆南望泪潸潸，闻道元戎匹马还。
　　一战岂容轻大计，四边从此失天关。
　　焚车我自宽房琯，乘障谁教使狄山。
　　宵旰甘泉犹望捷，群公何以慰龙颜。

第二首是：

　　痛哭陈辞动圣明，长孺长揖傲公卿。
　　论材宰相笼中物，杀贼书生纸上兵。
　　宣室不妨留贾席，越台何事请终缨。
　　豸冠寂寞犀渠尽，功罪千秋付史评。

　　庄仑樵看了，觉得心中无限酸楚、悲慨一并涌上来，眼睛不知不觉湿润
了。在三年多的谪戍生活中，他虽然以出世之心，饱读汉晋隋唐诸子百家为
娱，但内心的悲凉与感痛并不是那么容易就能排解的。现在看完这两首诗，
他心里好像有什么东西被轻轻拨动了一下。威毅伯见他沉思不语，就笑着说，
"这是小女涂鸦之作，贤弟休要见笑"。庄仑樵一听，慌忙称赞小姐用韵精当，
却说不出其他。这时威毅伯像是洞穿了庄仑樵一时复杂难名的感受，听他赞
美之后，并不细究，而是托他顺便替自己女儿物色佳婿。庄问威毅伯选婿需
要什么条件，威毅伯说，"要和贤弟一样"，并且"忽然很注意地看了他几
眼"。庄仑樵心中暗自吃惊，但已多少知道威毅伯的意思。回来后即托人提
亲，威毅伯果然"一口应承"。结果威毅伯夫人闻知此事，大怒，痛骂他"老
糊涂虫"，把女儿许配给一个年龄相差19岁的"囚犯"。威毅伯无可奈何，
这时小姐说话了，"爹爹已经把女儿许给了姓庄的，哪儿能再改悔呢！就是

女儿也不肯改悔！况且爹爹眼力必然不差的”。原来小姐早在闺中就已经暗慕威毅伯的词才！她既然表明了自己的态度，做母亲的最终也只得由她。

小时候张爱玲看了《孽海花》，"非常兴奋，去问我父亲，他只一味辟谣，说根本不可能在签押房撞见奶奶。那首诗也是捏造的"（张爱玲：《对照记》）。

的确，《孽海花》的这些细节多半属于小说演绎。在小说中，作者对李鸿章、张佩纶都没有使用原名，李鸿章用"威毅伯"来暗指，张佩纶则直接被化名为"庄仑樵"，"庄"取自"张"，"仑"取自"纶"，"樵"则取自

张爱玲的母亲黄逸梵像（坐者）

张佩纶的字"幼樵",明眼人一看即知。但是作者曾朴与李鸿章、张佩纶两家都有交谊。他之所叙尽管有较多传奇色彩,但很难说完全没有真实的成分。

张佩纶婚后仍留在李鸿章府中,夫妇二人感情较佳。张佩纶这一时期的日记颇多夫妇偕游的记载,譬如:

> 重阳日与内人煮酒持螯,甚乐。
>
> 终日在兰骈馆与菊耦读书读画。
>
> 与菊耦手谈,甚乐。
>
> 以家酿与菊耦小酌,月影清圆,花香摇曳,酒亦微醺矣。
>
> 菊耦小有不适,煮药、煎茶、赌棋、读画,聊与遣兴。
>
> 菊耦生日,夜煮茗,谈史,甚乐。

不过按张爱玲的评价是:"奶奶嫁给爷爷大概是很委曲。在他们的合影里,她很见老,脸面胖了,几乎不认识了,尽管横 V 字头路依旧。并没隔多少年,他们在一起一共也不过十几年。又一直过着伊甸园的生活,就是他们两个人在自己盖的大花园里。"(张爱玲:《对照记》)但夫妻圆洽并未挽救张的宦途,张的未来仍无转机。1894 年,中、日两国在朝鲜爆发严重军事冲突,战争一触即发。北洋大臣李鸿章主持其事,身为李的幕僚的张佩纶仍然主张与日本开战。张因此与主持和议的李鸿章之子李经方意见相左,李经方对张大为不满,遂起排斥之意。据说,不久后李经方即通过关系,买通御史上奏,弹劾张佩纶,结果朝廷下旨,称张"发遣释回后又在李鸿章署中以干预公事屡招物议属实,不安本分;著李鸿章即行驱令回籍毋许逗留"。李鸿章甚怒,但为平息众议,最后不得不退让,设法让张佩纶夫妇搬到南京,并给了女儿一份相当丰厚的陪嫁。资财甚盛,但张佩纶的官宦生涯亦以此终。

李鸿章的夫人与女儿李菊耦

甲午战争爆发，此后一年，集晚清全国之财力物力的北洋水师惨遭败绩，丧权辱国的《马关条约》签订，李鸿章本人也声名狼藉。张佩纶失去扶援，再也没有等来东山再起的机会。他晚年郁居南京，纵酒过度，以抑郁终。临死前，他告诉自己的次子、张爱玲的二伯父张志潜说："死即埋我于此。余以战败罪人辱家声，无面目复入祖宗邱垄地。"死而不归祖茔，张佩纶的凄凉孤独为这个煊赫的家族注入了一种苍凉的梦幻之感。

与丰润张氏一样，张爱玲的母亲一系也同样属于晚清大族之家。她的母亲黄素琼，是南京黄军门（军门相当于今日省军区司令员）的女儿，黄军门

张爱玲的祖母李菊耦像

的父亲黄翼升（1818—1894），是曾国藩部下的"湘军"宿将，曾经与李鸿章一起，同在曾国藩幕下领军作战。因平定太平天国、东捻之乱有功，1862年获授代理江南水军提督，1864年出任首任长江水师提督，1868年获授三等男爵。黄家在南京的声望与地位也非一般人家可以比拟。

此外，张爱玲的后母孙用蕃（1899—1986）一系亦是显贵人家。孙用蕃的父亲孙宝琦，在晚清时代，曾经出任过户部主事、直隶道员、铜元局总办等实职，并创设育才馆，办理开平武备学堂，培养了很多近代人才，"吴佩孚、萧安国、陶元鹤皆列门墙"。1900年八国联军犯境，攻陷北京，慈禧太后携光绪帝仓皇出逃西安，孙宝琦则沿途随行护驾。他熟谙法文和电码，故受命在军机处办事。当时西安和北京之间有关议和及朝政的电报，都是由他译读办理的。因此，局势稳定后，他也受到了慈禧太后的器重。1901年他得以以五品京官奉派出任法国大臣，1903年又兼任西班牙国大臣。在法国期间，他还暗中帮助孙中山在海外从事革命活动。所以，清政府倒台后，他获得了继续在新政府中任职的机会。北洋政府期间，他曾经先后出任过外交总长和国务总理。

这样的名门大族的背景，带给丰润张氏的，不仅是声望与名誉，更主要的是资产与财富。在曾国藩、李鸿章、左宗棠、张之洞等同光"中兴名臣"中，以李鸿章最为富有。晚清时谚有云，"宰相合肥天下瘦"，李鸿章为安徽合肥人氏，此谚一词双关，暗示李之富（"肥"）足敌天下。李鸿章财产究竟有多少，外人和后人都很难获知确切数字。据容闳在《西学东渐记》中估计，李鸿章一人资财约折合白银四千万两，相当于当时清廷全国财政收入的近二分之一。而且，李鸿章兄弟六人（李鸿章序齿第五）皆广置田产。仅在合肥一地，李家即拥地六十万亩，每年可收租五万石。"其在外县更无论矣。"在不动产方面，李氏兄弟"一、二、四房，约皆数百万，而不得其详"，"家中田园、典当、钱庄值数万元不算，就芜湖而论，为长江一大市镇，与汉口、九江、镇江相埒，其街长十里，市铺十之七八皆五房创造，贸易则十居四五。合六房之富，几乎敌国"。（李文治编：《中国近代农业史资料》第一辑）这种巨额财富的攫取，当然与晚清官僚政治的体制性腐败有关。相比之下，以"清流"自居的张佩纶就显得清贫有加。张家财产的主要来源其实就是李菊耦的陪嫁，包括大量田产、房产与古董。这份陪嫁的具体数目无法知悉，但至少在1935年左右，分到张爱玲父亲名下的财产仍包括8座花园洋房和安徽、天津、河北各地的大宗田产，而张爱玲父亲获得的遗产又仅是李菊耦陪嫁中相当少的一部分。显然，因此婚姻，丰润张氏顿为显富。

有李鸿章、张佩纶这样的先人，又有刚刚过去的繁华富贵，张家的后人很难走出祖辈父辈的巨大光环。在张爱玲呱呱落地的1920年，清王朝已经灭亡近十年，震撼数千年传统文化制度的五四新文化运动刚刚发生，提倡思想解放、个性解放，提倡民主与科学的口号冲荡着积重难返的中国。与此同时，北方北洋政府与南方军政府已处于事实上的割据分治状态，中国共产党于次年召开了第一次全国代表大会，地点就在上海……显然，新的时代浪潮抛开了王制统治下大大小小的名门世家。在这样的名族内，追求政治平等的民主热情与救渡民众的启蒙信仰都很难产生，他们也自甘居于社会主流之外，坐拥上一代人传留下来的洋房、汽车、田产与股金，饮甘啖肥，宝车轻裘，男的年纪轻轻就学会了抽鸦片、逛堂子、娶姨太太，混迹十里洋场醉生梦死，女的从小就学着做淑女，长大了嫁个富贵人家做个少奶奶，即算了事。张爱玲的父亲、弟弟，就是这样的遗老遗少，他们坐吃山空，不思进取，仿佛一只脚踏在现在，一只脚踏在过去，顾恋着祖辈的影子，徘徊难去。张爱玲小时候常听到家里人高谈"我们的老太爷"，亲戚间、男女仆役间难得离口的亦是"老太太""相府老太太"之类。

成年以后的张爱玲对这些不以为然。她既少与人谈及自己的身世，在《私语》《烬余录》等自传性散文里也甚少提及，不管是祖母一系的李家，还是母亲一系的黄家，后母一系的孙家。其实，在张爱玲童年时期，张家与黄家、孙家及李家的来往都是较密切的，张爱玲本人对这些显贵亲戚的家世隐情都十分清楚。据她弟弟张子静回忆，她的许多小说素材都直接取自这些亲戚家一些不太为人知的秘事。比如中篇小说《金锁记》的故事、人物就脱胎于李鸿章次子李经述家，曹七巧的原型被张爱玲喊作"三妈妈"，长白的原型被喊作"琳哥哥"，长安的原型被喊作"康姊姊"；短篇小说《花凋》的故事则直接取自她的舅舅家，小说中的女主角"郑川嫦"，即影射她舅舅的三女儿黄家漪，"十九岁毕业于宏济女中，二十一岁死于肺病……"整篇小说讲的就是她这位表姐的悲剧爱情。《花凋》发表后，她舅舅看了大发脾气，对她舅妈说："她问我什么，我都告诉她，现在她倒在文章里骂起我来了！"（张子静：《我的姐姐张爱玲》）但发脾气亦无甚用，张爱玲走上创作之路时与亲戚，与自己的父亲、弟弟已几无往来。

张爱玲对自己身上的"贵族血液"并无宣传的兴趣。对于遗老遗少家族里的陈腐、糜烂情形，她倒深有体会。她不太愿意提起那些不愉快的往事。当时关于《孽海花》人物世家的"考据"很是热闹过一阵，她也没有去凑趣。但她对祖父张佩纶其实甚有好感。她的表哥黄德贻甚至认为她在气质上接近张佩纶："（她）像祖父张佩纶。张爱玲长得不漂亮，她的爸爸妈妈都是很漂亮的。个性尤其像，张佩纶有一股傲气，他可是状元入第（原文有误，应为"进士及第"）的，下笔如刀，恃才傲物，张爱玲也是个才女啊。"（周芬伶：《艳异：张爱玲与中国文学》）的确如此。譬如，她的母亲和姑姑都认为张佩纶偌大年纪，又其貌不扬，与年轻貌美的祖母不般配，张爱玲则不然，她认为祖父是有才华的。她小时候读过祖父留下的日记。祖父的诗句"秋色无南北，人心自浅深"给她留下了极深的印象。作为一个经历过坎坷命运的人，一个体验过心志难抒的孤独的人，张佩纶的情绪与感受可能通过日记对张爱玲产生了影响，而使她常常有苍凉的身世之感。而由祖父所代表的家族形象的消失，可能也使她对时间的流逝产生了一种特殊的敏感。繁华与生命都是要消失的，唯时间变动不居，傲视着去去来来的人群，人之为人的悲凉亦在于此吧。这些或许都是祖父给她的影响。后来胡兰成说她身上有"贵族气氛"，也在她对祖父的好感上可以见出。

　　所以，尽管张爱玲对她的显贵家世总小心保持着某种距离，但她并不是没受到家世姻亲的影响，相反，家世给她的影响是巨大的，无处不在，直到她后来摆脱家庭而独立，这种影响仍存在如故。这些影响，不仅包括童年阴郁的记忆，也包括论人处世的标准、人生理想的寻求等等，都深深地渗进了她以后的创作生活与情感生活中：她是一个唯美主义者。

童年，最初的记忆

弟弟是她最好的玩伴，她总是把他们设想为"金家庄"上能征惯战的两员骁将，趁着月色翻过山头去攻打蛮人……但她也知道，所有的繁华热闹在她之前都已发生，"穿上新鞋也赶不上了"。

张爱玲最初并不叫"爱玲"这个名字，而叫"煐"，"爱玲"是 10 岁时母亲带她去黄氏小学上学时依照英文名字 Eleen 临时取的。

张爱玲最初的童年生活是愉快的，就如她 7 岁时所写的一篇历史小说，"话说隋末唐初的时候"，她开头就这么写，大约是隋唐演义中英雄辈出的氛围给她印象特别深刻之故，从那时起她就一直认定隋唐"是一个兴兴轰轰橙红色的年代"，"橙红色"三个字她特别喜欢。她最初的记忆便可用"橙红色"来说明。

两岁时，张爱玲的家搬到了天津。"我们搬到一所花园洋房里。有狗、有花、有童话书，家里陡然添了许多蕴藉华美的亲戚朋友。"这时候的张爱玲身在锦绣丛中，成天为成群的仆佣所簇拥，"只记得被佣人抱来抱去"，带张爱玲的女佣叫何干，"干"是干妈的意思。张爱玲很调皮，常"用手去揪她项颈上松软的皮——她年纪逐渐大起来，颈上的皮逐渐下垂；探手到她颔下，渐渐有不同的感觉了。小时候我脾气很坏，不耐烦起来便抓得她满脸的血痕"。童年轻快、欢乐的印象，充满了明丽、温馨的色彩。她家院子里有个秋千架，仆人们常带小爱玲玩秋千。一次一个额上有疤的高个子丫头，荡秋千荡到最高处，忽地翻了过去，使小爱玲开心不已。后院子里养着鸡，夏天中午时小爱玲穿着白底小红桃子纱短衫，红裤子，坐在板凳上，喝完满满一碗淡绿色、涩而微甜的六一散，看一本谜语书，唱出来，"小小狗，走一步，咬一口"，谜底是剪刀。还有儿歌选，小爱玲也很喜欢，其中有一首描写最理想的半村半郭的隐居生活，说"桃枝桃叶作偏房"，长大才晓得这种口吻是不像儿童的。在张家的天井的一角架着青石砧，小爱玲常看到一个通文墨、胸怀大志的男的下人用毛笔蘸了水在那上面练习大字。这个人瘦小清秀，常

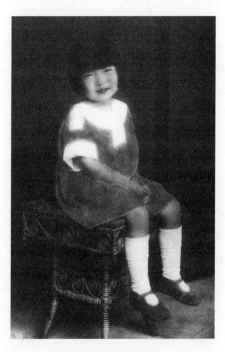

迷恋云片糕的小爱玲

讲《三国演义》给小爱玲听，小爱玲很喜欢他，就替他取了个莫名其妙的名字叫"毛物"，毛物的两个弟弟就叫"二毛物""三毛物"，毛物的妻就叫"毛物新娘子"，简称"毛娘"。毛娘生着红扑扑的鹅蛋脸，水眼睛，一肚子"孟丽君女扮男装中状元"的故事，非常地可爱。他们这一家常让小爱玲产生一种明丽丰足的感觉。（张爱玲：《私语》）

　　一切都让人开心，生活富贵精致，有条不紊中透露出一种名门世家的讲究："我记得每天早上女佣把我抱到母亲床上去，是铜床，我爬在方格子青锦被上，跟着她不知所云地背唐诗……"张爱玲小时，张家仍保持着豪华、奢侈与排场，这给了她许多新鲜的经验："家里很热闹，时常有宴会，叫条子。我躲在帘子背后偷看，尤其注意同坐在一张沙发椅上的十六七岁的两姊妹，打着前刘海，穿着一样的玉色裤袄，雪白的偎倚着，像生在一起似的。"公馆里还充满着舶来的西洋气氛。姑姑每天练钢琴，手腕上紧匝着绒线衫的窄袖，大红绒线里绞着细微闪亮的银丝，琴上的玻璃瓶里鲜花恣放，母亲则跟着琴声练唱，"啦啦啦啦"地吊嗓子。童年的记忆如此愉快："她的衣服是秋天的落叶的淡赭，肩上垂着淡赭的花球，永远有飘堕的姿势。"（张爱玲：《谈音乐》）他们家与轰轰烈烈的20世纪20年代是脱节的，但这并不妨碍他们尽情享受十里洋场的时尚生活。有一段时间，小爱玲每天都被带到起士林去看跳舞，"我坐在桌子边，面前的蛋糕上的白奶油高齐眉毛，然而我把那一块全吃了，在那微红的黄昏里渐渐盹着，照例到三四点钟，背在佣人背上回家"。那段时间，她对"吃"发生了特别的兴趣，别的事情多易忘记，但对与"吃"有关的一些细节却印象特深："松子糖装在金耳的小花瓷罐里。旁边有黄红的蟠桃式瓷缸，里面是痱子粉。下午的阳光照到那磨白了的旧梳妆台上。"有一次女佣张干买了个柿子放在抽屉里，因为太生了，先收在那里。隔两天小爱玲就去打开抽屉看看，渐渐疑心张干是否忘记了它的存在，但由于一种奇异的自尊心，小爱玲一直没去问她。日子久了，柿子终于烂成一泡水，小爱玲十分惋惜。她还常常梦见吃云片糕，吃着吃着，薄薄的糕变

张爱玲（中）与表弟、表姐们

成了纸，"除了涩，还感到一种难堪的怅惘"。她也一直喜欢吃牛奶的泡沫，喝牛奶的时候总小心先把碗边的小白珠子吞下去。对"穿"小爱玲亦有强烈的喜好，因为母亲爱做衣服。有一次母亲立在镜子跟前，在绿短袄上别上翡翠胸针，小爱玲在旁边仰脸看着，羡慕万分，自己简直等不及长大，心中立下"宏愿"："八岁我要梳爱司头，十岁我要穿高跟鞋，十六岁我可以吃粽子汤团，吃一切难以消化的东西。"

生活向小爱玲展开的是红的蓝的美丽的世界，是一种轻柔温馨的气氛，仅有的小小的"不愉快"似乎是因为家里为她和弟弟请了私塾先生，一天到晚地要背书，背又背不出来，小爱玲有一段时期常为背书而苦恼。再不就是年初一小爱玲预先嘱咐阿妈天明就叫她起来看他们迎新年，谁知他们怕她熬夜辛苦了，想让她多睡一会儿，结果醒来时鞭炮已经放过了，"我觉得一切的繁华热闹都已经成了过去，我没有份了，躺在床上哭了又哭，不肯起来，最后被拉了起来，坐在小藤椅上，人家替我穿上新鞋的时候，还是哭——即使穿上新鞋也赶不上了"。

再大一点的"不快"就似是来自弟弟了。弟弟比她小一岁，是个美丽而文静的小男孩："从小我们家里谁都惋惜着，因为那样的小嘴、大眼睛与长睫毛，生在男孩子的脸上，简直是白糟蹋了……有一次，大家说起某人的太太真漂亮，他问道：'有我好看么？'大家常常取笑他的虚荣心。"（张爱玲：《童言无忌》）张爱玲后来在自传体小说《小团圆》中也记载了九林（以弟弟为原型）的诸多趣事：

> 又道："小林啊！你大了想做什么事？姐姐想做钢琴家，你呢？你想做什么？唔？"
>
> "我想学开车。"九林低声说。
>
> "你想做汽车夫？"他不作声。
>
> "想做汽车夫还是开火车的？"
>
> "开火车的。"他终于说。
>
> "小林你的眼睫毛借给我好不好？"
>
> 楚娣说。
>
> "我明天要出去，借给我一天就还你。"他不作声。"肯不肯，呃？这样小器，借给我一天都不肯？"

不过，《小团圆》还隐约透露，九林并非乃德〔以张爱玲父亲张志沂（别名张廷重）为原型〕亲生，而可能是蕊秋与一位教唱歌的意大利人的私生子。但这些孩提时代的张爱玲自然不知道，她的父亲更不知晓。所以，作为男孩，弟弟在家中的地位无疑高于姐姐，他才是将来张家的主人，而姐姐不是，姐姐只是泼出去的水，一旦泼出去了就与张家没有太大的关系了。这种男尊女卑的现象在张家很突出，小爱玲感到很受气，也很愤然。恰恰领她弟弟的女佣是张干，裹着小脚，伶俐要强，处处占先。领她的何干因为自己领的是个

张爱玲（中）与姑姑和堂侄女

女孩子，自觉心虚，处处都让着张干，不敢和她争，小爱玲却不服，常常和她争，争起来张干就跟她说："你这个脾气只好住独家村！希望你将来嫁得远远的——弟弟也不要你回来。"她从手指抓筷子的位置上预卜小爱玲将来的命运，小爱玲抓得近，她就说："筷子抓得近，嫁得远。"小爱玲连忙把手指移到筷子的上端去，问："抓得远呢？"张干却说："抓得远当然嫁得远。"气得小爱玲说不出话来。从那时起，小爱玲就想到了男女平等的问题，想到了"要锐意图强，务必要胜过我弟弟"。

要胜过弟弟也实在太容易了。小爱玲比弟弟大一岁，比他会说话，又比他身体好。"我弟弟实在不争气，因为多病，必须扣着吃，因此非常地馋，看见人嘴里动着便叫人张开嘴让他看看嘴里可有什么。病在床上，闹着要吃松子糖——松子仁春成粉，掺入冰糖屑——人们把糖里加了黄连汁，喂给他，使他断念，他大哭，把只拳头完全塞到嘴里去，仍然要。于是他们又在拳头上搽了黄连汁，他吮着拳头，哭得更惨了。"弟弟娇弱，读书也没小爱玲强，他妒忌她画的图，趁没人的时候拿去撕了或是涂上两道黑杠子。所以成年后张爱玲说："我能够想象他心理上感受的压迫。"《小团圆》也隐述此事，"（九莉）想起小时候有一次发现她的一张水彩画有人用铅笔打了个横杠子，力透纸背，知道是她弟弟，那心悸的一刹那"。但弟弟同时也是小爱玲最好的玩伴。一起玩的时候，总是她拿主意，而她的主意又多得自毛物给她讲的三国故事或者隋唐一类说部留给她的印象。小爱玲总是把他们设想为"金家庄"上能征惯战的两员骁将，她叫月红，弟弟叫杏红，她使一口宝剑，弟弟使两只铜锤，还有许多虚拟的伙伴。开幕的时候永远是黄昏，金大妈在公众的厨房里咚咚切菜，大家饱餐战饭，趁着月色翻过山头去攻打蛮人。路上偶尔杀两头老虎，劫得老虎蛋，那是巴斗大的锦毛球，剖开来像白煮鸡蛋，蛋黄是圆的。可弟弟也常常不听小爱玲的调派，两个人免不了要斗气。没办法了，小爱玲有时也让他编个故事，弟弟的故事总是这样的：一个旅行的人为老虎追赶着，赶着，赶着，泼风似的跑，后头呜呜赶着……没等他说完小爱玲已经笑倒了，在他腮上吻一下，把他当个小玩意儿。（张爱玲：《童言无忌》）当然，也有一些童稚未开的尴尬："余妈'讲古'道：'从前古时候发大水，也是个劫数嗳！人都死光了，就剩一个姐姐弟弟，姐弟俩。弟弟要跟姐姐成亲，好传宗接代。姐姐不肯，说："你要是追得上我，就嫁给你。"弟弟说："好。"姐姐就跑，弟弟在后头追，追不上她。哪晓得地下有个乌龟，绊了姐姐的脚，跌了一跤，给弟弟追上了，只好嫁给他。姐姐恨那乌龟，拿石头去砸乌龟壳，碎成十三块，所以现在乌龟壳还是十三块。'九莉听了非常不好意思，不朝九林看。他当然也不看她。"（张爱玲：《小团圆》）

8岁以前，小爱玲在天津度过的生活是相当愉快的，尽管有些小小"烦恼"。童年的一天一天，温暖而迟慢，正像老棉鞋里面，粉红绒里子上晒着的阳光。但家庭以外，也有另外一些不甚协调的记忆。因为丰润张氏这样的家族，在轰轰烈烈的五四新文化中，毕竟已被时代所抛弃。小爱玲4岁时在天津，经常随大人去拜访祖父张佩纶的堂侄张人骏。张人骏在晚清时代曾经出任两江总督，辛亥革命时革命军攻入南京，他缒墙而逃。他当时在天津做寓公。

一个高大的老人永远坐在藤躺椅上，此外似乎没什么家具陈设。

我叫声"二大爷"。

"你认了多少字了？"他总是问。再没第二句话。然后就是"背个

张爱玲与弟弟

诗我听","再背个"。

　　还是我母亲在家的时候教我的几首唐诗,有些字不认识,就只背诵字音。他每次听到"商女不知亡国恨,隔江犹唱后庭花"就流泪。(《对照记》)

　　而真正的不愉快是从 10 岁开始的,这一年她的父母协议离婚了。

　　如果说在此以前,小爱玲还未表现出她特异禀性的话,那么 10 岁以后的生活则不断地向她提供了新的契机,塑造了她性格中迥异于常人的部分。

母亲，飘浮不定的身影

张爱玲的母亲虽出身世家大族，但思想观念却深受五四新文化运动的影响，从她身上，张爱玲看到了新旧时代夹缝之中中国女性的悲哀与无助。

8岁的时候，张爱玲一家又搬回了上海。"坐船经过黑水洋绿水洋，仿佛的确是黑的漆黑，绿的碧绿，虽然从来没在书里看到海的礼赞，也有一种快心的感觉。睡在船舱里读着早已读过多次的《西游记》，《西游记》里只有高山与红热的尘沙。"到了上海，正是1928年的春天。住在很小的石库门房子，红油板壁，对于小爱玲来说，仍有一种紧紧的朱红的快乐。坐在马车上，粉红色的洋纱衫裤上飞着蓝蝴蝶，她有一种轻轻飞扬的感觉。

这一年，张爱玲的母亲从英国回来了，目的在于挽救她与张爱玲父亲之间的婚姻。

有许多事情在张爱玲懵懂无知的时候即已发生，只不过在她8岁时才开始逐渐出现在她的生活之中，为她稚弱而敏感的心所知晓。张爱玲的父亲张廷重，是张佩纶与李菊耦婚后所育之子，二人所育之女名叫张茂渊，即后来与张爱玲同住十余年、感情笃厚、相依为命的姑姑。张佩纶在娶得李菊耦之前，已先后有两位夫人。原配夫人朱芷芗，病故于1879年，生子志沧（早夭）、志潜。继室边粹玉，卒于张佩纶流放期间，没有生育。李菊耦为其第三任夫人。两人离开李鸿章迁居南京后，有过一段"诗酒唱随"的幸福生活。张诗"一叶扁舟一粟身，风帆到处易迷津。能从急流滩头转，便是清凉畛里人"，李诗"四十明朝过，犹为世网萦。蹉跎慕容色，煊赫旧家声"，都是他们这段恩爱生活的写照。张廷重、张茂渊都出生在这段时间。1903年张佩纶抑郁辞世后，李菊耦情绪沉郁，闭门不出，不久就得了肺病，1912年亦在上海去世，此时张爱玲的父亲16岁，姑姑11岁，尚未成人。故张爱玲的父亲和姑姑在母亲去世后，就跟着他们同父异母的二哥张志潜生活。

张爱玲的父亲19岁时跟她母亲结婚，双方一个是御史少爷，一个是黄军门的小姐，当时是人人称羡的金童玉女。婚后两人仍一直在张爱玲的二伯父治下生活。因张志潜不尚奢华，管束又比较严厉，张爱玲的父母颇觉约束，她母亲常常因此回娘家解闷。对此，张子静回忆："二伯父是祖父与第一位夫人所生（大伯父早夭），与我父亲相差十七岁。他虽未在外面工作，但一向稳重持家，俭朴过日。例如冬天我们去他家辞岁拜年，他们用的是早已过时的取暖器，只有亮光，并无热气。他们家也有电话和小轿车，但那辆Fiat是老爷车，常常抛锚，我二伯父还不舍得换辆新车。"（张子静：《我的姐姐张爱玲》）《小团圆》中蕊秋的满腹埋怨可做参考，"从前提亲的时候，呵哟！讲起来他们家多么了不起。我本来不愿意的，外婆对我哭了多少回，说你舅舅这样气她，我总要替她争口气。好，等到过来一看——"，"那时候你大妈当家，连肥皂都省，韩妈胆子小，都怕死了，也不敢去要。洗的被窝枕头都有唾沫臭。还要我拿出钱来去买，拿出钱来添小锅菜，不然都不能吃"。在此情形下，夫妻俩都有脱离的打算。后来，张爱玲父亲托他堂兄张志潭（1921年5月出任北洋政府交通部总长）引介，终于在津浦铁路局谋了一个英文秘书的职位，从上海搬到天津，同时也借机与张志潜分了家。张家的财产虽主要是由李菊耦的嫁妆陪送过来的，而且张志潜已先自侵吞一部分，但分到张爱玲父亲名下的资财仍相当丰厚。这是张爱玲两岁时候的事情。

张爱玲父亲在天津单立门户后，可谓潇洒风光，"那一年，我父母二十六岁。男才女貌，风华正茂。有钱有闲，有儿有女。有汽车，有司机；有好几个烧饭打杂的佣人，姐姐和我还都有专属的保姆。那时的日子，真是何等风光啊！"（张子静：《我的姐姐张爱玲》）在滚滚的时代潮流之外，他们成了完全的享乐主义者，也乐于如此。当然，这不是说他们完全不接触时代新的思想，而是说这些思想未真正成为他们的人生追求。张爱玲对乃德（以张志沂为原型）的描写是：

> 　　乃德订阅《福星》杂志，经常收到汽车图片广告，也常换新车。买了两件办公室家具，钢制书桌与文件柜，桌上还有个打孔机器，从来没用过。九莉在一张纸上打了许多孔，打出花样来，做镂空纸纱玩。他看了一怔，很生气地说："胡闹。"夺过机器，似乎觉得是对他的一种讽刺。书桌上还有一尊拿破仑石像。他讲英文有点口吃，也懂点德文，喜欢叔本华，买了希特勒《我的奋斗》译本与一切研究欧局的书。虽然不穿西装，采用了西装背心，背上藕灰软缎，穿在汗衫上。（《小团圆》）

　　搬到天津不久，张爱玲父亲结识了一班新的酒肉朋友，开始花天酒地。嫖妓，养姨太太，赌钱，有阿芙蓉癖（抽鸦片），吃喝嫖赌毒，洋场社会的一切恶习，他没有不具备的，成了一个典型的放荡遗少。

　　而张爱玲母亲虽然出身世家大族，思想观念却受五四新文化运动影响较深。她对封建旧社会的男女不平等及许多腐败糜烂习气深恶痛绝，她不像许多旧式妇女，对丈夫纳妾、抽鸦片等等行径，往往敢怨不敢言，除了容忍、麻木之外不敢有什么反对的表现。她对张爱玲父亲的堕落不但不容忍，而且还要干预。而张爱玲父亲呢，虽说也经常看书看报，知道许多"五四"新名词，也自居为新派人物，但骨子里仍是浪荡公子，做的完全是花天酒地的一套。他们之间不可避免地要发生矛盾，经常争吵，这些是张爱玲小时和弟弟间，张爱玲眼中尽是姨太太的影子，这也是她母亲所担忧的。她之回来，也是以遣走姨太太为条件的。

这位姨太太是张爱玲父亲在她母亲出国之前就已养起来了的，而这也是母亲出走的重要原因。姨太太开始住在外面的小公馆，父亲常常抱张爱玲到小公馆里玩。大概由于不肯去，张爱玲经常拼命扳住门，双脚乱踢，气得她父亲老是要把她横过来打几下才行。其实到了那边，张爱玲又很高兴，吃许多的糖，"小公馆里有红木家具，云母石心子的雕花圆桌上放着高脚银碟子，而且姨奶奶敷衍得我很好"。母亲去法国后，父亲马上便把这位姨太太迎进了门。姨太太本是妓女，绰号老八，一进了张家，张家登时变得很热闹，时常有宴会，叫条子。姨太太不喜欢弟弟，但对张爱玲倒是很抬举，时常带她出去玩，给她好吃的，但姨太太性情暴躁，又把张家闹得乱糟糟的，"姨奶奶住在楼下一间阴暗杂乱的大房里，我难得进去，立在父亲烟炕前背书。姨奶奶也识字，教她自己的一个侄儿读'池中鱼，游来游去'，恣意打他，他的一张脸常常肿得眼睛都睁不开"。姨太太与父亲也吵架，有次动手把父亲也打了，用痰盂砸破了他的头。于是家族里有人出面说话，逼着她走路："我坐在楼上的窗台上，看见大门里缓缓出来两辆塌车，都是她带走的银器家生。仆人们都说：'这下子好了！'"（张爱玲：《私语》）《小团圆》则影射其事："当时听不懂的也都忘了：在那洞窟似的大房间里追逐着，捉住她打吗啡针，那阴暗的狂欢场面。乃德看不起她，所以特地吩咐韩妈不要孩子们叫她。看不起她也是一种刺激。被她打破头也是一种刺激。但是终于被'新房子'抓到了把柄，'棒打鸳鸯两离分'，而且没给遣散费。她大概下场很惨。"

8岁这一年发生的事情很多，不但姨太太走了，母亲和姑姑从国外回来，全家从天津搬往上海，而且还有对张家更具刺激的原因：张爱玲的父亲在津浦铁路局那个英文秘书的职位不保了。本来英文秘书是个闲差，何况又是他堂兄辖下的单位，但张爱玲的父亲不仅不去上班，而且还吸鸦片、嫖妓，与姨太太打架，弄得在外声名狼藉，影响了堂兄的官誉，恰巧1927年1月张在花园里唱歌、荡秋千、追逐大白鹅时所不知道的。

　　1924 年，为表示抗议，张爱玲的母亲决意出国，名义上是出国留学。张爱玲的姑姑随她一道，姑姑也是新派女性，反对自己哥哥而支持嫂子。那一年，母亲 28 岁，已有两个孩子。这样的情形仍执意出国，在当时社会是个"异数"，说她"不安分"，说她为"进步女性"的人皆有之。张爱玲自己则很佩服母亲的勇决，她后来说，"我一直是用一种罗曼蒂克的爱来爱着我母亲的。她是个美丽敏感的女人"，"在孩子的眼里她是辽远而神秘的"。母亲去法国那年张爱玲才 4 岁，并不懂得人世悲欢离合下面隐藏着的沉痛与哀伤。后来她回忆起母亲起身时的情景说：

　　　　上船的那天她伏在竹床上痛哭，绿衣绿裙上面钉有抽搐发光的小片子。佣人几次来催说已经到了时候了，她像是没听见，他们不敢开口了，把我推上前去，叫我说："婶婶，时候不早了。"（我算是过继给另一房的，所以称叔叔婶婶。）她不理我，只是哭，她睡在那里像船舱的玻璃上反映的海，绿色的小薄片，然而有海洋的无穷尽的颠簸悲恸。我站在竹床前面看着她，有点手足无措，他们又没有教给我别的话，幸而佣人把我牵走了。（《私语》）

　　母亲无止尽的痛哭，是对自己婚姻与命运的绝望与诉说。在一个新旧交替的时代，没有什么东西可以从根本上解决这样一个女人的不幸命运，尽管她可以出国，但也只是一种逃避、一种反抗的表示而已。她自己对这一点亦是很清楚的。而这一切对于 4 岁的张爱玲来说，是无法弄明白的。母亲走了也就走了，她也好像就此忘了母亲，"……家里没有我母亲这个人，也不感到任何缺陷，因为她很早就不在那里了"。

　　而现在经过四年的海外漂泊，母亲又回来了。她的回来，既是为了挽救自己的婚姻，同时也将一种新的生活方式带给了小小的张爱玲。在这四年之志潭又被免去交通部总长之职，他失去了靠山，只好离职。丢了这个小小官差对他刺激很大，这才赶走姨太太，写信央求张爱玲母亲回国。

但这时他却又因受刺激太深，注射了过度的吗啡针，差不多快要死掉了：

> 他独自坐在阳台上，头上搭一块湿手巾，两目直视，檐前挂下了牛筋绳索那样的粗而白的雨。哗哗下着雨，听不清楚他嘴里喃喃些什么，我很害怕了。（《私语》）

生活仿佛第一次向初涉尘世的张爱玲展示其腐烂、颓败的一面，这幅图景仿佛也是日后阴冷世界将一步一步侵入她的内心生活的先兆。同时，也预示她日后人生态度的形成。她将反抗这一切，她希求人世的完美。但这时候她还小，她还有足够的时间领受幸福时光的沐浴。母亲就要回来了！"母亲回来的那一天我吵着要穿上我认为最俏皮的小红袄，可是她看见我第一句话就说：'怎么给她穿这样小的衣服？'不久我就做了新衣。"《小团圆》对蕊秋回国之事记述较详："九莉九林已经睡了，又被唤醒穿上衣服，觉得像女佣们常讲的'跑反'的时候，夜里动身逃难。三间的石库门房子，正房四方，也不大，地下竖立着许多大箱子，蕊秋楚娣隔着张茶几坐在两张木椅上。女佣与陪嫁丫头都挤在房门口站着，满面笑容，但是黯淡的灯光下，大家脸上都有一团黑气。九莉不认识她们了。当时的时装时行拖一片挂一片，两人都是泥土色的软绸连衫裙，一深一浅。蕊秋这是唯一的一次也戴着眼镜。蕊秋嗤笑道：'嗳呦，这袜子这么紧，怎么给她穿着？'九莉的英国货白色厚羊毛袜洗的次数太多，硬得像一截洋铁烟囱管。韩妈笑道：'不是说贵得很吗？''太小了不能穿了！'蕊秋又拨开她的前刘海，'嗳呦，韩大妈，怎么没有眉毛？前刘海太长了，姜住眉毛长不出来。快剪短些。'九莉非常不愿意。半长不短的前刘海傻相。"

母亲的回来使一切都发生了变化。父亲痛改前非，并被送进了医院。母亲开始按照她在欧洲四年游历的见识来改造这个家。他们搬到了一所新的花园洋房里，有狗，有花，有童话书，家里陡然添了许多蕴藉华美的亲戚朋友，"我母亲和一个胖伯母并坐在钢琴凳上模仿一出电影里的恋爱表演，我坐在地上看着，大笑起来，在狼皮褥子上滚来滚去"。

小爱玲的兴奋无以言表，她甚至把这一切都写信告诉了天津的一个玩伴，描写她家的新屋，描绘她家的快乐气氛，写了三张信纸，还画了图样。信寄出去了，但并没有收到回信。尽管如此，也丝毫没有影响她的好心情。"家里的一切我都认为是美的顶巅。蓝椅套配着旧的玫瑰红地毯，其实是不甚谐和的，然而我喜欢它，连带的也喜欢英国了，因为英格兰三个字使我想起蓝天下的小红房子，而法兰西是微雨的青色，像浴室的瓷砖，沾着生发油的香。母亲告诉我英国是常常下雨的，法国是晴朗的，可是我没法矫正我最初的印象。"

母亲似乎是随身带回了一种新的生活方式。她开始以一种淑女的规范来要求张爱玲。张爱玲开始跟着母亲学画图。母亲告诉她，画图的背景最避忌红色，背景看上去应有相当的距离，红的背景总觉得近在眼前。她还跟着母亲学英文，学钢琴。用她的话说，"大约生平只有这一个时期是具有洋式淑女的风度的"。在母亲创造的这一种氛围里，她也学会了一种"优裕的感伤"，"看到书里夹的一朵花，听我母亲说起它的历史，竟掉下泪来。我母亲见了就向我弟弟说：'你看姊姊不是为了吃不到糖而哭的！'我被夸奖着，一高兴，眼泪也干了，很不好意思"。母亲还有很多特别的忌讳："她（九莉）不懂为什么不许说'碰'字，一定要说'遇见'某某人，不能说'碰见'。'快活'也不能说。为了新闻报副刊'快活林'，不知道有过多少麻烦。九莉心里想'快活林'为什么不叫'快乐林'？她不肯说'快乐'，因为不自然，只好永远说'高兴'。稍后看了《水浒传》，才知道'快活'是性的代名词。'干'字当然也忌。"（张爱玲：《小团圆》）

在这种新的空气里，文学也成了母女俩共通感觉、会心默契的东西。《小说月报》登出了老舍先生的小说《二马》，"我母亲坐在抽水马桶上看，一面笑，一面读出来，我靠在门框上笑"。但这样的幸福的日子并没有持续多久，"尾声"似乎来了。张爱玲的父亲从医院出来不久，很快旧病重犯，又吸起了鸦片。母亲对婚姻彻底绝望，她不再凡事都听从丈夫的意见。她坚决要送张爱玲去美国教会办的黄氏小学插班读小学六年级。在此之前，张爱玲和弟弟一直是在家由私塾先生教学的，主要是教认字、背诗、读四书五经，读些《西游记》《三国演义》《七侠五义》之类的故事。张爱玲的母亲在欧洲游历四年，受到西方思想的影响，坚持认为新式的学校教育才是健康的、多元的教育，执意要送孩子进新式学校。张爱玲的父亲坚决不同意。为什么呢？他身上有典型的遗少习气，自己逛堂子、抽鸦片，花大堆大堆的钱可以，但对子女进行教育投资他却无热情，他对子女并无太大的责任心。张爱玲后来描绘过这类遗少的"责任心"说："等爹有钱……非得有很多的钱，多得满了出来，才肯花在女儿的学费上——女儿的大学文凭原是最狂妄的奢侈品。"（张爱玲：《花凋》）在晚年写《小团圆》时，她则影射批评了父亲的自私："九莉觉得他守旧起来不过是为了他自己的便利。例如不送九林进学校，明知在家里请先生读古书是死路一条，但是比较省，借口'底子要打好'，再拖几年再说。"好在母亲对女儿的教育极为重视，她不理睬丈夫的大吵大闹，像拐卖人口似的，把小爱玲送进了学校。

张爱玲的父亲开始想办法对付她的母亲。他不拿生活费出来，要她母亲贴钱，想把她的钱逼光，没有了钱，到时候她要走也走不了。他的这种作为给张爱玲留下了深刻的印象。后来她的小说中屡屡出现这种遗少行径：《金锁记》中姜季泽想骗嫂子的钱，《倾城之恋》中哥哥用完了妹妹的钱，《创世纪》中儿子哄母亲的钱，《多少恨》中父亲想尽办法骗尽女儿身上的钱，《小艾》中五太太的丈夫把她的私房钱用得干干净净。现在她父亲也开始用这种大家族里司空见惯的方式来对付她的母亲了。

她母亲自然看得透这些小伎俩，他们隔三岔五地就会吵起来："他们剧

在天津时，张爱玲父亲（左二）、母亲（右二）和姑姑（右一）

烈地争吵着，吓慌了的仆人们把小孩拉了出去，叫我们乖一点，少管闲事。我和弟弟在阳台上静静骑着三轮的小脚踏车，两人都不作声，晚春的阳台上，挂着绿竹帘子，满地密条的阳光。"过了不久，父母就离婚了。

他们是协议离婚的。张爱玲和弟弟都归她父亲监护和抚养，但她母亲在离婚协议里坚持张爱玲日后的教育问题——要进什么学校——都需先征求她的同意，教育费用则由她父亲担负。母亲并未放弃对张爱玲的责任，但短暂的幸福的家转瞬就破碎了。自此之后，张爱玲就再也没有享受过一个完整的家的幸福。所以她有一句多少年后仍叫人刻骨铭心的话：

乱世的人，得过且过，没有真的家。（《私语》）

不过，对于父母的离婚，张爱玲后来也曾提到过，"虽然没有征求我的意见，我是表示赞成的，心里自然也惆怅，因为那红的蓝的家无法维持下去了"。

据张爱玲表哥黄德贻回忆说，她父母离婚完全是她母亲采取主动的，她父亲根本不想离婚。他当初要她母亲回来曾答应两个条件，"戒除鸦片"这个条件没有做到，自知理亏，无可奈何。办离婚手续的时候，她父亲绕室徘徊，犹豫不决，几次拿起笔来要签字，长叹一声又把笔放回桌上。律师看他那个样子，就问她母亲是否要改变心意，她说："我的心已经像一块木头！"（张子静：《我的姐姐张爱玲》）

她父亲听了这话后，才终于在离婚书上签了字，"离婚这件事，对我父亲的打击可能是很大的。抽鸦片已经不能麻木他的苦闷，进而开始打吗啡了。他雇用了一个男仆，专门替他装大烟和打吗啡针。他的身体和精神日趋衰弱，神经也开始有点儿不正常。亲戚朋友听说这个情况，都不敢上门来看他了"（张子静：《我的姐姐张爱玲》）。她母亲后来谈起自己的婚姻往事，很憎恨张家，认为当初说媒的时候，都是为了门第，结果丧送了她的一生。

不过年岁渐长以后，张爱玲也多少了解到她母亲执意离婚可能还有另外的缘由。《小团圆》曾经写及"二婶"蕊秋（以张爱玲母亲为原型）留学期间一段没有结果的恋情："楚娣见她仿佛有保留的神气，却误会了，顿了一顿，又悄悄笑道：'二婶那时候倒是为了简炜离的婚，可是他再一想，娶个离了婚的女人怕妨碍他的事业，他在外交部做事。在南京，就跟当地一个大学毕业生结婚了。后来他到我们那儿去，一见面，两人眼睁睁对看了半天，一句话都没说。'她们留学时代的朋友，九莉只有简炜没见过，原来有这么一段悲剧性的历史。不知道那次来是什么时候？为了他离婚，一进行离婚就搬了出去，那就是在她们的公寓里。但是蕊秋回来了四年才离婚，如果是预备离了婚去嫁他，不会等那么久。总是回国不久他已经另娶，婚后到盛家来看她，此后拖延了很久之后，她还是决定离婚。"当然，《小团圆》只是小说，并不等于事实，但可以作为后人理解这一离婚事件的参考。不过，即便小说所写接近事实，也不必过于夸大。最主要的，还是她母亲不能忍受自己丈夫的堕落。

1938，逃离父亲的家

    一个人一旦发现自己必须为自己的命运独立地做出选择的时候，她就彻底告别了童年。张爱玲把世界分成了两半，光明与黑暗，善与恶，神与魔。她生命中另外一种东西呼之欲出。

    张爱玲的家从此分成了两个，父亲的家与母亲的家。她留在父亲的家，但按照父母离婚时的协议，她可以经常去看望母亲。这一点给了她极大的心理满足。母亲离婚后很快就和姑姑两人一同搬走了，住进了赫德路公寓，父亲也移家到一所新洋房。张爱玲常到她母亲和姑姑那里玩，母亲公寓的欧式装饰很令她好奇、着迷。她第一次见到安在地上的瓷砖、浴盆和煤气炉子，印象非常之好，"纤灵的七巧板桌子，轻柔的颜色，有些我所不大明白的可爱的人来来去去。我所知道的最好的一切，不论是精神上还是物质上的，都在这里了"。此言非虚，冯祖贻先生在《张爱玲》中也表示："张爱玲的母亲不必说，她姑姑在上海高等华人圈中也是数得上的时髦人物。她喜欢穿红衣裳，开跑车又骑摩托车。她早年有一笔丰厚的遗产，以是一度请了法国大菜师傅专做西餐，购买了一辆白色汽车，她会开车，但仍雇了一个白俄当司机。她与张爱玲母亲合租的赫德路爱丁顿公寓 60 号房，房间相当宽大，有一个大客厅，两个大房，两个大卫生间，一个大厨房，两个阳台，外加一个小卫生间及一个备菜间，客厅有壁炉。这个房子是专供旅沪外国人和高等华人居住的，房租奇昂。姑姑不满意家具店的家具，房子陈设及地毯均是自己设计的。"这些培养了张爱玲对"干净利落"的生活的向往。而对于父亲的家，她说："那里什么我都看不起，鸦片，教我弟弟做《汉高祖论》的老先生，章回小说，懒洋洋灰扑扑地活下去。像拜火教的波斯人，我把世界强行分作两半，光明与黑暗，善与恶，神与魔。属于我父亲这一边的必定是不好的，虽然有时候我也喜欢。我喜欢鸦片的云雾，雾一样的阳光，屋里乱摊着小报……看着小报，和我父亲谈谈亲戚间的笑话——我知道他是寂寞的，在寂寞的时候他喜欢我。父亲的房间永远是下午，在那里坐久了便觉得沉下去，沉下去。"

从这个时候起，世界在年幼的张爱玲心中分裂成了两半，善的和不善的，好的和不好的，快乐的与不快乐的，美的与不美的。而她的喜好与钟爱，无疑是在母亲这一边，在快乐的美的这一边。对于一个年幼的孩子而言，这样一种眼光，这样一种感受的形成，其影响是相当深刻的：一个人既然日益感到现实世界的不完美、不善与不快乐，她就愈益在内心中坚持这种美，维护那种快乐，而不肯轻易妥协。如果在父母离异时我们还不能看出这些人生观点的萌芽，那么等她后来逃离父亲的家、独自面对命运的时候，这种唯美主义的态度已经很清楚地在她思想里闪耀了。

母亲家的快乐与新鲜并未维持多久，母亲又要动身去法国了。临走之前，母亲到黄氏小学去看望了张爱玲，张爱玲却并不觉得伤心，"她来看我，我没有任何惜别的表示，她也像是很高兴，事情可以这样光滑无痕迹地度过，一点麻烦也没有，可是我知道她在那里想：'下一代的人，心真狠呀！'一直等她出了校门，我在校园里隔着高大的松杉远远望着那关闭了的红铁门，还是漠然，但渐渐地觉到这种情形下眼泪的需要，于是眼泪来了，在寒风中大声抽噎着，哭给自己看"。母亲一去，父亲的家很快又回复到在天津时的老样子：花园，洋房，狗，一堆用人，一个吸鸦片的父亲，没有母亲。

日子悄悄地滑过去了。张爱玲继续上黄氏小学，住在学校里，每逢节假日，家里都派司机去接她回来。因为父亲家在康乐村10号，与舅舅住的明月新村只有几步之隔，所以张爱玲和弟弟经常到舅舅家去。父亲虽然已经与母亲离婚，但和舅舅的往来并未受到影响。舅舅亦是靠吃遗产的遗少，舅舅和舅母都吸鸦片，父亲与舅舅、舅母倒是很相处得来。而张爱玲和弟弟则总是和表姊、表哥玩。到寒假的时候，他们就忙着自己剪纸、绘图，制作圣诞卡片和新年卡片，张爱玲总是做得非常细心、精巧，做好了就拿去给姑姑，要姑姑代寄给母亲。张爱玲在学校读书的时候，继续学弹钢琴，还请了一个白俄老师教钢琴，一周一次。但是她父亲认为学费太贵，张爱玲每次向他要钱交学费，他总是迟迟挨挨，要给不给。张爱玲后来回忆说："我立在烟铺跟前，许久，许久，得不到回答。"钢琴课也就断了。类似事情想必不少，因为张爱玲对于童年整体上缺乏愉快的印象。

对此，后来胡兰成与她交往时颇感意外，"我因听别人常说学生时代最幸福，也问问爱玲，爱玲却很不喜学校生活。我又以为童年必要怀恋，她亦不怀恋，在我认是应当的感情，在她都没有这样的应当。她而且理直气壮地对我说，她不喜她的父母"（胡兰成：《今生今世》）。而她的表哥黄德贻、表妹黄家瑞也回忆说，张爱玲姊弟"从小就孤僻内向，两个人个性很像，见了人都很退缩，张子静尤其严重，跟我们玩不起来，到现在年纪大了，来找你，有时候常常坐着一句话也没有就回去了"（周芬伶：《艳异：张爱玲与中国文学》）。如此性格是怎样养成的呢？张爱玲实有谈道：

> 小学生下学回来，兴奋地叙述他的见闻，先生如何偏心，王德保如何迟到，和他合坐一张板凳的同学如何被扣一分因为不整洁，说个无了无休，大人虽懒于搭碴，也由着他说。我小时候大约感到了这种现象之悲哀，从此对于自说自话有了一种禁忌。（《童言无忌》）

母亲缺失的影响是明显的。不过，教育逐渐促成了张爱玲在知识和理想方面的发展。搬到康乐村后不久，张爱玲父亲又为她弟弟聘请了一位60多岁的朱先生教古文。朱先生性情温和，待人很亲切。张爱玲放学回家后，也常和他谈天说地。有一次，张从她父亲房里找出一部《海上花列传》，书中妓女讲的全是苏州土话（吴语），有些她看不懂，就硬缠着朱先生用苏州话朗读书中妓女的对白。朱先生无奈，只得捏着喉咙学女声照读，她和弟弟听了都大笑不止。她对《海上花列传》的痴迷也是从那时开始的。

1934年，张爱玲从黄氏小学升到了圣玛利亚女中高一年级。这时候她开始有了对自己未来的设想。她的计划海阔天空，她想中学毕业后到英国去读大学，想学画卡通画片，尽量把中国画的作风介绍到美国去，"我要比林语堂还出风头，我要穿最别致的衣服，周游世界，在上海自己有房子，过一种干脆利落的生活"。她的理想明显带有她母亲欧化生活方式的痕迹。但这种理想还未及付诸实行，她的家又发生了"一件结结实实的，真的事"，她父亲又结婚了。

这件事情是张爱玲整个少年时期阴郁记忆的开始，也一点一点地削去了她对家的热爱，导致她最终从父亲的家中出逃，并逐渐自己面对这个社会，"赤裸裸地站在天底下"。

她父亲这次再婚娶的是孙用蕃，即孙宝琦的第七个女儿。这桩婚姻说来与1933年房地产行情看涨有关。张爱玲父亲因这年房产价涨，经济条件好转，与原来的亲戚间走动又频繁了些，其中有位亲戚介绍了她父亲给日商住友银行的在华买办孙景阳做助手，处理与英美银行等洋行业务的书信往来。她父亲因在津浦铁路局做过英文秘书，处理英文商业信函等事务还颇内行。外商银行的在华买办，主要业务就是做投机、买卖、股票、债券等等，她父亲也从那里学了一些实务。因为与孙景阳常在一起。有亲戚了解两家的情况，就提议把孙景阳父亲庶出的一个女儿介绍给她父亲，并亲自做媒提亲。孙景阳父亲即孙宝琦，孙宝琦有一妻四妾，有子女24人，孙用蕃是他第七个女儿，当时已36岁，是陆小曼的闺中好友。据说很是精明干练，善于治理家务及对外应酬，她之嫁与财势渐弱的张爱玲父亲，与她哥哥、姐姐比起来，似乎有些低就。但张爱玲父亲并不知道，这位老小姐早有阿芙蓉癖，并因此蹉跎了青春岁月，难以与权贵子弟结亲。张爱玲曾在自传性小说中谈道："耿十一小姐（以孙用蕃为原型）曾经与一个表哥恋爱，发生了关系，家里不答应，嫌表哥穷，两人约定双双服毒情死，她表哥临时反悔，通知她家里到旅馆里去接她回来。事情闹穿了，她父亲在清末民初都官做得很大，逼着她寻死，经人劝了下来，但是从此成了个黑人，不见天日。她父亲活到七八十岁，中间这些年她抽上了鸦片烟解闷，更嫁不掉了。"（张爱玲：《小团圆》）小说真实与否，无从得知，但孙用蕃的"同榻之好"，张爱玲父亲有所耳闻，不过他表示，"我知道她从前的事，我不介意，我自己也不是一张白纸"。

然而女儿却没有父亲这般欣然。订婚仪式1934年夏天在礼查饭店进行，婚礼则半年之后在华安大楼举行。张爱玲和姑姑、表姊们一起，参加了这场婚礼。那年她14岁，已经到了非常敏感的年龄，但整个婚礼上她始终未置一词，仅以默然面对父亲热闹哄哄的喜事。对未来的生活她是不是感到某种阴影在悄然靠近呢？从后来的《私语》中，我们恰可看到张爱玲的这种担心与忧虑：

> 我父亲要结婚了。姑姑初次告诉我这消息，是在夏夜的小阳台上。我哭了，因为看过太多的关于后母的小说，万万没想到会应在我身上。我只有一个迫切的感觉：无论如何不能让这件事发生。如果那女人就在眼前，伏在铁栏杆上，我必定把她从阳台上推下去，一了百了。

忧虑至甚，甚至使张爱玲生出病来："九莉对于娶后母的事表面上不怎么样，心里担忧，竟急出肺病来，胳肢窝里生了个皮下枣核，推着是活动的，吃了一两年的药方才消退。"（张爱玲：《小团圆》）然而不幸不仅在于14岁的张爱玲根本无法阻止这件事情的发生，而且还更在于她关于后母的预想基本上是正确的。这位后母的出现，或者说主要是因为她的作用，张爱玲的生活开始嵌进深的创伤，而在反抗这创伤冲击的挣扎中，张爱玲那橙红色的童稚时代、充满"优裕的感伤"的少年时代一并结束了。她开始对自己的选择承担责任，开始步入成人的世界。

后母进门后，家里的生活马上发生了很大的变化。她确实想表现精明干练、善理家务的能耐，首先是抓紧了日常生活开支，其次是对用人也进行了调整，张家原来用的几个用人被辞退了，孙家的几个男女仆人被补充进来。

对于住的方面，后母亦甚不满意。她觉得现在的洋房太狭小，没有气派，因此主张搬家。正好张爱玲二伯父名下的一幢别墅空了出来，她父亲就带着全家搬了进去。这幢别墅本来是李鸿章送与女儿的陪嫁，李菊耦在世时，张爱玲的二伯父一家、父亲及姑姑都是住在那里的，李菊耦去世后子女们分遗产，别墅分到了二伯父名下。张爱玲父亲谋得津浦铁路局英文秘书职位移居天津之后，她二伯父嫌别墅太大，住着太过奢侈，也搬了出去，一直拿它出租。

这幢别墅位于麦德赫司脱路和麦根路的转角上，紧挨着苏州河，隔河相望的就是闸北区。房子是清末民初盖的，仿欧风格，房间多而进深，后院尚有一圈房子供用人居住，总共有20多间。住房的下面是一个面积同样大小的地下室，通气孔都是圆形的，一个个与后院的用人房相对着。平时地下室主要就是放些杂物，作储藏间用。这样大的房子，一般来说是大家庭居住才为合算，而张爱玲家总共才有她父亲、后母、弟弟和她自己四个人，加上房租昂贵，按理说他们不必租住如此宽阔豪华的地方，但她后母不喜欢他们住了几年的康乐村的房子。张子静后来猜想那里与舅舅家距离太近。后母不喜欢他们姊弟俩有事无事往舅舅家去，她不喜欢在自己的周围还残有张爱玲母亲的气息。

张爱玲也不喜欢。她不喜欢后母挑中的新宅，她本来就出生在这所房子，如今隔上十几年再回这里，她难免有一种阴闷的感觉，"房屋里有我们家的太多的回忆，像重重叠叠复印的照片，整个的空气有点模糊。有太阳的地方使人瞌睡，阴暗的地方有古墓的清凉。房屋的青黑的心子里是清醒的，有它自己的一个怪异的世界。而在阴阳交界的边缘，看得见阳光，听得见电车的铃与大减价的布店里一遍又一遍吹打着《苏三不要哭》，在那阳光里只有昏睡"。已是圣玛利亚女校高一学生的张爱玲，对这种沉闷的、昏昏欲睡的世界是相当不满意的，愈是接触到愈多的新的空气新的人物，这种不满就愈深、愈重地隐抑在她沉默少言的神情下面。

但在后母出现的最初两年里，张爱玲的生活并未发生明显的变化，与后母也比较少有明显的冲突。她住校读书，星期一早晨她坐父亲的汽车去学校，星期六司机又去接她回家。照料她的保姆何干，每星期三还给她送去换洗的衣服和她喜欢的食物，每逢周末和寒暑假，她就回到家中，照常做她爱做的事情，自己动手绘制圣诞卡和贺年卡呀，看电影呀，看小说呀，到舅舅家聊天呀，都和过去一样。她也经常到姑姑那里去，喜欢姑姑那里的雅致、清新与职业新女性的生活方式。她姑姑那段时间一直在怡和洋行做事，后来又到电台去做广播播音工作，属于"五四"以后开风气之先的新女性。但张爱玲性格中的孤僻也有了发展。表妹黄家瑞回忆，张爱玲1937年初秋和她们同住那段时间，"情绪很低落，不爱说话。就是说话，也是细声细气的。她常常拿个本子，静静地坐在一旁，侧着脸看人，给人画素描。不然就低着头，在那儿写小说。除了画图和写作，她不做别的事"（张子静：《我的姐姐张爱玲》）。她不太对人倾诉，即便面对亲如一家的表姐妹们。

张爱玲与后母之间是淡淡的、礼节性的关系。偶尔节假日在家时，她也和后母谈一些天气和日常生活细节方面的话，彼此倒能相安无事，甚至有一次她还让后母甚为感动。有年放暑假，她在父亲书房里写作文，写完了就放在那里，跑到舅舅家玩去了，后母无意中在书房里看到了她的作文簿，上面的题目是《后母的心》，于是就很有兴趣看下去。她这篇文章，把一个后母的处境和心态都刻画得相当深入，合情合理，后母看了后很感动，以为张爱玲这篇文章将心比心为她写的，很体谅她，所以后来凡是有亲友到家里来，后母都要把这篇《后母的心》的大意说个不停，夸她会写文章，夸她懂事体。其实张爱玲这篇文章只是一篇习作，主要是为锻炼自己的写作技巧写的，并无讨好后母的特别用意。她父亲对这一点比较清楚，但他也愿意后妻和女儿之间有一种亲切融洽的关系，所以也未点破，总是随声附和。

不过父亲的希望很难落实。张爱玲和后母之间大体上是表面性的、礼貌性的关系，心里却有很深的隔阂。其实不难想象，仅仅是因为四五岁时父亲的姨太太给她做了一条雪青丝绒的短袄长裙而她在回答姨太太的问题——"看我待你多好！……你喜欢我还是喜欢你母亲？"——时很当真地说了一句"喜欢你"，多年以后她还对这件事耿耿于怀，由此可以想象她与后母之间的内心距离。这中间隔着一个亲生母亲呢，一个美丽的女子，一个在精神上对她存在着魅惑力量的偶像。同样也可以想象，同样出身于大家庭、精于心计的后母不会对她这种心理迟迟没有觉察。

何况，这位后母还抽鸦片，还多少有些心理变态，多少有些刻薄阴鸷。在她的管理下，张爱玲的生活变差了，她总只能捡后母穿剩的衣服穿。她不能忘记的是一件暗红色的薄棉袍，碎牛肉的颜色，穿不完地穿，"就像浑身都生了冻疮；冬天已经过去了，还留着冻疮的疤"。一次在舅母家，舅母拿一些表姐穿过的旧衣服给她，她的眼泪滚下来，"不由得要想，从几时起，轮到我被周济了呢"（张爱玲：《我看苏青》）。好在张爱玲多在学校，难得回家，彼此敷衍几下也就过去了，但她弟弟就不同了。弟弟在家时间较多，性格又相对柔弱，在后母的管治下，渐渐发生很多变化。张爱玲有一次放假回去，看见弟弟，吃了一惊。弟弟变得高而瘦，穿一件不甚干净的蓝布罩衫，租了许多庸艳的连环画在家里看。"我自己那时候正在读穆时英的《南北极》和巴金的《灭亡》，认为他的口胃大有纠正的必要。然而他只是一晃就不见了。大家纷纷告诉我他的劣迹，逃学，忤逆，没志气。我比谁都气愤，附和着众人，如此激烈地诋毁他，他们反而倒过来劝我了。"

更严重的还不仅是弟弟的荒废学业、游手好闲，而是他在这个父母都抽着鸦片的阴气沉沉的家里所发生的性格变形与心理畸化。后来有一件发生在饭桌上的事情愈发证实了她的这种痛心的感觉："为了一点小事，我父亲打了他一个嘴巴子。我大大地一震，把饭碗挡住了脸，眼泪往下直淌。我后母笑了起来道：'咦，你哭什么？又不是说你！你瞧，他没哭，你倒哭了！'我丢下了碗冲到隔壁的浴室里去，闩上了门，无声地抽噎着。我立在镜子面前，看我自己的掣动的脸，看着眼泪滔滔流下来，像电影里的特写。我咬着牙说：'我要报仇。有一天我要报仇。'浴室的玻璃窗临着阳台，啪的一声，一只皮球蹦到玻璃上，又弹回去了。我弟弟在阳台上踢球。他已经忘了那回事了。这一类的事，他是惯了的。我没有再哭，只感到一阵寒冷的悲哀。"

她同情弟弟，为弟弟悲哀，同时也在他身上看到自己未来生活的阴影。她对这个家的爱恋已经很稀少了。在那里，她已找不到多少她所热爱的东西，倒是母亲，远在欧洲的母亲，常常激起她一些浪漫奇异的想法，一种罗曼蒂克的爱。但在平时，她并不在这方面流露什么。

1937年的夏天，张爱玲从圣玛利亚女校毕业。同时，她母亲也再次回国。可能受到母亲榜样的鼓励以及十三四岁时的理想的驱动，她向父亲提出了到英国留学的要求，但如她所担心的那样，父亲拒绝了她。原因在于经济。这倒不是说此时张家经济已经真的衰落，其实那时她父亲经济状况尚好，虽不比刚分家时的丰裕，但也日后的破败相去不可以道里计。关于此事，张子静回忆说："父亲那时经济状况还没有转坏。但他和后母吸鸦片的日常开支太多，舍不得拿出一大笔钱来让姐姐出国。姐姐当然很失望，也很不高兴，对我父亲及后母的态度就比较冷淡了。"（张子静：《我的姐姐张爱玲》）

这让心里其实还比较喜欢她创作灵气的父亲很不舒服。父亲觉得张爱玲心里没有自己，而只有她母亲，"母亲回国来，虽然我并没觉得我的态度有显著的改变，父亲却觉得了。对于他，这是不能忍受的，多少年来跟着他，被养活，被教育，心却在那一边"。几年前与前妻的怨隙现在又因女儿的偏向而凸现出来，何况他觉得自己还是喜欢她的，看重她的，把她看得比她弟弟重要（并不像张爱玲小时候感觉到的重男轻女问题那样），他不能不对这个女儿表示愤怒。他指责张爱玲出国留学的想法是受到了"别人"的挑唆，这"别人"不是别人，自然是指她刚刚回国的生母了。后母则在旁边冷嘲热讽，对她的生母大加挖苦："你母亲离了婚还要干涉你们家的事。既然放不下这里，为什么不回来？可惜迟了一步，回来只好做姨太太！"

其实，她母亲过问她的教育问题怎么就算干涉呢？几年前她母亲与她父亲离婚时，协议上分明写着，张爱玲将来的教育问题——要进什么学校——都需先征求她的意见。墨迹未干，如何转眼就忘了呢？很明显，后母对张爱玲有很不满意的看法，这里面自然也夹杂着对自己的前任、张爱玲生母的女人式的反感。

这种反感与忌恨很快因一件小事给引爆了。因当时正好是 1937 年夏，久已窥伺中国的日本突袭上海，中国军队起而反击，沪战发生。张爱玲家因邻近苏州河，夜里炮声不绝，她被吵得不能入睡，所以跑到她母亲处住了两周。她走的时候虽然跟父亲说了，但却忘了跟后母说一声，这让后母很为恼怒。所以两个星期后她回家来，后母劈头便问："怎么你走了也不在我跟前说一声？"唰的一个嘴巴子就过来了！张爱玲已 17 岁了，平时虽沉默不语，但内心却甚是强烈，猝不防地挨了一个嘴巴子，她本能地就要还手，却被两个赶上来的老妈子死死拉住了。这下可不得了，她后母一路锐叫着奔上楼去，刺耳地嚷道："她打我！她打我！"

17 岁的张爱玲一下子震住了，一切发生得太快，太突然，太没有让她反思的时间了，但早熟敏感的她立刻意识到将要发生什么，迟早要发生的，躲都躲不过的："在这一刹那间，一切都变得非常明晰，下着百叶窗的暗沉沉的餐室，饭已经开上桌了，没有金鱼的金鱼缸，白瓷缸上细细描出橙红的鱼藻。"她父亲趿着拖鞋，啪哒啪哒地冲下楼来，揪住她，拳足交加，吼道：

"你还打人！你打人我就打你！今天非打死你不可！"她的头一会儿被打到这边，一会儿被打到那边，记不清次数，她感觉耳朵都快震聋了。"我坐在地下，躺在地下了，他还揪住我的头发一阵踢。"用人们最终把父亲拉开了。张爱玲仍躺在地上，头一阵阵地痛，不过她的心里仍然很清醒，她记得母亲的话："万一他打你，不要还手，不然，说出去总是你的错。"所以挨打时她也就没想到要抵抗。

父亲打完后就气恨恨地上楼去了。张爱玲站起来，走到浴室里照镜子，看自己身上的伤，看脸上的红指印，准备立刻到巡捕房里去报警——父亲在她眼里突然陌如路人，甚至连路人也不如，他打了她，她要用法律制裁他。但她走到大门口时，看门的巡警拦住了她，说："门锁着呢，钥匙在老爷那儿。"原来父亲已料到她会跑出去（未必料到她想去巡捕房），已预先把大门锁了。张爱玲于是对巡警撒起泼来，又叫又闹，把大门踢得嘭嘭乱响，企图引起大门岗警的注意，但是毫无作用。于是她只得又走回家来。父亲一见她，又气炸了，拿起一只大花瓶就向她掷过来，偏了一点未打中，击在地上，飞了一屋的碎瓷。

父亲一走，一直在旁边着急、担心的何干就哭了："你怎么会弄到这样的呢？"这时候张爱玲才突然觉得自己满腔冤屈，气涌如山地哭起来，抱着老何干哭呀，哭呀，哭了很久。然而她知道何干心里是责怪自己的，何干爱惜她，替她胆小，生怕她得罪了她父亲，会受苦一辈子。张爱玲哭着哭着，渐渐感到自己的孤立无援。人人都是对的，唯有她不应该。她独自一个人到楼下一间空房里哭了一整天，晚上就在红木坑床上睡了。

当天，替张爱玲忧心不已的何干就偷偷往舅舅家打了电话。第二天，舅舅和姑姑就来为张爱玲说情，顺便再提让她去英国留学的事情。不料后母一见他们就冷笑："是来捉鸦片的吗？"结果说情无效。因着后母的冷一句热一句，张爱玲姑姑很不平，就和她父亲你一句我一句地吵起来了，最后兄妹俩竟打将起来，她姑姑脸上受了伤，眼镜也被打破，血流不止。舅舅赶快拉

淞沪会战时期的上海南京路

着她上医院。姑姑临走发誓说："以后再也不踏进你家的门！"

　　舅舅和姑姑走后，父亲愈发生气。他把张爱玲关在楼下的一间空房子里，下令除了照料她生活起居的何干，不许任何人跟她见面、交谈，连弟弟也不准去。父亲还气势汹汹地扬言要用手枪打死她，还吩咐看守大门的两个巡警，务必看紧她，不许她走出大门。

　　一天之间，一切都变化了。外面，是战争的炮声连绵，家里，是变态的仇恨与虐待：

　　　　我生在里面的这座房屋忽然变成生疏的了，像月光底下的，黑影中现出青白的粉墙，片面的，癫狂的。Beverley Nichols 有一句诗关于狂人的半明半昧："在你的心中睡着月亮光。"我读到它就想到我们家楼板

上的蓝色的月光，那静静的杀机。（私语）

　　张爱玲也知道父亲不会真的打死她。在她想来，"不过关几年，等我放出来的时候已经不是我了。数星期内我已经老了很多年。我把手紧紧捏着阳台上的木栏杆，仿佛木头上可以榨出水来。头上是赫赫的蓝天，那时候的天是有声音的，因为满天的飞机。我希望有个炸弹掉在我们家，就同他们死在一起我也愿意"。她对父亲，对这个家已经绝望了，她想逃走。所以她在那间软禁她的空房里也没闲着，偷偷为她的逃走做准备。每天早晨起来后，她就在落地长窗外的走廊上做健美操，锻炼身体。

　　她想了许多脱逃的计划，原先看过的《三剑客》《基督山恩仇记》等小说这时一股脑儿地涌了上来。她记得最清楚的是《九尾龟》里章秋谷的朋友有个恋人，用被单结成了绳子，从窗户里缒了出来。但她这里并无临街的窗，唯一可行的只能是从花园里翻墙头出去，靠墙倒有一个鹅棚可以踏脚，但夜深人静时，惊动了两只鹅，叫将起来，怎么办呢？张爱玲很为这事犯愁。花园里一直养着的呱呱追人的大白鹅这时叫她烦，高大的白玉兰树也叫她烦。极大的白玉兰花，一年到头，像污秽的白手帕，又像废纸，抛在那里，被人遗忘了，"从来没有那样邋遢丧气的花"。

　　然而就在这样筹划的时候，她却生了严重的痢疾。她父亲从何干那里知道了这事，却不给她吃药，不给她请医生。病一天一天地严重了，她躺在床上，甚至想到了死："躺在床上看着秋冬的淡青的天，对面的门楼上挑起灰石的鹿角，底下累累两排小石菩萨——也不知道现在是哪一朝，哪一代……朦胧地生在这所房子里，也朦胧地死在这里么？死了就在园子里埋了。"一个十六七岁的女孩，突然被推到现实裸露着的残酷面前，没法使她不对人及人与人之间的关系重新加以审视。橙红色的岁月，那种和弟弟一起在后花园里追逐大白鹅的岁月，都在这种审视中结束了。很难想象，这样一个经历过人世冷漠、虚伪与自私"磨炼"了的人，会在日后岁月中不对人世抱有一种冰冷的、睥睨的姿态；那不仅是一种贵族式的矜持，一种才女的自赏，亦是一种经历过后的漠然与清冷。

张爱玲自此事后基本上与父亲断绝了往来，似乎也始终未能原谅他的暴虐，至少1944年她在《天地》月刊发表《私语》一文重述这段可怖经历时是这样的。譬如，在《私语》中，她把自己被软禁、生病、逃走的经过写得很清楚，但却有意无意地漏写了一段，那就是她父亲帮她打针医治的事情。

据她弟弟张子静回忆，在他姐姐的痢疾拖了一段时间愈来愈严重之后，何干唯恐她发生什么意外，她要负连带责任，于是她趁张的后母不注意的机会，偷偷地告诉了她父亲，并明确表示如果他不采取挽救措施的话，出了事她不负责任。何干是张氏姐弟老祖母留下的女仆，说话比较有分量。张爱玲的父亲可能是考虑到如果仍是撒手不管万一出了事，他就要背上"恶父"害死女儿的坏名声，传扬出去也不是多好听，也有可能是怒气消了，况且对女儿不是除了恨怒之外别的什么感情都没有，所以父亲开始注意她的病。他选择了消炎的抗生素针剂，趁她后母不注意的时候到楼下去为她注射。这样注射了几次之后，病情基本控制住了。在老何干的细心照料和饮食调养下，她最后还是恢复了健康。

这场病一病半年。然而即使在病中，她也倾全力听着大门每一次的开关，巡警咕吱咔吱抽出锈涩的门闩，然后锵啷啷一声巨响，打开了铁门，还有通大门的一条煤屑路，脚步下沙子的吱吱响。她一刻也没忘要逃出去的。

等病好了，她就做好了一切逃脱的准备。她先向何干套口气打听清楚了两个巡警换班的时间，是在晚上。于是挨到晚上，伏在窗子上用望远镜看清楚了黑路上没有人，巡警恰巧换班的空当，挨着墙一步一步摸到铁门边，拔去门闩，开了门，把望远镜放在牛奶箱上，闪身出去，一脚踏进了自由的世界：

当真立在人行道上了！没有风，只有阴历年左近的寂寂的冷，街灯下只看见一片寒灰，但是多么可亲的世界呵！我在街沿急急走着，每一脚踏在地上都是一个响亮的吻。而且我在距家不远的地方和一个黄包车夫讲起价钱来了——我真高兴我还没忘了怎样还价。

既然一脚踏出去了，就再也收不回来。这也是老何干仔细叮嘱过她的话："千万不可以走出这扇门呀！出去了就回不来了。"然而张爱玲还是迈出了那将改变其命运的决定性的一步，时间正好是阳历 1938 年年初，阴历年关将近之时。一新一旧之际，恰是她生命中另外一种东西呼之欲出的时候。这一年张爱玲 18 岁。

第二章　香港离乱

　　港大三年，既是张爱玲一生中个性得以自由发展的一段美丽时光，也是她的人生观念完全成熟的时期。她发现了自己在这个世界的真实位置：她置身其中，因为在她周围总上演着永远没有结尾的混乱的剧本，她又置身其外，因为她总只是坐在戏台下品味着中国的喧哗与热闹。这种位置感深深地影响了她此后的创作与生活。

难堪的爱

18 岁的张爱玲发觉自己虽已在母亲、姑姑雅致、清洁的公寓里，但已无法抵挡心灵之家的散坍，她不得不作为一个成人在乱世的流转之中去寻求一个安稳、温暖的所在。

这一步迈得并不轻松，迈出了父亲的家门，就意味着放弃了父亲的财产，放弃了父亲可能提供给她的平稳而不失舒适的人生道路。是否迈出这一步，事实上是她对自己的人生道路做的一次前所未有的独立抉择。

从父亲家跑出来之前，母亲曾秘密传话给她："你仔细想一想，跟父亲，自然是有钱的，跟了我，可是一个钱都没有，你要吃得了这个苦，没有反悔的。"当时张爱玲虽然还被父亲禁锢着，渴望着自由，但这样严重的问题还是使她痛苦了许久，反复考量了很久。后来她想，在家里，尽管满眼看到的是银钱进出，但不是她的，将来也不一定轮得到她，最吃重的最后几年的求学的年龄反倒被耽搁了。"这样一想，立刻决定了。"18 岁的张爱玲就此永远告别了后母、鸦片和父亲的管制，告别了父亲的钱财与家产。

张爱玲为自己选择了一条并不十分明确然而和旧式女子绝不相同的人生道路，最起码的一点是要去读书，像她母亲那样，拥有新的知识，新的思想。但后来的事实表明，读书使她比母亲走得更远，更彻底。在随后的岁月里，她将日益变成一个仅靠内心而生活的女人。是什么原因使然，张爱玲在刚刚逃到母亲的家时，当然没有想到，她想到的是父亲。没过多久，张爱玲就把她被虐待与软禁的经过写成了英文，投到《大美晚报》(Evening Post)发表。这是一份美国人办的报纸，编辑还替她拟了一个很耸动的标题："What a life! What a girl's life!"英文《大美晚报》是她父亲一直订阅的，看了这篇文章后他大发脾气。但明显地，女儿是准备永远地离开他了，这使他亦感到一种深深的伤感，尽管时间并不长。

父亲认为何干是张爱玲出逃的同谋，把她大骂了一顿。不久，这个在张家待了数十年的老人就收拾了自己的衣物，回皖北老家养老去了。走之前，她还偷偷收了一些张爱玲的纪念物给她送过去。《小团圆》如此描写九莉与韩妈（以何干为原型）的分别："九莉这两天刚戴上眼镜，很不惯，觉得是驴马戴了眼罩子，走上了漫漫长途。韩妈似乎也对她有点感到陌生，眼见得又是个楚娣了，她自己再也休想做陪房跟过去过好日子了。九莉自己知道亏负她，骗了她这些年。在电车月台上望着她上电车，两人都知道是永别了，一滴眼泪都没有。"从小到大，何干是真心关心张爱玲的。她偷偷摸摸拿过去的东西，主要是张爱玲小时候一些心爱的玩具，内中有一把白象牙骨子淡绿的鸵鸟毛折扇，因为年代久了，一扇便掉毛，漫天飞着，使人咳呛下泪。

张爱玲留在父亲家里的一切东西，都被她后母分着给了人。他们只当她死了，"这是我那个家的结束"，她后来说。张爱玲从父亲家逃出来，投奔的是母亲，这自然是给母亲增加了经济负担。但母亲仍然给她请了犹太裔的英国人，为她补习数学，让她参加伦敦大学远东区的考试，以准备到英国留学。当时的补习费是每小时五美元，这对她母亲，一个离婚多年的仅靠吃遗产过活的女人而言，多少有些压力。

她母亲得到的遗产并不多。当初她与她的双胞胎弟弟分遗产时，她弟弟分得房地产，她分得首饰和古董。1924年她与张爱玲父亲闹矛盾借出国以逃避时，一句英文也不会说，变卖了一些古董才筹得出国之资，走的时候还带了一些古董。张爱玲父亲在经济上并没帮助她，甚至在 1928 年她从英国返回上海后，为把她拴在家里他连家用钱都不出，用她的钱，想把她的钱逼光，结果导致离婚。而在她与张爱玲姑姑张茂渊合租时，又有一大笔钱被张茂渊拿去投资，血本无归。到张爱玲投奔她时，她手上的首饰、古董所剩已经不太多了。而且据张爱玲表兄黄德贻透露，那次她母亲从欧洲回上海，还带了一个美国男朋友回来，是个生意人，专做皮件生意，如制作昂贵的手袋、腰带等皮件出售之类。也就是说，在张爱玲和她弟弟之外，母亲已经有了另外一份生活。这是张爱玲从父亲家里逃出之前所不知道的，知道之后又不知怎样去面对。

有一种东西更是张爱玲出逃之前未曾想到的，那就是她与母亲之间关系的细微的变化。张爱玲是个爱钱的人，她并不讳言自己对钱的热爱，"我喜欢钱，因为我没吃过钱的苦——小苦虽然经验到一些，和人家真吃过苦的比起来实在不算什么——不知道钱的坏处，只知道钱的好处"。因为喜欢钱，她对钱亦相当敏感，她既然不能忘记小时候向父亲要钱付钢琴教师薪水时的难堪，也就不会不注意跟母亲要钱时的细节："问母亲要钱，起初是亲切有味的事，因为我一直是用一种罗曼蒂克的爱来爱着我母亲的。……可是后来，在她的窘境中三天两天伸手问她拿钱，为她的脾气磨难着，为自己的忘恩负义磨难着，那些琐屑的难堪，一点点的毁了我的爱。"（张爱玲：《童言无忌》）

钱在这对准备相依为命的母女间成了一个不大不小的问题。这不仅是由于张爱玲觉察到了母亲的窘境，而且亦有她们对于钱的态度的奇怪差异。张爱玲的姑姑曾经取笑张爱玲"不知从哪里来的一身俗骨"，又说她的父母纵然有缺点，但都还不俗，不把钱当回事。她自己也明白这一点，"我周岁的时候循例在一只漆盘里拣选一件东西，以卜将来志向所趋。我拿的是钱——好像是个小金镑罢。我姑姑记得是如此，还有一个女佣坚持说我拿的是笔，不知哪一说比较可靠。但是无论如何，从小似乎我就很喜欢钱。我母亲非常诧异地发现这一层，一来就摇头道：'他们这一代的人……'我母亲是个清高的人，有钱的时候固然绝口不提钱，即至后来为钱逼迫得很厉害的时候也还把钱看得很轻。这种一尘不染的态度很引起我的反感，激我走到对面去"。这种态度的差异是否真的引起了母亲的不耐烦，已不得而知，但在张爱玲，却是有如此感受的，并为之开始有了不安感。当然，母女之间关系的细微变化不仅是因为钱。母亲到欧洲一去八九年，这段时间正是张爱玲成长的最关键时期，两人各在不同的环境氛围中生活，一旦再相处一室，其差异是可以想象的。虽则母亲在女儿眼中犹是"辽远而神秘的"，女儿在母亲眼里则发生了很大的变化，张爱玲自己回忆说："我母亲从法国回来，将她睽隔多年的女儿研究了一下。'我懊悔从前小心看护你的伤寒症'，她告诉我，'我宁愿看你死，不愿看你活着使自己处处受痛苦。'"母亲的失望多少是真实的，看着女儿处处不能适应生活的"痛苦"，她知道八九年前她在上海的时候对女儿的短暂培养已全部付诸东流，女儿并没成长为一个具有大家闺秀风范的淑女。懂洋文，知交际，而又不逾于礼数，张爱玲与这些淑女的规范似是若即若离。或可能是因于后母的虐待与乖戾，或可能由于她自身性格的懒散与委顿，做母亲的都不想再追究了。她想重新塑造张爱玲。

母亲给了张爱玲两年的时间学习"适应环境"——母亲教她煮饭，教她用肥皂洗衣服，教她练习走路的袅娜姿势，教她看人的眼色，教她点灯后记得拉上窗帘，教她照镜子研究面部神态，教她如果没有幽默天才，千万别说笑话……一切不满意的地方都要改正，一切学不会的东西都要学会。母亲尤其希望教会她的，是如何做一个有魅力的上流社会的女人："她母亲是清末南京黄军门的小姐，西洋化的漂亮妇人，从小要训练爱玲做个淑女，到底灰了心。她母亲教她如何巧笑，爱玲却不笑则已，一笑即张开嘴大笑，又或单是喜孜孜的笑容，连她自己亦忘了是在笑，有点傻里傻气。爱玲向我如此形容她自己，她对于这种无可奈何的事只觉得非常开心。又道：'我母亲教我淑女行走时的姿势，但我走路总是冲冲跌跌，在房里也会三天两天撞着桌椅角，腿上不是磕破皮肤便是淤青，我就红药水搽了一大搭，姑姑每次见了一惊，以为伤重流血到如此。'她说时又觉得非常开心。"（胡兰成：《今生今世》）《小团圆》则有隐述供参考："她（蕊秋）常说：'年轻的女孩子用不着打扮，头发不用烫，梳的时候总往里卷，不那么笔直的就行了。'九莉的头发不听话，穿楚娣的旧蓝布大褂又太大，'老鼠披荷叶'似的，自己知道不是她母亲心目中的清丽的少女。'人相貌是天生的，没办法，姿势动作，那全在自己。你二叔其实长得不难看，十几岁的时候很秀气的。你下次这样：看见你爱慕的人，'蕊秋夹了个英文字说，'就留神学她们的姿势。'九莉羞得正眼都不看她一眼。她从此也就没再提这话。"

逃出父亲的"庇护"，张爱玲不期然地遇上了母亲半是怜悯半是挑剔的眼光，一下子发现了自己的无能、笨拙与可怜，"我发现我不会削苹果。经过艰苦的努力我才学会补袜子。我怕上理发店，怕见客，怕给裁缝试衣裳。许多人尝试过教我织绒线，可是没有一个成功。在一间房里住了两年，问我电铃在哪儿我还茫然。我天天乘黄包车上医院去打针，接连三个月，仍然不认识那条路"，"总而言之，在现实的社会里，我等于一个废物"，这一令人沮丧的结论使她刚刚从逃离父亲的家那件事情里获得的兴奋很快地消逝了。

不但面对现实社会张爱玲无所适从，更要命的是，她于默然中体味到了母亲的失望。在母亲面前，她多少感受到了某种压抑与不安。她的母亲虽然不是什么成功人物，但是母亲几度出洋，而赴欧留学深造恰恰是她的人生目标，另一方面，她母亲又是"西洋化的漂亮妇人"，似乎也善于社交场合的酬酢，在她的交游中甚至不缺乏徐悲鸿、胡适之这样的文化名流。张爱玲的敏感与不安因这种似有似无的对比而加深着。而且，对母亲的看法也在发生不知觉的变化，"在父亲家里孤独惯了，骤然想学做人，而且是在'窘境'中做淑女，非常感到困难。同时看得出我母亲为我牺牲了许多，而且一直在怀疑着我是否值得这些牺牲。我也怀疑着。常常我一个人在公寓的屋顶阳台上转来转去，西班牙式的白墙在蓝天上割出断然的条与块。仰脸向着当头的烈日，我觉得我是赤裸裸地站在天底下了，被裁判着像一切的惶惑的未成年的人，困于过度的自夸与自鄙"，"这时候，母亲的家不复是柔和的了"。

日寇已经占领了上海，街上到处走着穿着黄军装的异族士兵，张爱玲在母亲的家里突然体会了乱世无家的凄惶。一种漂泊无依的伤感悄然袭中了这个临街而立、个子高挑、面色忧郁的少女，难道母亲说的"跟了我……要吃得了这个苦"，就是指的这种感觉？难道何干说的"千万不可以走出这扇门呀！出去了就回不来了"，也是在暗示这种无家的恐惧与不安？这不仅仅是情感的归依问题，更重要的是经济来源的问题。母亲的窘境她是逃来不久就发现了的，"我逃到母亲家，那年夏天我弟弟也跟着来了，带着一双报纸包着的篮球鞋，说他不回去了。我母亲解释给他听她的经济力量只能负担一个人的教养费，因此无法收留他。他哭了，我在旁边也哭了。后来他到底回去了，带着那双篮球鞋"。母亲是应诺承担她的生活费用与教育费用了的，可她对母亲内心的想法已经心怀犹疑：她是一个无望成为淑女的女孩，母亲对她已经失望，或许正在后悔为自己做出的牺牲，一个活着使自己处处受痛苦的女儿或许并不值得她去做那些牺牲。何况，她来后不久也见到过母亲的美国男朋友（张爱玲从未在谈话或文章中提及此事），凭她的感觉及判断，她亦知道母亲对她的责任与感情现在都是有限度的，有条件的。

不久前还在想着的那些问题，没志气的弟弟，讨厌的后母，冷漠的父亲，等等，都在这一刻远去了，变成一种青春期的忧伤、一种轻轻的感伤远去了。那里面尽管也满布着愁怨与抑恨，但说到底也只是一种孩子与父母间的争执与冲突，而既然是孩子，就是有家的，有父母在做庇护的。而现在呢，18岁的张爱玲发觉自己虽然身在母亲、姑姑雅致、清洁的公寓里，但完全无法抵挡心灵之家的散坍：

　　　　我觉得我是赤裸裸地站在天底下了。

这种感觉是如此地无助："恍惚又是多年前，她还只十来岁的时候，看了戏出来，在倾盆大雨中和家里人挤散了。她独自站在人行道上，瞪着眼看人，人也瞪着眼看她，隔着雨淋淋的车窗，隔着一层无形的玻璃罩——无数的陌生人。人人都关在他们自己的小世界里，她撞破了头也撞不进去。"（张爱玲：《倾城之恋》）张爱玲明白了，她不得不作为一个成人在乱世的流转之中求得一个安稳、温暖的所在，她不得不慎重地考虑前途、职业、谋生甚至婚姻等等现实的问题。

果然，这些问题不久后由母亲提了出来。母亲说，如果她打算早早嫁人的话，那就不必读书，用学费来装扮自己，如果还想继续读书，就没有余钱兼顾到衣装上。她需要再一次做出抉择，只不过这次已经完全是成人的问题。母亲的提议是公正的。在她们这样的望族门第，像她素常所讥讽的那样，女孩子"不能当女店员，女打字员，做'女结婚员'是她们唯一的出路"（张爱玲：《花凋》）。"女结婚员"那种选择在她这样的家庭里非常常见。她们最后的结局，在张爱玲眼中，还不如笼子中的鸟："笼子里的鸟，开了笼，还会飞出来。她是绣在屏风上的鸟——惆郁的紫色缎子屏风上，织金云朵里的一只白鸟。年深月久了，羽毛暗了，霉了，给虫蛀了，死也还死在屏风上。"（张爱玲：《茉莉香片》）张爱玲选择了读书。她背叛了自己命定的道路，没有改变逃离父亲的家时的初衷。母亲果然兑现诺言："我母亲为了我姐姐考伦敦大学，特为她请了一个犹太裔的英国老师，专门替她补习数学，报酬是每小时五美元。"（张子静：《我的姐姐张爱玲》）张爱玲自己后来在《小团圆》中也提到，"最是一年补课，由牛津剑桥伦敦三家联合招考的监考人自己教，当然贵得吓死人"。

张爱玲其实是一个非常奇特的女人，这不仅仅是说她富于感受的天才，也不仅仅是说她不愿与人交往的乖僻性格，而是说她对待自己命运的方式。一个感觉到自己"赤裸裸地站在天底下了"的人，以怎样的方式同自己孤立无援的命运相抗衡，对于个人生命色彩的呈现有相当重要的意义。按理说，带着无家可归的乱世凄惶步入成人世界的张爱玲，不仅有求学的拮据，更有日后婚恋的悲酸、异国谋生的孤冷，种种难堪、种种困顿都曾加临她的身上，但在身后的文字世界里，她几乎没有留下关于这些个人悲哀与酸辛的只言片语，没有留下什么可以看出她"赤裸裸地站在天底下"时的恐惧的痕迹。关于不幸，关于忧伤，她讲过很多，不过都还只是她在父亲的家或者母亲的家里的记忆，而对独立谋生以后的酸涩，她从来都是缄口不语。所以，今天我们在张爱玲那里看到的，永远是一支乱世的传奇之歌，一个飞飞扬扬的天才女子，一个遗世而独立的不羁之人。这些是她真实的生活，又不全是她真实的生活。

何以如此？我以为，恰恰是生活的不得平稳，她才追求乱世的飞扬，恰恰是生命的转瞬即灭，她才追求传奇般的欢乐，恰恰是生活的不完美，她才追求完美。她不是没有悲剧性的个人体验，只不过不喜言说与人罢了，正如她说的，"我是中国人，喜欢喧哗吵闹"，她对周遭的生活，抱有一种超然的看戏的姿态，她之创作，实际上亦是一出一出人生戏剧的上演、谢幕，演了，大家看了，也就完了。而于她自己，她是不愿做戏中人的，尽管她时常亦在戏中（台湾女作家三毛曾根据她与胡兰成的情恋往事，创作了电影剧本《滚滚红尘》即是证明），但就她本心而言，她想把自己最真实的内心藏在一片热热闹闹后面。但数十年来，我们看到的"张爱玲"，总只是那热热闹闹的表面。

张爱玲的完美主义的人生态度，在这一时期开始形成。18岁以后的张爱玲，讲述给人最多的是热爱的欢乐和飞扬的诗意，是透彻明亮的美，她说，"生活的艺术，有一部分我不是不能领略。我懂得怎么看'七月巧云'，听苏格兰兵吹 bagpipe，享受微风中的藤椅，吃盐水花生，欣赏雨夜的霓虹灯，从双层公共汽车上伸出手摘树巅的绿叶。在没有人与人交接的场合，我充满了生命的欢悦"。这段文字出自1939年的应征散文《天才梦》，其时她刚刚因进英国伦敦大学不成而转入香港大学。在她而言，生命的欢悦与生活的美丽是孪生的姐妹，既然一个人站到了天底下，她就决意去创造自己的生活，去享受自己的生活。

从上海到香港

港大三年，是张爱玲一生中最为美丽的一段时光，她的天性得到了自由的发展；香港文化中刺激的、犯冲的、不调和的色彩与情调，也奠定了她日后小说创作的基础。

1939 年，英国伦敦大学远东区招生考试在上海举行，张爱玲一鸣惊人，以远东区第一名的成绩通过了这次入学考试。但是由于战争的关系，她无法远渡重洋到英国去。而伦敦大学的入学考试成绩对香港大学同样有效，因此她就改在香港大学就读。

当时香港是一个新的地方，一个典型的实行殖民统治的都市，在那里她将度过自己一直追求的大学生活。似乎从很小的时候起，张爱玲就已经认定自己不会像周围的其他同学一样走"女学生——少奶奶"的道路。在圣玛利亚中学的毕业调查栏"最恨"一项里，她曾经写道："一个有天才的女子忽然结了婚。"或许是对母亲的不幸的感喟，或许是对自己宿命前途的预感与不满，不管怎么说，张爱玲懂得珍惜机会，懂得依靠自己的能力发展独立的生活。香港应该能够给她提供这样一个空间。

从上海到香港的船靠近码头时，码头上一片喧闹，"望过去最触目的便是码头上围列着的巨型广告牌，红的、橘红的、粉红的，倒映在绿油油的海水里，一条条、一抹抹刺激性的犯冲的色素，窜上落下，在水底下厮杀得异常热闹"。这是一个色彩的和商业的都会，张爱玲淡淡地想。她的目的地是香港大学，她要的只是好好念书。她希望毕业后能够到英国去继续深造，那里有她从小就喜欢的英格兰明丽的色彩。香港码头上有人接她，一个宽厚而富于幽默的中年男子，她母亲和姑姑的朋友，同时也是她在香港的法定保护人——李开第先生。李先生开车送她到了香港大学。

香港大学坐落在半山腰，管理她们宿舍的都是修道院天主教僧尼。到港大不久，张爱玲慢慢熟悉了情况。港大的学生大多来自东南亚诸国的富侨家庭，本埠和内地的学生也大都家世阔绰，上学放学都有汽车接送。与这班阔学生相比，张爱玲已经算是穷学生了，不过她已知道母亲尽了很大的努力。在她到香港不久，母亲又离开上海去了新加坡，可能是和她男友一起去做皮货生意吧。张爱玲不太愿意过问母亲的私事，但她看得出母亲的疲惫与无奈。母亲依然尽很大努力送她到学费昂贵的港大来了，她还有什么可说的呢？

张爱玲在香港大学发奋用功。应该说，她的反应并不快，她的聪慧亦不是那种敏捷型的，而且港大的那些课程亦未见得都是她喜欢或擅长的，但用她的话说，她"能够揣摩每一个教授的心思"，所以"每一样"功课总是考第一，并且连得了两个奖学金。有一位英国教授佛朗士说他教了十几年的书，从来没给过像张爱玲那么高的分数。有一年张爱玲未得到奖学金，佛朗士竟私人给了她一笔"奖学金"，"等他走了，旁边没人，九莉才耐着性子扒开麻绳里面一大叠钞票，有封信，先看末尾签名，是安竹斯。称她密斯盛，说知道她申请过奖学金没拿到，请容许他给她一个小奖学金。明年她能保持这样的成绩，一定能拿到全部免费的奖学金。一数，有八百港币，有许多破烂的五元一元。不开支票，总也是为了怕传出去万一有人说闲话"（张爱玲：《小团圆》）。于此可见张爱玲的惊人勤奋。港大三年，她完全是一个勤奋的好学生。但为此，她也付出了心痛的代价。这代价就是放弃了写小说的嗜好。自她从识字起，到上小学、上中学，她都有一些自发为之的作品，但港大三年，她完全放弃了创作，直到日寇攻占香港，她的学习计划被打断，她才在旧小说中又陶醉了一回。大学期间，为了学好英文，她不但中止了一向喜爱的中文创作，甚至有三年时间没有用中文写东西，给姑姑和母亲的家信，也是用英文写的。大概只有绘画没有被她完全扔掉，但那也是因为绘画不占太多时间，她可以兴情所致随便放松一下。此外，她也不太甚愿意与同学们一起出去游山玩水，偶尔去一下，看人，谈天，她都感觉很不安，以为是糟蹋时间。

但在港大三年，又是张爱玲生活中极为开心的一段时间。没有了父母的阴郁与约束，没有了中学时清规戒律式的管制，她的天性格外地得到了发展。她虽然不甚热心融入香港社会，但学校丰富的藏书，给了她新的世界。而学校周围跃动着的山水、人物、灯红酒绿的洋场生活，更给了她深刻难忘的印象。这在她后来的《倾城之恋》《沉香屑·第一炉香》等香港"传奇"中可以明显见出来。从 20 世纪 30 年代阴旧的上海走出来，香港蓝的海、红土的山崖、火红挺拔的木棉树，对她不能说没有魅惑的力量。各种泼剌妖异的植物，以及社会的怪异风情，无不给她新鲜难忘的印象。对于她这个出身旧式大家庭的女孩而言，香港的这一切又化为一种刺激的、犯冲的、不调和的色彩和情调。她的来自各英属、法属殖民地国家的同学，印度的、安南的、马来西亚的，以及南洋华侨的子弟，英国移民的后裔，欧亚混血儿，各人种族、文化背景皆大为异趣，而他们各自的心理、行为方式于她而言，都有一种谜一般的魅力。

张爱玲在港大三年的绝大部分时间是抱着书在教室、图书室、宿舍几点之间匆匆奔走。但她也喜欢学习之外的香港。在一群白皮肤、黄皮肤、黑皮肤的同学之间，她尽情地感受到了生的欢悦与青春的微微情趣。她的同学中，有不少很有个性、很具异域色彩的女孩。叫金桃的马来西亚女孩，淡黑的脸庞，牙齿很可爱的向外暴着。她在娇生惯养中长大，却又因为马来西亚当地不甚文明的生活习惯，她身上总有一股小家子气，像张爱玲比喻的"像一床太小的花洋布棉被，盖住了头，盖不住脚"，但张爱玲却很喜爱她。张爱玲喜欢的是她教同学们学跳马来舞的模样：男女排成两行，摇摆着小步小步走，女的挥着手帕柔声唱道，"沙扬啊！沙扬啊！""沙扬"在马来语中就是"爱人"的意思。金桃的歌声简简单单，平白缓长，张爱玲听来，深觉一种太平盛世般的美丽。叫月女的女孩是香港的，曾经在修道院念书。她每每回忆起修道院洗浴时的遮遮掩掩，就要流露出羞耻伤恸的神情。她的父亲是个商人，发达后却迷上一个不正经的女人，以至回家总是拿小孩子出气。月女也很天真，她一直摆脱不了一个奇特的念头，她常常怕被强奸，整天整夜想着，脸色惨白浮肿，但她其实并不懂得强奸是怎样一回事。香港沦陷期间，大家都深居简出不敢外出，不大敢独自露面，月女反而倚在阳台上看排队的兵走过，还大惊小怪叫别的女孩子都来看。张爱玲非常怜惜这个娇弱而天真的女孩，静静地为她难过，"她的空虚是像一间空关着的，出了霉虫的白粉墙小房间，而且是阴天的小旅馆"（张爱玲：《谈跳舞》）。更要紧的是，思想如此简单，却又生活在一个丝毫不简单的荒乱时代。没有过去，没有内涵，一个具体的生命的意义也就无从保证。

叫克荔门婷的女孩来自爱尔兰，在港大图书馆工作。她常常对张爱玲讲一些叽叽喳喳的女孩子关心的事情，她满脸的青春痘，仿佛总有抑制不住的热情，总喋喋不休。一次她讲的一件逸事引起了张爱玲的注意。那一天，克荔门婷穿着海绿色的花绸衣服，袖子边缘钉着浆硬的小白花边，坐在张爱玲的身边，装作不介意的样子，对张爱玲说："我姊姊昨天给了我一些性教育。"张爱玲言语不多，只是看书，克荔门婷又说："我真吓了一跳！你觉得么，一个人有了这种知识之后，根本不能够谈恋爱，一切美的幻想全毁了，现实是这么污秽！"张爱玲听到这里，却不甚以为然，仅是淡淡地说："我很奇怪，你知道得这么晚……多数的中国女孩子很早就晓得了，也就无所谓神秘。我们的小说书比你们的直爽，我们看到这一类书的机会也比你们多些。"克荔门婷吃惊不小，她没有料到如此令人震惊的事情到了这么一个文静的中国女孩那里会变得那样平淡无奇。为表达自己的态度，她接着又告诉了张爱玲另外一件事情："有一件事，香港社交圈谈论得很厉害，我先是不大懂，现在我悟出来了。"原来是一个英国绅士娶了一个不知性为何物的中国女孩，结果新婚之夜闹出啼笑皆非的吵剧，弄得人人皆以绅士为流氓，那绅士顶不住压力，自杀了。克荔门婷谈论性时的神神秘秘张爱玲漠然置之，但她讲的这件逸事却给她不小的震动。这是一个肮脏的故事，之所以脏，是因为人是脏的，凡是人的东西，多少总带着心灵肮脏的印迹。在这个故事里，张爱玲瞥见了人性深处的阴暗影子，她想不出该说什么。说什么呢？空虚兴奋好奇的爱尔兰姑娘很单纯，可也只是单纯而已。

　　张爱玲生性孤僻，也似乎很难与人相处，她从来都以自己的喜好为上，而绝少在意旁人的反应；她习惯于观察自己之外形形色色的人生世相，却很少产生与人交流的渴望。她后来表示："我是孤独惯了的……以前在大学里的时候，同学们常会说——我们听不懂你在说些什么。我也不在乎，我觉得如果必须要讲，还是要讲出来的。我和一般人不太一样，但是我也不一定要要求和别人一样。"（殷允芃：《访张爱玲女士》）港大三年，她虽然感受到了许多同学身上的莫名趣味，但真能与她趣味相投、朝夕相处的，能共同感受生活精微处的美妙的，能一起仅为一杯冰淇淋、一块小小的布头、一个黑黑的小老头而欢喜不禁的，大约只有炎樱一人。没有炎樱，张爱玲的整个香港生活将会顿失生机，她也会失去很多机会体验生命微微飞扬的愉悦。这个阿拉伯裔的印度女孩实在是风趣、快活的，满身的喜悦止不住地往外蹦的，《流言》中专辑有《炎樱语录》几则，可见二人同学时的快意与默契：

　　　　炎樱的个子生得小而丰满，时时有发胖的危险，然而她从来不为这担忧，很达观地说："两个满怀较胜于不满怀。"（这是我根据"软玉温香抱满怀"勉强翻译的。她原来的话是："Two armfuls is better than no armful."）

炎樱在报摊子上翻阅画报，统统翻遍之后，一本也没买。报贩讽刺地说："谢谢你！"炎樱答道："不要客气。"

炎樱买东西，付账的时候总要抹掉一些零头，甚至于在虹口，犹太人的商店里，她也这样做。她把皮包的内容兜底掏出来，说："你看，没有了，真的，全在这儿了。还多下二十块钱，我们还要吃茶去呢。专为吃茶来的，原没想到要买东西，后来看见你们这儿的货色实在好……"犹太女人微弱地抗议了一下："二十块钱也不够你吃茶的……"可是店老板为炎樱的孩子气所感动——也许他有过这样的一个棕黄皮肤的初恋，或是早夭的妹妹。他凄惨地微笑，让步了。"就这样罢。不然是不行的，但是为了吃茶的缘故……"他告诉她附近哪一家茶室的蛋糕最好。

炎樱也颇有做作家的意思，正在积极学习华文。在马路上走着，一看见店铺招牌，大幅广告，她便停住脚来研究，随即高声读出来："大什么昌。老什么什么。'表'我认得，'飞'我认得——你说鸣是鸟唱歌？但是'表飞鸣'是什么意思？'咖啡'的'咖'是什么意思？"

炎樱本名 Fettinma Mohideen，音译中文名叫作莫黛，"炎樱"是张爱玲给她取的名字。张爱玲父亲、母亲在香港均无关系较深的亲朋故旧，她的法定保护人李开第先生当时也只是她姑姑的旧识，往来不多，所以张爱玲在港大三年，除了寒暑假，基本上都是在学校里度过。然而她的朋友又少，除了炎樱，几无别人。炎樱很淘气，又干脆利落，生活起居与常人总有相悖之处，偏张爱玲能欣赏她的聪慧与绝妙，而炎樱呢，也甚惊奇这位个子高挑的中国女孩，心里竟藏有那么多细微的难以用语言表达出来的东西，而历史与文学方面的修养又是那样出奇地好。

张爱玲在发奋用功之际，偶尔也出门看电影、逛街、买零食，做伴的往往就是炎樱。有时去见见熟人，也是两人一道。炎樱的家也在上海，与张爱玲家相隔不远，所以放假时两人多是结伴同回，但有一次港大放暑假，炎樱没等她就回了上海，张爱玲知道后，觉得自己落了单，倒在床上大哭大喊不可开交。据她自己说，她生平只大哭过两回，这即算是一回。可见她与炎樱的情谊之深。

两人有很多共同的喜好，比如绘画，比如衣服，又都善于领略生活中的细处情趣。在香港的时候她们常常一起作画，一个勾图，另一个则着色。张爱玲为炎樱画过一幅肖像，形态甚肖，很得人赞赏，她们的一位俄籍教授甚至要出五美元买下来。张爱玲很欣赏炎樱的用色，说那不同搭配的蓝绿色令她想起李商隐的两句诗，"沧海月明珠有泪，蓝田日暖玉生烟"，有一种使人惘惘的感伤意味。炎樱虽非画家，但是张爱玲数年后出版的小说集《传奇》的封面就是由她设计的。张爱玲非常喜欢那个封面，说自己"为那强有力的美丽的图案所震慑，心甘情愿地像描红一样地一笔一笔临摹了一遍"。《传奇》增订本的封面也是炎樱设计的，构图更为巧妙。炎樱借用了晚清的一张时装仕女图，画着个女人在桌边玩桌牌，旁边有奶妈，抱着小儿，安稳静谧中充满"古墓的清凉"，然而身后又突现一现代女子，透过窗子向里面张望。奇异的是这女子全无五官，比例亦不和谐，但并不给人粗糙之感，反而很奇怪地造成了一种怔忡不安的气氛。画面的独异构思，及对《传奇》内容的无言暗示，显示了炎樱的过人才华。

在香港大学，她们在一起过着一种美丽明快的生活，尽管张爱玲孤僻，不喜欢活动，但也奈何不了炎樱孩子式的热情与阳光般的快乐。因为炎樱是混血人种，在香港有较多熟人朋友，张爱玲跟着她时时走动，也得以更多地亲身感受了一些香港生活的丰富与复杂，也锻炼了她关于乱世人生的体验与思考。这些经验在她离港以后开始写作的时候，便开始显示出潜在的有益影响。

有一次，炎樱欢天喜地地来约张爱玲去看电影。张爱玲照例不愿意去，但炎樱说是她父亲从前的一个老朋友，听说炎樱到了香港，一定要见见她。

炎樱为张爱玲拍的艺术照

张爱玲拗不过她，就放下手里的功课，两人往电影院去了。电影院在香港中环，已经很古旧的了，很似电影里的早期澳门房屋，狭窄拥挤而又布满了暧昧的调情氛围与古装的广告招贴。两个女孩各自穿着无领短袖旗袍，手里还拎着浅色绣花的丝帕，站在影院门口，犹如两朵清新美丽的花。不一会儿，从门口处走来一个高大的50多岁的男人，长得瘦瘦长长，穿着一套发暗的旧西装，两只裤管空空荡荡，脸色苍白，活像是从毛姆小说中走出来的流落东方或南太平洋的白种人，只有一双布满了血丝的麻黄色大眼睛表明他的印度人生理特征。

炎樱向他介绍张爱玲："希望你不介意她陪我来。"那个男人朝张爱玲看了一眼，忽然露出很为窘迫的神色，他从口袋里掏出两张戏票和一包东西，往炎樱手里一塞，很不安地说了一声："你们进去。"转身即走。炎樱还没反应过来是怎么回事，一把拉住他："不不，我们去补张票，你不要走。""潘那矾先生！不要走！"但那潘先生还是执意走了，闹得张爱玲不知所以。两人打开潘先生塞给炎樱的一个纸包，只见是两块浸透加糖鸡蛋的煎面包，用花花绿绿半透明的面包纸包着，外面的黄纸袋还沁出油渍来。炎樱这才恍然大悟道："他带的钱只够买两张票。"（张爱玲：《张看·自序》）

两人只得进了电影院，走很陡的斜路，刚坐下电影就开始了。但是张爱玲始终记得那印度人的困窘神情，心里不甚是滋味，终于没有看完。在回学校的路上，炎樱向张爱玲讲了那潘那矾先生的遭遇。潘先生是个帕西人（Parsee），祖籍波斯，印度拜火教徒，以前做过很大的生意，后来认识了一个麦唐纳太太。麦唐纳太太有很多孩子，她硬要把大女儿嫁给这个帕西人，可大女儿叶宓妮很不愿意，她才15岁，还在学校念书，但麦唐纳太太硬逼着她嫁了过去。结果22岁时两人就离了婚，叶宓妮还把唯一的儿子带走了，并且不准那帕西人与儿子见面。可是帕西人又非常喜欢自己的儿子，他从此做生意就越做越蚀本，交了厄运，而叶宓妮在洋行做事，儿子已长到19岁，与他母亲住在一起，就像姐弟一样。帕西人的故事很触动张爱玲，人性中有多少难以言说的秘密呵。后来她正巧见着了叶宓妮。那是有一次叶宓妮请炎樱吃饭，炎樱又带上她，她就见着了那个既不幸又有幸的女人。她非常年轻，和帕西人简直是两代人。叶宓妮已经再婚，嫁给了她儿子的一个朋友汤尼，三个人在一起非常快乐。后来在上海，张爱玲还见到那位逼嫁的麦唐纳太太。她人高高大大，像个利索的英国女人，唯一的东方风味是漆黑的头发光溜溜地梳个小扁髻，嗓子微哑，一笑就眯起眼，60多岁的人了，看上去仍有一种微微的调情的味道。

帕西人和他离了婚的女人的故事给了张爱玲很深的印象。她似是第一次明白，一个女人嫁过几次仍可以活得有滋有味，而一个男人在不断的挫败中仍没有使自己停下来。也许这些都是生命力的表现吧，都是人身上最潜在的力量吧。

香港是一座五光十色、一时不停地处在变幻之中的都市，它为张爱玲观察人生戏剧、体味生命沉浮提供了一个不可或缺的背景，她用上海人的眼光观察香港的结果，是使她日后"传奇"中充满了怪异的、犯冲的、不谐调的色彩与情调；同时，香港生活，尤其与炎樱在一起度过的那些欢悦时光，亦为她在逃离父亲的家又与母亲有了疏隔之后，提供了一个精神独立的过渡阶段，这是非常重要的。事实上，母亲在支付了她的学费以后，对她的生活费给得就比较有限了。这使张爱玲一度成为班上最穷的学生，"在这橡胶大王子女进的学校里，只有她没有自来水笔，总是一瓶墨水带来带去，非常瞩目"，"只有九莉，连暑假都不回去，省下一笔旅费。去年路克嬷嬷就跟她说，宿舍不能为她一个人开着，可以带她回修道院，在修道院小学教两课英文，供膳宿。当然也是因为她分数打破纪录，但仍旧是个大情面"（张爱玲：《小团圆》）。这种窘迫使张爱玲变得更加敏感。遗憾的是母亲对她的处境体谅却并不那么深。读书期间，母亲路过一次香港，并到香港大学去看望她。但母亲不但没给她留下生活费，反而将佛朗士教授私人给她的八百港币在牌桌上输掉了。此事给张爱玲很深的刺激，使她们之间的母女关系大受损害。《小团圆》记载了九莉听到母亲（小说中称"二婶"）输了八百元（她将这钱拿给路过香港的母亲看，母亲说替她保管）后的感受说：

　　偏偏刚巧八百。如果有上帝的话，也就像"造化小儿"一样，"造化弄人"，使人哭笑不得。一回过味来，就像有什么事结束了。不是她自己做的决定，不过知道完了，一条很长的路走到了尽头。后来在上海，有一次她写了篇东西，她舅舅家当然知道是写他们，气得从此不来往。她三姑笑道："二婶回来要生气了。"九莉道："二婶怎么想，我现在完全不管了。"她告诉楚娣那次八百块钱的事。"自从那回，我不知道怎么，简直不管了。"她夹着个英文字。楚娣默然了一会儿，笑道："她倒是为你花了不少钱。"她知道楚娣以为她就为了八百块港币。她只说："二婶的钱我无论如何一定要还的。"

张爱玲的母亲并非不爱女儿，只是与她父亲一样，既出身于大户人家，诸事皆习惯以自己为中心，即便面对子女，也难以做到彻底的自我牺牲。按说，她既已接过教育张爱玲的责任，那么就应当节缩开支，保证女儿。但她并不如此。她仍然花费许多资金出国。张爱玲始终不明白她母亲出国做什么，从她后来所见看，母亲出国既没有留学，也未做生意，而似乎是将主要精力用在谈恋爱。《小团圆》记载，仅在香港逗留期间，蕊秋便一边与项八小姐争风吃醋，一边与一位英国军官谈恋爱。故子女从她身上感受到的爱不能不是有限的。母亲如此，而与父亲实际上又断了往来，张爱玲就不得不在精神上、经济上做好自己独立的打算与准备。她的发奋用功，就是为这种独立做的准备，在香港大学，如果成绩优秀的话，毕业后可以免费升到牛津大学继续深造。这就是她的非常具体而现实的梦想与目标。一个人既已孤零零地站在赤裸裸的天底下了，她就无法逃避一种"惘惘的威胁"，对付这威胁的方式，在张爱玲，不是退怯，而是要把自我的精神能量发挥得飞扬恣肆。如她自己在 1939 年所说，她其实很早就相信自己的"天才"。

港战经验

有时候一个人一夜间就能成熟。短短十八天的港战经历，一下子使张爱玲发现了自己在这个世界上的真实位置：她在这个世界之中，因为她周围总上演着永远没有结尾的混乱的剧本，她又在这个世界之外，因为她始终只是舞台外的观众。这个位置同时也象征着她与她的未来小说世界的关系。

但到在香港大学学习的第三年，战争又尾随而至。先是在上海，她在苏州河旁的炮声中逃离了父亲的家，接着是战争阻挡了她前去伦敦大学的道路。现在，眼看她要毕业而且有去牛津大学继续深造的可能，战火却又被日寇燃到了香港。1941 年 12 月，日寇开始发动太平洋战争中的重要一役：对驻守香港的英国军队发起了强攻。《小团圆》记载了九莉初闻香港战事的心情：

> "嬷嬷嬷嬷，是不是从九龙攻来的？"
> "嬷嬷嬷嬷，还说了些什么？"
> 七张八嘴，只有九莉不作声。坐在那里一动也不动，冰冷得像块石头，喜悦的浪潮一阵阵高涨上来，冲洗着岩石。也是不敢动，怕流露出欣喜的神情。

人生的无可预料的感觉，在此又变成了现实，现实得几乎令她"欣喜"。乱世之人，对于时代几乎失去了抱怨的激情，但战争毕竟是战争，战争把更广阔的社会内容强行地推入了她的几近封闭的生活。诚如她后来所言，港战期间的所见所闻给了她"切身的，剧烈的影响"。她一向抱有一种荒乱的身世之感，现在"香港经验"又为她的这种"身世之感"注入了很多的非个人性的内容，开始把它与一种更广大的对社会、历史和人性的体验连接起来。战争爆发不久，张爱玲即离港返沪，中间只有很短的时间。然而，即使在这极短的时间里，战争给她的印象与此前三年的优游自在的学习生活大不相同。而这些印象与经验，用她的话说，"几乎完全限于一些不相干的事"。后来她又说，"人生的所谓'生趣'，全在那些不相干的事情"（张爱玲：《烬余录》），可见她对港战的态度。她对乱世之中人的生活的理解："现实这样东西是没有系统的，像七八个话匣子同时开唱，各唱各的，打成一片混沌。在那不可解的喧嚣中偶然也有清澄的，使人心酸眼亮的一刹那，听得出音乐的调子，但立刻又被重重黑暗拥上来，淹没了那点了解。"张爱玲所注意的，不是战火纷飞的战场，不是人生大起大落的悲剧，而是在此背景下人的琐屑的欢乐，人的细微的真实，这种东西才是个人真正抓得住的，真正可能"心酸眼亮"的，靠了这种东西，人方能抵挡时代惘惘的威胁与现实重重的黑暗。《烬余录》大量记载了这种毁灭前的恐惧与狂欢。

开战的消息传到学校里时，宿舍的一个女同学发起急来，道："怎么办呢？没有适当的衣服穿！"她是有钱的华侨，在不同的场合有不同的行头，从水上跳舞会到隆重的晚餐，她都有充分的准备，但唯有战争，她是未准备好的。后来她借到了一件宽大的灰布棉袍，那种棉袍"对于头上营营飞绕的空军大约是没有多少吸引力的"，张爱玲不由得想。张爱玲没有什么衣服，来港大后仅仅是得了奖学金后才做了几套比较喜欢的衣服，她也不打算特意去翻出某一件来穿，她这会儿对这些不在意，正如她对战争的发生亦不甚在意一样，虽然港战对她前途影响甚大，但既然已经发生，也就没有办法再去计较了。但衣服确实在她的同学间激起了不同的心理反应，比如苏雷珈。苏雷珈是马来半岛一个偏僻小镇的女孩，瘦小，棕黑皮肤，睡沉沉的眼睛与微微外露的白牙。像一般受过修道院教育的女孩子，她的天真近乎可耻。她是学医科的，上解剖课要解剖人体，她于是很担心，被解剖的尸体穿衣服不穿？成了学校里一则很有名的笑话。炸弹落在了宿舍的隔壁，舍监慌忙督促大家避下山去，但就在如此的急难中，苏雷珈也没有忘记把她最显焕的衣服整理起来，全然不顾许多人苦口婆心的劝阻，仍在炮火中把那只累赘的大皮箱设法搬下了山。她参加防御工作，在红十字会分所充当临时看护，穿着赤铜的绿寿字的织锦缎棉袍蹲在地上劈柴生火，虽觉可惜，倒也很值得，因为那一身伶俐的装束给了她空前的自信心，使她同那些男看护混得极好。他们一起吃苦，担风险，开玩笑，她渐渐惯了，话也多了，人也干练了。战争给她提供了一个难得的锻炼机会。

张爱玲对于战争仍然有一种超然的态度，"我们对于战争所抱的态度，可以打个譬喻，是像一个人坐在硬板凳上打瞌睡，虽然不舒服，而且没结没完地抱怨着，到底还是睡着了"。英军的一座要塞挨着港大，日寇的飞机来轰炸，张爱玲和同学们都躲到了宿舍最下层黑漆漆的箱子间里，过着禁闭式的日子。一大堆人挤在透不过气来的黑屋子里，外面是炸弹落下的连绵不断的轰响，楼顶是英军机关枪"忒啦啦啪啪"，像荷叶上的雨，一串串响得入耳刺心。一个叫艾芙琳的同学最先受不住，歇斯底里起来，大哭大闹。她本来来自中国内地，又自称身经百战，吃苦耐劳，至于担惊受怕早就惯了的，但不料真的炸弹掀起的热浪一阵阵扑过来的时候，她还是坚持不住了，而且她还说了许多可怖的战争的故事，把旁的女生一个一个吓得面无人色。然而艾芙琳的悲观又是一种健康的悲观。因为港战，供应中断，存粮眼看就完了，但是艾芙琳比平时吃得更多，而且劝大家努力地吃，因为不久就没得吃了。大家本还想省着的，但总被艾芙琳劝着多吃，多吃，她一个人整天吃饱就坐着，坐着却又啜泣不止，因而得了便秘症。

禁闭式的恐慌传染着每一个人，连做饭的小大姐也因为害怕流弹，不肯走到窗户跟前迎着亮光洗菜，结果张爱玲她们吃的菜汤里满是蠕蠕的虫。唯有炎樱胆大，她一个人冒死上城去看电影——看的是五彩卡通，回宿舍又独自在楼上洗澡，流弹"嗖嗖"地乱窜，甚至击碎了浴室里的玻璃窗，但是她还是在浴盆里从容地泼水唱歌，和平常一样地快乐。舍监听见歌声，非常地生气。炎樱的不在乎似乎是对大家的恐慌的一种嘲讽。

　　几天过后，港大停止了办公，有地方可去的同学都走了，异乡的同学也被迫离开宿舍，无家可归。于是张爱玲和一帮同学去报名参加守城工作，因为没有防空总部的守城证章，就无法解决迫在眼前的膳宿问题。但她们刚报了名领了证章出来，就遇到了空袭，警报凄厉地响着，一架涂着日军徽样的轰炸机已经俯冲过来。张爱玲她们慌忙向路边的人行道奔跑过去，缩在门洞子里面，心

张爱玲与炎樱

里还在疑心着自己是否尽了防空团员的责任。门洞子里挤满了惊慌失措的人，有脑油气味的，棉墩墩的冬天的人。抬头看出去，天依旧是浅蓝而明净的，一辆空电车停在街心，电车外面，是淡淡的太阳，电车里面，也是太阳——突然她有一种"原始的荒凉"的感觉。生命就是这样的简单，它突然毫无理由地就被送到了死亡的面前，父亲、母亲、后母、弟弟和姑姑，一切愉快的和不愉快的，也突然化作了一片空白："我觉得非常难受——竟会死在一群陌生人之间么？可是，与自己家里人死在一起，一家骨肉被炸得稀烂，又有什么好处呢？"有人大声发出命令："摸地！摸地！"哪儿有空隙让人蹲下来呢？但是大家一个磕在一个的背上，到底是蹲下来了。炸弹终于落下来了，不过是落在对面的街上。张爱玲用防空员的帽子罩着脸，黑了好一会儿，才知道自己没有死。只有一个大腿上受了点伤的青年店小伙儿被抬进来了。裤子卷上去，稍微流了点血。他很愉快，因为他成了群众注意的中心——轰炸一结束，生活一闪就从荒凉还原到了闹哄哄的喜剧——门洞子的人开始捶门，里面的不敢开，人太杂，人家开了谁知道是不是祸呢。外面的人理直气壮："开门呀，有了受了伤在这里！开门！开门！"到底里面开了门。大家一哄而入，几个女太太和女佣木着脸不敢作声，穿堂里的箱笼，过后是否短了几只，不得而知。

警报解除了，大家又不顾命地挤上电车，唯恐赶不上，牺牲了一张电车票。生活的小小可爱随处可见。但她们刚刚回到学校，就得到了历史教授佛郎士被杀的消息，这消息使张爱玲很愕然，更让她感觉到一种隐痛。战争期间发生的许多事，都是以前她在父亲的家里时没经验过的。

佛朗士教授是被他们自己人打死的。像其他的英国人一样，战争爆发后，他也被征入伍。那天他在黄昏后回到军营里去，大约是在思索着一些什么问题，没有听见哨兵的口令，哨兵就开了枪。佛朗士教授很关心张爱玲，不但私人给过她"奖学金"，而且还把自己的图书室开放给她。在性格方面，他也是一个豁达的甚有名士气的人，彻底的中国化，会写中国字，还爱喝酒。一次和中国教授们一同游广州，他还专门跑到一个名声不太好的尼姑庵里看小尼姑。他的我行我素不忌世议于此可见一斑。他生活亦甚具个人风格：他在人烟稀少处造有三幢房屋，一幢专门养猪；家里不装电灯自来水，因为不赞成物质文明；汽车倒有一辆，破旧不堪，是给仆人们买菜赶集用的。他有着孩子似的肉红脸，瓷蓝色眼睛，伸出来的圆下巴，头发已经稀了，颈上系一块暗败的蓝卍字宁绸作为领带。他嗜烟，上课时也抽，尽管总在讲话，可嘴上永远险伶伶地叼着一支香烟，跷板似的一上一下，可是总也不会落下来，吸完了他就顺手朝窗外一扔，从女学生蓬松的鬈发上飞过，很有着火的危险。

他研究历史有自己独到的见解，张爱玲很喜欢他的风趣和深刻。他不喜欢正统的学究式的观点，官样文章被他耍着花腔一念，便显得十分滑稽。他教给学生的不仅是一种历史的亲切感和扼要的世界观，还有很多很多的东西。可这样的一个人竟然死了，而且死得毫无名目，是为国捐躯？不是。然而即使是又怎样？佛朗士教授向来对英国殖民统治政策没有多少同情，亦无多少反感，因为在他看来，那只不过是人类的一桩蠢事而已，而这样的蠢事还多着呢，犯不着去管。他把一切都看得很随便。每逢志愿兵去操练，他总是拖长了声音通知张爱玲她们："下礼拜一不能同你们见面了，孩子们，我要去练武功。"想不到"练武功"会葬送掉他的命。人类生活的愚蠢与滑稽在战时一展无遗。在时代巨大的阴影里，我们连自己渺小、慌乱的影子都不易找到。

枪声此起彼伏的十八天里，人人都有那种清晨四点钟的难挨的感觉——寒噤的黎明，什么都是模糊的，瑟缩，靠不住。回不了家。等回去了，也许家已经不存在了。房子可以毁掉，钱转眼可以成废纸，人可以死，自己更是朝不保暮。非常态的生活如此骤然掀开了生命脆弱的、不堪一击的底子，人们受不了这个，纷纷想去抓住一点点踏实的、平稳的东西。生命既然是弱小的，苍白的，那么又用什么去抵挡这混乱的不可捉摸的时代？结婚。张爱玲周围的不少人在战争中匆匆结婚了，只为了抓着一点两情相悦的感觉，来抵抗轰炸之下生命的绝望与空虚。《烬余录》记述道：

有一对男女到我们办公室里来向防空处长借汽车去领结婚证书。男的是医生，在平日也许并不是一个"善眉善眼"的人，但是他不时地望着他的新娘子，眼里只有近于悲哀的恋恋的神情。新娘是看护，矮小美丽，红颧骨，喜气洋洋，弄不到结婚礼服，只穿着一件淡绿绸夹袍，镶着墨绿花边。他们来了几次，一等等上几个钟头，默默对坐，对看，熬不住满脸的微笑，招得我们全笑了。

在这温和的笑中，张爱玲理解了生命的宽厚与坚强，生命原来就是这样一步一步地向前走去的。毫无疑问，战争状态下的香港经验促使张爱玲形成了她完整、稳定的人生观、世界观，使她对时代及时代背景下的个人生活有了成熟的理解，这构成了她不久后走上文坛的基础。也许正因为深深记得那一对夫妻"熬不住满脸的微笑"，一年之后《倾城之恋》中那对平凡而又精于算计的夫妻也是在同样的兵荒马乱中发现了生命的细微的光亮："她（流苏）终于遇见了柳原。……在这动荡的世界里，钱财，地产，天长地久的一切，全不可靠了。靠得住的只有她腔子里的这口气，还有睡在她身边的这个人。她突然爬到柳原身边，隔着他的棉被，拥抱着他。他从被窝里伸出手来握住她的手。他们把彼此看得透明透亮，仅仅是一刹那的彻底的谅解，然而这一刹那够他们在一起和谐地活个十年八年。"

战争给了生命以彻底的考验。轰炸，死亡，恐惧，仓皇中对爱的抓寻，都让张爱玲的看法发生了深深的变化。她似乎不再重视、斤斤计较于遥远未卜的前途，而更沉醉于眼前琐屑的欢乐和一点点的出乎意料的惊喜。是呀，她曾说过，人生的所谓"生趣"本来都在一些不相干的事上。理想，计划，前程，都是多么地不可靠，而唯独眼前的这点幸福、这点喜悦是人可以牢牢抓住的。她在炮火下看完了《官场现形记》，小时候看过但没能领略它的好处，一直想再看一遍的，不想轰炸提供了这样好机会，"一面看，一面担心能够不能够容我看完。字印得极小，光线又不充足，但是，一个炸弹下来，还要眼睛做什么呢？——'皮之不存，毛将焉附？'"

　　战争很快就结束了，只用了十八天，英军就宣布投降，日寇占领了香港。对于张爱玲她们来说，灾难与恐惧终于过去，终于可以仰着脸欣赏天上的飞机而不担心炸弹落下来了，可以快心快意地享受自来水管子流出的清水、电灯光、街头的热闹了，"时间又是我们的了——白天，黑夜，一年四季——我们暂时可以活下去了，怎不叫人欢喜得发疯呢？"

　　挨过了争柴争米、饭都没得吃的禁闭式的日子，战争一结束，张爱玲她们就陷入了一种出奇的"吃"的热情，发现了疯狂购物的乐趣。她们满街寻找冰淇淋和唇膏，她们撞进每一家吃食店去问可有冰淇淋，只有一家答应说第二天下午或许能有，于是她们第二天就步行十余里路去践约，终于吃到了一盘价格昂贵的冰淇淋，里面吱咯吱咯全是冰屑子。后来张爱玲回忆说："香港重新发现了'吃'的喜悦……我们立在摊头上吃滚油煎的萝卜饼，尺来远脚底下就躺着穷人的青紫的尸首。"一切都顾不上了，一切都不去理会。男女学生们在宿舍里整天谈论的无非是吃。街上每隔五步十步便蹲着一个衣冠济楚的洋行职员模样的人，在小风炉上炸一种铁硬的小黄饼。汽车行也全都改成了吃食店，没有一家绸缎铺或药房不兼卖糕饼，香港从来没表现得这样馋嘴过。

　　张爱玲也从来没像今天这样能体会到购物的乐趣。街上摆满了各式各样的摊子，胭脂，西药，罐头牛羊肉，抢来的西装，绒线衫，蕾丝窗帘，雕花玻璃器皿，整匹的呢绒，琳琅满目呢。张爱玲和炎樱两个，天天上城买东西，名义上是去买东西，实际上只是去看看而已。看看，就已经有无限的乐趣了，到这时候张爱玲也明白了为什么大多数女人会对买东西这类琐事乐而不疲：生命的实在、亲切与安稳全在那些琐碎然而喜悦的锱铢必较、精挑细选与絮絮叨叨上。一个不曾体验过购物乐趣的女人是一个不曾真正接触过生活的女人。

　　同学中只有乔纳生一个人对这种狂欢抱以鄙夷和愤恨。他是个华侨，曾经加入志愿兵上阵打过仗。他知道九龙作战的真实情况，他感到愤愤不平的是英军派两个大学生出壕沟去把一个英国兵抬进来——"我们两条命不抵他们一条。招兵的时候他们答应特别优待，让我们归我们自己的教授管辖，答应了全不算话！"张爱玲不免为他的幼稚感到一种小小的乐趣。

停战以后，港大的许多学生都被安排在"大学堂临时医院"做看护，张爱玲也去了。病人主要是战争中了流弹的苦力与受伤的趁火打劫者，也有别的大医院转来的几个普通病人。这些人很有趣。其中有一个肺病患者有点钱，就雇了另外一个病人伺候他，派那人出去采购东西。于是那个人穿着宽袍大袖的医院制服满街跑，院长觉得太不成体统了，大发脾气，把两个人都撵出去了。还有一个病人把一卷绷带、几把手术刀叉、三条医院制服的裤子藏在褥单底下，也被发觉了。

在港战期间，张爱玲个人主义式的唯美态度得以形成。

世界上有那样一类人：他们超拔出世，我行我素，既不顾忌别人的讥议，也不看重别人的褒扬，既无同情别人的善良，亦不喜别人对自己的同情，我就是世界，世界就是我，周遭现世的悲欢离合，悉与我无关，仅有自己个人的欢悦与悲郁才是真实可信的东西。这类人可以称为个人主义者。张爱玲大致是这样的，但她异于一般个人主义者的是，她向往一种完美，一种在现实中往往并不存在的东西。她也知道完美在现实中往往意味着不可能，所以对于现实、对于周围纷乱的一切，她总抱以冷观、嘲讽的态度，而把那种完美，深深地安放在自己内心。完美主义者张爱玲，因此凌绝俗世。这种性格在港战期间终于形成，它深深地影响了此后张爱玲的生活。

张爱玲具有与人无害的自私，一以贯之的坦率的冷漠，唯美至上，缺乏一般人常有的同情心。她冷眼旁观这人世的喧哗热闹，却并不抱有正义的热情，她深谙乱世生命的脆弱与惊惶，却并不抱有道德层面上的悲悯。她看人处世完全有她个人唯美的眼光，而与他人无涉。这一点，胡兰成后来也曾经提道："她从来不悲天悯人，不同情谁，慈悲布施她全无，她的世界是没有一个夸张的，亦没有一个委屈的。她非常自私，临事心狠手辣，

她的自私是一个人在佳节良辰上了大场面，自己的存在分外分明。"（胡兰成：《今生今世》）

这些性格特点，依我想，是与自张爱玲所出生、成长的贵族家庭及洋场生活氛围深有关系的。大凡富贵人家的子弟，生来即在锦绣丛中，不曾经过艰难生活的磨炼，在理解苦难理解人生方面很难摆脱先天的欠缺，而理解才是同情的基础，有了同情的理解，才可有对正义、良知的感受；另一方面，富家子弟往往生长于利益纠葛比较复杂的环境，人与人之间的算计，世态的凉薄，可能较平民子弟感受得更为深切。张爱玲自己的生活典型如此。譬如，她父亲曾经算计她母亲的财产，她姑姑因遗产的纠纷与她父亲少有往来，甚至她父亲死了，她姑姑都没有兴趣去看最后一眼。从这两方面看，张爱玲纯粹个人性的生活方式，是可以理解的。一种真正遵从我们内心真实声音的生活才是我们值得去过的生活。何况她坦率，真实，从不讳言自己的这类想法。然而她后来又成长为那样一个富于天才的作家，与这种性格不是没有关系的；而她之创作的局限，她的婚恋，她的遗世孑立的晚年，更与此有着难以分割之联系。

这是理解张爱玲的一个入口。"我向来很少有正义感。我不愿意看见什么，就有本事看不见。"她说。（张爱玲：《打人》）她在临时医院做看护的一段经历最能见出这一点，亦属她的"香港经验"的一部分。

张爱玲在医院里主要是上夜班，尽管时间特别长，有十小时，但其实没有什么事情，她还是欢喜的。她所要做的，无非是病人的大小便，碰到这样的时候，她们也只需出去叫一声打杂的，"二十三号要屎乒（'乒'是广东话，英文 pan 的音译）"，或是"三十号要溺壶"，然后自会有人来料理。她们照旧坐在屏风下看书去。

然而唯一遗憾的是，病人的死亡，十有八九是在深夜。有一个病人，尻骨生了奇臭的蚀烂症，给她留下了很不愉快的印象。那人痛苦到了极点，整夜叫唤着看护："姑娘啊！姑娘啊！"声音悠悠长长，有腔有调。在《烬余录》中，张爱玲回忆当时的情形说："我不理。我是一个不负责任的，没良心的看护。我恨这个人，因为他在那里受磨难。"那人仍叫唤不停，终于把一房间的病人都吵醒，他们看不过去，齐声大叫："姑娘。"张爱玲这才不得不走出来，阴沉沉地站在他床前，问他："要什么？"病人想了一想，呻吟说："要水。"张爱玲告诉他厨房里没水，又走开了。病人叹口气，过了一会儿又叫唤起来，叫不动了，还哼哼："姑娘啊……姑娘啊……哎，姑娘啊……"张爱玲不再理他。

张爱玲从来不同情任何人，正如她从来不关心国家的存亡、民族的大义。在她来说，这是很自然的。是啊，生命如此脆弱，又有谁来得及同情这个世界呢？过了几天，那人死了。"这人死的那天我们大家都欢欣鼓舞。是天快亮的时候，我们将他的后事交给有经验的职业看护，自己缩到厨房里去。我的同伴用椰子油烘了一炉小面包，味道颇像中国酒酿饼。鸡在叫，又是一个冻白的早晨。我们这些自私的人若无其事地活下去了。"分明可见，张爱玲是在我们这个世界之外的。悲喜皆不入她心，身在乱世，她对很多东西却丧失了热情，她只注意大动乱背景下个体生命细部的美丽。停战期间的生活充满了各种乐趣。病人们用温柔浪漫的眼光注视着他们伤口所生的肉，对之仿佛有一种创造性的爱；还有为碰上了千载难逢的免考机会而欢蹦乱跳的大学生们；还有抱怨炒菜累坏了膀子导致笔下的线条不再有力的小有名气的画家；还有那暴躁的二房东太太，斗鸡眼突出得像两只自来水笼头；那少奶奶，整个的头与颈便是理发店的电气吹风筒；那像狮子又像狗的，蹲踞着的有传染病的妓女，衣裳底下露出红丝袜的尽头与吊袜带；而在战后的宿舍里，男学生躺在女朋友的床上玩牌一直玩到深夜，第二天一早，她还没起床，他又来了，坐在床沿上，隔壁便听见她娇滴滴的叫喊"不行！不吗，不，我不！"一直到她穿衣下床为止；医院院长则想起了"战争小孩"的问题，极其担忧，一次看见一个女学生偷偷摸摸抱着一个长形的包裹溜出宿舍，他以为他的噩梦终于实现了；还有新来的教日文的年轻俄国人，上课时屡屡用日语问女学生的年纪，她一时答不上来，他便猜："十八岁？十九岁？不会过二十岁罢？你住在几楼？待会儿我可以来拜访么？"而她还没来得及盘算好如何托词拒绝，他便笑了起来："不许说英文。你只会用日文说：'请进来。请坐，请用点心。'你不会说：'滚出来！'"……

这一切，很快就结束了。1942年夏天，张爱玲和好朋友炎樱一道，离开香港，回到了出生地上海。

日寇占领了香港。在马来西亚，在菲律宾，在整个的南太平洋地区，日寇军舰往来如入无人之境。英国政府撤出了香港，香港大学亦随之停办。张爱玲的大学仅读了三年，还未及毕业，就丧失了继续深造的机会。不可靠的理想与计划眼睁睁地看着它成了泡沫。张爱玲志向高远的读书计划就这样意外地终结了。这怎么能说不是命运呢？她后来回忆说："在香港读书的时候，我真的发奋用功了，连得了两个奖学金，毕业之后还有希望被送到英国去。我能够揣摩每一个教授的心思，所以每一样功课总是考第一。有一先生说他教了十几年的书，没给过他给我的分数。然后战争来了，学校的文件记录统统烧掉，一点痕迹都没留下。那一类的努力，即使有成就，也是注定了要被打翻的罢？"（张爱玲：《我看苏青》）

但是香港大学的三年求学生活，给予张爱玲的东西仍然很多，尤其对于日后走上文学之路的她。首先，是为她此后的文学创作奠定了成熟、稳定的人生观与世界观。战时的香港经验，使她看清了一切浮华之下生命的质地：

> 时代的车轰轰地往前开。我们坐在车上，经过的也许不过是几条熟悉的街衢，可是在漫天的火光中也自惊心动魄。就可惜我们只顾忙着在一瞥即逝的店铺的橱窗里找寻我们自己的影子——我们只看见自己的脸，苍白，渺小；我们的自私与空虚，我们恬不知耻的愚蠢——谁都像我们一样，然而我们每个人都是孤独的。（《烬余录》）

对于时代，她深抱着讽嘲、戏谑的态度，对于生命，她又怀有一种深深的眷怀与哀伤。所以，她后来的创作总是融合着两种不相谐和却又参差对照的成分：乱世的苍凉与人性的飞扬。时代是荒乱的，遍布着磨难，而人生是短暂的，诗意的，人的生活就是要用那些短暂的一瞬、戏剧性的一刹那照亮长长的、黯淡的磨难岁月。这种成熟的理解已为这位乱世才女1943—1944年间在沦陷区上海的横空出世做好了准备。

其次，香港生活亦使她的个人性格趋于完成。尽管幼年时张爱玲也曾在塾师的指导下背诵过唐诗，也曾与弟弟在后花园地荡过秋千，追逐过大白鹅，也曾经学习过钢琴，有过"优裕的感伤"，但这些因素都没有在她的性格里形成过主导性的影响。她深禀古典气质却没有大家女子的呆板与规矩，她喜欢一切热闹的事物却又不流于幼稚和天真，她敏感于生命的流逝却又未沦为一多愁善感的弱质才女。在她成长阶段中对她影响最深的，是她对自己"赤裸裸地站在天底下了"的处境的意识。正因此"惘惘的威胁"，她才特别追求一种完全的独立，经济上的、情感上的独立。她是一个现代社会的个人主义者和唯美主义者，她冷漠而独立，她对人无同情心与责任感，自己遭遇困境时亦从不向人倾诉或仰求什么。她完全依靠自己承担这个世界，而这个世界亦只是她个人的。这在即将到来的1943—1944年将会非常清楚。1944年将会掀开张爱玲一生中最为恣扬胜意的年代。

回到上海后，张爱玲住到了姑姑家，在赫德路192号爱丁顿公寓。

几天后，弟弟张子静知道了她已回上海的消息，就去爱丁顿公寓看望她。张子静此时已21岁，正准备报考上海圣约翰大学。他与姐姐三年多不见，他回忆当时见面的情景说：

> 三年多不见，姐姐的模样改变了很多。她长发垂肩，穿着香港带回来的时髦衣服，看起来更瘦削高挑，散发着飘逸之美。（《我的姐姐张爱玲》）

张爱玲和她弟弟已经不在同一个时代。

第三章　上海传奇

1944 年前后，既是张爱玲一生创作中的巅峰时期，又是新文学史上的"传奇"时代。张爱玲小说找到了一种有关群体生活背后中国悲剧的表达方式。这种悲剧的核心是日常喧哗、热闹底下被覆盖、被遗忘的生命自身的悲凉。而源于悲凉的美是张爱玲寻找自我、确证自我的基本尺度。

职业生涯的开端

"我替报馆写稿就好。"1942 年张爱玲这样平静地对弟弟说。在此之前，她为学费去见过父亲一面，坐了不到十分钟。那是她一生中与父亲最后一次见面。她头也不回地走了，从此完全走上了另外一条独立同时也是孤立的道路，一条为内心而生活的道路。

在这以后的三年时间，是张爱玲一生中创作最为璀璨的时期。但她究竟为何选择职业作家的道路呢？最直接的原因乃是经济上的紧迫。她刚刚逃出父亲的家时就很明白自己是"赤裸裸地站在天底下"，从香港回来，这种感觉更加明显。其实按她本意，能继续读大学继续深造当然更好，最有长远眼光。初回上海的时候，弟弟去看她，问她对将来有什么打算。她说，港大毕业本可免费去牛津大学深造的，但因战事，实现不了啦，然而港大也只剩半年就可毕业，所以她很想转入圣约翰大学，"至少拿张毕业文凭"。

但是没有钱，张子静回忆说："她叹了一口气。"

张爱玲这次从香港回来跟姑姑一起住。姑姑当初跟她父亲分得的财产，比较丰厚。1928 年她和母亲一起从海外回国后，生活仍然很阔绰，新买了一辆汽车，雇用了一个白俄司机和一个法国大菜师傅，但到 30 年代，姑姑在上海做了一些投资，结果逢着时局不稳，币值贬跌，姑姑的投资大都有去无回。此后姑姑就无法依靠遗产生活了。她在英商怡和洋行谋了一份职业。沪战爆发后，怡和业绩很受影响，姑姑和一千多名在华员工都被裁掉。后来姑姑又到电台做过广播播音工作，等张爱玲从香港回来的时候，姑姑又转到大光明戏院做翻译工作，已经成为一个完全独立谋生的职业妇女。她的收入，供一个人的日常起用倒还宽裕，但要负担张爱玲的学费和生活就不免吃力："自从日本人进了租界，楚娣洋行里留职停薪，过得很省。九莉回上海那天她备下一桌饭菜，次日就有点不好意思地解释：'我现在就吃葱油饼，省事。''我喜欢吃葱油饼。'九莉说。"（张爱玲：《小团圆》）《小团圆》还记载，九莉跟姑姑（楚娣）住在一起时，是出了一半膳宿费的，钱的来源是楚娣托亲戚介绍她给两个中学女生补课。

姑姑对她说，转学圣约翰大学的学费应当由她的父亲支付。因为当初她的父母协议离婚的时候，她父亲曾经承诺负担她以后的教育费用，但是港大三年的学习费用，他一分钱都没有出，都是她母亲负担的，现在只剩下半年，理当由他出。但是对此张爱玲颇觉踌躇，因为自从她1938年年初逃出父亲的家以后，已经有四年多时间未与父亲见面了。在港大三年，亦无只言片语到家，父女情分基本上算是断了。此时面临困难，再向父亲开口，未必能得到学费是一件事情，伤了自己的尊严也是一件很不好的事情。

但她弟弟赞成姑姑的意见。弟弟一直与父亲、后母住在一起，当然，他也曾背着双篮球鞋找过母亲，但母亲把他劝回去了，弟弟与父亲、后母共同生活一直到20世纪50年代父亲去世为止。弟弟回家之后即趁后母不在的机会，私下里向父亲讲了张爱玲回上海后的情形与学费问题。父亲听后，沉吟了一阵，说："你叫她来吧。"显然，他对张爱玲四年前的离家出走一直耿耿于怀，就像张爱玲对父亲和后母一直未能释怀一样。双方几年里都未能寻找到一个相互谅解的机会。

过了几天，张爱玲就回家了。这时候家已经不是她当初逃走的大别墅了，而是一幢小洋房。她的父亲已渐露衰敝之象。这种境况是清王朝倾覆后名门

张爱玲与姑姑

世家所普遍经历的命运，张爱玲耳闻目睹非常之多，她后来在小说《怨女》中描绘了这样的家族的衰落，"到底清朝亡了国了，说得上家愁（仇）国恨，托庇在外国租界上，二十年来内地老不太平，亲戚他们见了面就抱怨田上的钱来不了，做生意外行，蚀不起，又不像做官一本万利，总觉得不值得。政界当然不行，成了投降资本，败坏家声……守着两个死钱过日子，只有出没有进"。她的父亲也未摆脱这种命运。

20世纪30年代的圣约翰大学，顾维钧、林语堂、宋子文、
邹韬奋、严家淦、周有光等皆系该校毕业生

　　张爱玲在客厅里见到了父亲，这是这对父女隔了四年的第一次见面，然
而两个人彼此都甚觉陌生。张爱玲更是神色冷淡，一点笑意都没有，她只简
单地把她想在圣约翰大学续读的计划及学费的问题说了说，她父亲听完了，
没多说什么，但已显得相当地宽容，叫她先报名考试，并说，"学费我再叫
你弟弟送去"。

　　张爱玲在家里坐了不到十分钟就走了。当初一直不喜欢她的后母事先得
知她要回来的消息，待在楼上没有下来，张爱玲亦没想到要去见她，跟父亲
说完了事，起身就走了。父女俩没有一句提起四年前的事情。他们似乎都没
有做好谅解的准备。已经长得高高大大、孤傲不群的张爱玲头也不回地走了。
她弟弟回忆说："那是姐姐最后一次走进家门，也是最后一次离开。此后她
和我父亲就再也没有见过面。"不过父亲后来总是知道她的，通过杂志，通

过报纸，通过电影，她在这以后不久就红遍了上海滩，她的不少文章都提到了她父亲，父亲在她笔下是抽鸦片的、粗暴的、无用的、没落的形象，不知道她父亲看了那些文章后是何感受。他是最早发现并培养她创作天才的人，事实上他喜欢她胜过她弟弟。

有了父亲提供的学费，在当年秋天，张爱玲就转学进了圣约翰大学文学系四年级。但不巧的是，她转学考试时国文不及格，需要进补习班。这说起来也算是滑稽的事情，张爱玲的国文修养从小到大一直都很好，看来可能是在港大三年坚持不用中文的缘故。开学后不久，张爱玲就从国文初级班跳到了高级班。炎樱也转学到了圣约翰大学，她的父亲那时在南京西路开了一家颇有名气的珠宝店，叫作 Mohideen Bros，家境比较富裕，两人仍经常在一起逛街，买零食，形影不离。《炎樱语录》里的另外许多"典故"即出自这一时期。港大时期的那种散漫、自由、随意的风格似仍在两人身上继续。

但是这种情形只维持了两个多月，张爱玲很难仍如过去一样，一边认真读书一边闹哄哄地去看电影去满街找冰淇淋。她已经没有炎樱那份自由与幸福了。上海比香港更明确地向张爱玲提示她是一个人"赤裸裸地站在天底下"的。在学费问题解决之后，生活费用问题很快又摆在她的面前。在去香港之前，她与姑姑同住，那时母亲还在，房租等一切费用都由母亲负担，而现在与姑姑同住，她需要出自己的那一半费用，压力很大。母亲久无音讯，父亲那里她要了学费，就不愿再去找他讨生活费。张爱玲是个倔强的女子，她不太愿意求人，哪怕是自己的亲人。很明显，她需要赚钱自立了。事实上，她也想这样，当初她从父亲的家里逃出来的时候，已是主动放弃了张家的财产，而当她决定去港大继续念书而不是穿漂亮衣服准备去做少奶奶的时候，她就已是放弃了依靠男人而生活着、体面着的道路。在她那样的家庭里面，大多数女孩子的前程都是如此规划。那时候她似乎就已清醒地意识到，自己将走上职业女性的道路，如她姑姑、母亲那样。

她辍学了。但是，她还不太明确自己从事什么职业为宜。

知道她辍学以后，弟弟又去看了她。这段时间是他们姐弟往来比较多的时期，后来并不如此。弟弟因从炎樱那里听得这个消息，不太清楚原因，就跑到姑姑家当面去问她。

她淡淡地告诉弟弟说圣约翰大学没有几位好教授，引不起她上课的兴趣，但最终也把经济上的困窘告诉了他。弟弟这次没有劝她去找父亲，因为父亲此时情况实际上不大如前。《倾城之恋》中，白流苏的父亲是"一个有名的赌徒，为了赌而倾家荡产，第一个领着他们往破落户的路上走"。张爱玲的父亲与之多少有些仿佛。他这些年其实一直过着坐吃山空的日子，在日本住友银行的那份英文秘书的工作早因淞沪战争怕被人误为汉奸而辞去了。没有工作，又不善理财，且喜挥霍，那前景自然不妙。

其实，在张爱玲还未离家之前，她父亲曾与两个银行同事合资，开过一家钱庄，具体业务由其中一位叶先生负责。钱庄主要是搞投机，股票、证券、黄金、美钞、银圆……什么能赚钱就做什么。刚开业的时候，她父亲倒是有"三分钟热情的"，每星期去几次，过问一下，但过了不久，去都不去了，只偶尔打打电话问问而已。到后来，他更是经常在钱庄内透支，透支的窟窿越来越大，最终把当初的股本透支光了，成了空头股东。这个钱庄因此于不久后散伙。

她父亲最终成了一个仅依靠变卖祖上遗产度日的无事可为的遗少，加上她父亲与后母两人又都抽鸦片，当时政局动荡，货币贬值，鸦片价格不断上升，这项开销花去她父亲遗产的大部。在别的方面，她父亲亦甚为讲究，比如咸鸭蛋只吃蛋黄不吃蛋白，炒鸡蛋定要用鲜嫩的香椿芽，夏天一定要吃新鲜的海瓜子，有时还要买外国进口的火腿、罐头芦笋和罐头肝肠等等。她父亲还特别喜爱汽车，张爱玲曾经提到过，她父亲对"行"很讲究。在1942年以前，她父亲每天都是坐小汽车出入，而且只要看到时新款式的进口汽车，他就会卖掉旧车换新车。在应酬方面，她父亲又很讲究场面。每年春节过后喝春酒，差不多每隔两天就要请一批人，每次至少坐两个大圆桌。酒饭过后，则接着赌钱，赌到第二天凌晨才散。

败家的本领父亲几乎无一不有，张爱玲对此并不是不清楚，她父亲近年渐渐不比从前的处境，她也多少从弟弟那里有所耳闻，何况还有很不喜欢她的后母在，张爱玲于是决意不再去找父亲。"她是个六亲无靠的人。她只有她自己了"，白流苏的切肤之感又何尝不是张爱玲自己的体会！弟弟也觉得她只有自谋生活。

可是做什么呢？张爱玲念过港大，在当时青年女性算是少见，而且对教授的授课方法也颇有自己的看法与见解，比如她不主张教授多讲，而主张尊重学生的独立性与自觉性。所以弟弟不免天真地说：

"你可以去找个教书的工作。"

她摇摇头，表示不可能。

"你英文、国文都好，怎么不可能呢？"

这话不假，张爱玲不仅中文写作有第一流作家的才能，她的英文写作也很有功底，她后来成为一个双语写作的作家即是证明。但张爱玲认为教书不仅底子要好，更重要的是要善于表达，能把心中的见解与观点向学生表达出来，要能说，"这种事情我做不来"，她说。后来，她对邝文美也说："教书很难——又要做戏，又要做人。"（张爱玲等：《张爱玲私语录》）

这倒是实情，张爱玲自小就不喜欢见陌生人，敏感内向，话语很少，朋友也很少。港大三年，除了炎樱以外，她的交往仍很有限，而且随着年龄的增长，她的不喜交往更发展为孤傲不群的性格。要她这样一个惯于和自己面对面的人去跟一大帮半大不小的孩子打交道，也确实是难为她了。于是弟弟又建议她去报馆找个编辑工作，编辑只管坐在房间里编稿子，不要太多出门交际的。但她说："我替报馆写稿就好。这一阵子我写稿也赚了些稿费。"

这是 1942 年，乱世天才女子张爱玲作为职业作家的开端。

两年后，她成了上海最为灿亮的文学新星。

走在梦想的路上

"项羽把耳朵凑到她的颤动的唇边，他听她在说一句他所不懂的话：'我比较喜欢这样的收梢。'"中学时代的小说《霸王别姬》，已充分显示了她后来小说的悲凉底质，也预示了她日后的人生态度：生命因为美才具有存在的价值。

张爱玲如此决定并非偶然想起，事实上她很早就说过："我是一个古怪的女孩，从小被目为天才，除了发展我的天才外别无生存的目标。"（张爱玲：《天才梦》）此后的岁月也不断地证明，张爱玲最终是选择了一条天才的道路，一条依靠内心与梦想而生活的道路。

"以梦为马"，是我们凡尘俗世中无数人的梦想，但无数人终究要被现实的尘埃所淹没，真正能如此的，往往只是极少的遗世独立的歌者。张爱玲恰是其中之一。在1942年，张爱玲决定将文学写作当作此后自谋生活的方式。事实上，后来写作也成了她生命存在的方式。而这一切，可以追溯到很久以前。她似乎很早即与写作有着不解之缘。

这条梦想之路事实上很早就开始了。

这里，我们不得不再次提到张爱玲成年后几乎断绝往来的父亲。她的父亲虽然是清朝遗少，生活放荡，败家本领一样不缺，致使后来破败潦倒而死，但在另外一个方面，他又与自己的父亲张佩纶一样，是一个旧式的有家学底子的人。张佩纶本人既是官员又是学者，在中法马尾战役后被发配察哈尔期间，著书不倦，计有《管子注》《庄子古义》《涧于集》《涧于日记》等传与后人，后来还出版过全集。张佩纶甚至还是一个热情的业余小说作家，他和李菊耦合作出版过武侠小说《紫绡记》。小的时候张爱玲曾经见过，版面特小而字大，老蓝布套，很是精致。在这样的家庭氛围里，张爱玲的父亲自然比较喜欢文学，以一个传统士大夫的方式，将文学视为自己情感与信仰的一个绝对的来源。在《对照记》中，张爱玲回忆说：

> 我父亲一辈子绕室吟哦，背诵如流，滔滔不绝，一气到底。末了拖长腔一唱三叹地作结。沉默着走了没一两丈远，又开始背另一篇。听不出是古文时文还是奏折，但是似乎没有重复的。我听着觉得心酸，因为毫无用处。

他很早就喜欢张爱玲甚于她弟弟，主要原因就在这里，尽管张爱玲只是一个女孩子，但是父亲喜欢她从小就表现出来的灵气。张爱玲很小时候戏作过一部长篇小说，名曰《摩登红楼梦》，回目还是她父亲代她拟成的，很是像样。《摩登红楼梦》共计六回："沧桑变幻宝黛住层楼，鸡犬升仙贾琏膺景命""弭讼端覆雨翻云，赛时装嗔莺叱燕""收放心浪子别闺闱，假虔诚情郎参教典""萍梗天涯有情成眷属，凄凉泉路同命作鸳鸯""音问浮沉良朋空洒泪，波光骀荡情侣共嬉春""陷阱设康衢娇娃蹈险，骊歌惊别梦游子伤怀"。她父亲明显是对张爱玲的幼作很认真，很着意培养她的文学兴趣。张爱玲读黄氏小学后，有一次寒假，她仿照当时上海的一些报纸副刊的样子，自己配图和写作，编了一张以她家生活趣事为内容的副刊。她父亲非常高兴，亲戚朋友一来，他就要拿给他们看。

"这是小煐做的报纸副刊。"他抑不住地满脸得意。

对此，张子静也回忆说："我父亲虽有不良的嗜好，但也很爱看书。他的书房里有中国古典文学，也有西洋小说。姐姐在家的时候，没事就在书房里看书，也常和父亲谈一些读书的感想。父亲鼓励她作诗、写作，他那时也已看出这个女儿有文学创作的天分。姐姐在他指导之下，也真的写了一些旧诗。有几首父亲很满意的，亲友来访他就拿出来给他们看。"（张子静：《我的姐姐张爱玲》）无疑，父亲本人的文学素养与他对张爱玲创作才能的认识及鼓励，都对张日后创作兴趣的形成与创作才能的发挥，有着甚大影响。然而她在文章中，很少提到这一层。不知道她父亲在女儿文章中看到自己嫖赌毒糜烂不堪的形象时，会是怎样的感受。

张爱玲 9 岁时的投稿信

张爱玲自称"从九岁起就开始向编辑先生进攻了"，《流言》中收了她9岁时第一封投稿信的手迹，甚为稚爱有趣。信为："记者先生：我今年九岁，因为英文不够，所以还没有进学堂。现在先在家里补英文，明年大约可以考四年级了。前天我看见副刊编辑室的启事，我想起我在杭州的日记来，所以寄给你看，不知你可嫌太长了不？我常常喜欢画画子，可是不像你们报上那天登的孙中山的儿子那一流的画子，是娃娃古装的人。喜欢填颜色，你如果要我就寄给你看。"稿子是投给上海本埠的《新闻报》，自然是消息沉沉，但这并未影响她小孩式的兴致与热情。

她最初的一篇小说大概是7岁时候作的，是一个无题的家庭伦理悲剧。小说计划是写一个小康之家，姓云，娶了个媳妇叫月娥，小姑叫凤娥。哥哥出门经商去了，凤娥便乘机设下计策来陷害嫂嫂。张爱玲写到这里又放下了，转过去另写一篇历史小说。开头即是"话说隋末唐初的时候"。小说写在一个旧账簿的空页上，正巧她有个亲戚名唤"辫大侄侄"的走过来看见，说："喝！写起《隋唐演义》来了。"她感到非常的得意。可惜就写了个开头。

十二三岁时她又写了一篇小说，叫作《理想中的理想村》。一个小小的女孩，她心目中的理想生活应是什么样子的呢？"在小山的顶上有一所精致的跳舞厅。晚饭后，乳白色的淡烟渐渐地褪了，露出明朗的南国的蓝天。你可以听见悠扬的音乐，像一幅桃色的网，从山顶上撒下来，笼罩着全山……这里有的是活跃的青春，有的是热的火红的心，没有颓废的小老人，只有健壮的老少年。银白的月踽踽地在空空洞洞的天上徘徊，她仿佛在垂泪，她恨自己的孤独。……还有那个游泳池，永远像一个慈善的老婆婆，满脸皱纹地笑着，当她看见许多活泼的孩子像小美人鱼似的扑通扑通跳下水去的时候，她快乐得爆出极大的银色水花。她发出洪亮的笑声。她虽然是老了，她的心是永远年轻的。孩子们爱她，他们希望他们不辜负她的期望。他们努力地要成为一个游泳健将。……沿路上都是蓬勃的，甜笑着的野蔷薇，风来了，它们扭一扭腰，送一个明媚的眼波，仿佛是在时装展览会里表演时装似的。清泉潺潺地从石缝里流，流，流，一直流到山下，聚成一片蓝光潋滟的池塘。在熏风吹醉了人间的时候，你可以躺在小船上，不用划，让它轻轻地，仿佛是怕惊醒了醉睡的池波，飘着飘着，在浓绿的垂杨下飘着。……这是多么富于诗意的情景哟。"尽管张爱玲后来很不喜欢这种"新文艺滥调"，但对一个十二三岁的小女孩而言，其对一种精致的优美的生活的描摹，确实表现了相当的想象力与文字的表达能力。

她觉得这是受了当时中小学生间颇流行的"私小说"作家张资平的不好影响，她私下里更喜欢张恨水（也是终生喜欢）。《理想中的理想村》是课堂上的作业，不得不按"台阁体"的写法，用了一个情感洋溢的"哟"字。但在私底下，她倒是喜欢写点故事曲折一些的小说。她第一篇情节比较完整的小说就是这样的：女主角素贞，和她的情人偕游公园，忽然有一只玉手在她肩头拍了一下，原来是她美丽的表姐芳婷；于是她把表姐介绍给了自己的情人，结果酿成了三角恋爱的悲剧，素贞最后投西湖自杀。小说写在一本笔记簿上，同学们睡在蚊帐里传阅翻看，摩来摩去，字迹都擦模糊了。小说中负心的男主角叫殷梅生，恰巧班上也有一个同学姓殷，说："他怎么也姓殷？"提起笔来改作"王梅生"，张爱玲又改回来，改来改去，把纸都擦穿了。她母亲见了这篇小说，说："素贞要自杀也决不会坐火车跑到西湖去再自杀呀。"张爱玲不听她的，因为西湖是美的，人要死也得死在一个美的地方，有一个美的结尾啊。她小小年纪，已经有了很强烈的唯美倾向。这或许是对她后来一生波折的暗示。

第一次写出了这么有头有尾的故事，张爱玲便急于要尝试大部头。第一次尝试即是她父亲代拟回目的那篇《摩登红楼梦》。她从小时候就深受父亲的熏陶，熟读《红楼梦》，这次她一下子就把《红楼梦》里的诸般人物全部搬到现代社会来了，热热闹闹，编造出另外一个熙攘喧吵的故事：贾政乘专车，贾琏当了铁道局局长，贾珍则来信说尤二姐请下律师要控告贾琏诱奸遗弃，打算大大诈他一笔款子；主席夫人贾元春主持新生活时装表演；贾府里打发出去的芳官藕官加入了歌舞团，引起了贾珍父子与宝玉的追求；巧姐儿被绑架；宝玉闹着要和黛玉一同出洋，家庭里通不过，便负气出走，贾母王夫人终于屈服，谁知临走的时候，宝黛又拌了嘴，闹决裂了，一时不及挽回，宝玉只得单身出国。这一切喜气洋洋。虽无深意或独有的意境，但小说对喧哗热闹氛围的渲染明显可以见出古典韵味对张爱玲性情的浸染，"闺阁现实主义"（夏志清语）的风格多少已露出一些端倪。譬如对贾琏得官，凤姐置酒相庆的那一段场景的精细描写：

> （凤姐）自己坐了主席，又望着平儿笑道："你今天也来快活快活，别拘礼了，坐到一块儿乐一乐吧！"……三人传杯递盏……贾琏道："这两年不知闹了多少饥荒，如今可好了……"凤姐瞅了他一眼道："钱留在手里要咬手的，快去多讨两个小老婆吧！"贾琏哈哈大笑道："奶奶放心，有了你和平儿这两个美人胎子，我还讨什么小老婆呢？"凤姐冷笑道："二爷过奖了！你自有你的心心念念睡里梦里都不忘记的心上人放在沁园村小公馆里，还装什么假惺惺呢？大家心里都是透亮的了！"贾琏忙道："尤家的自从你去闹了一场之后，我听了你的劝告，一趟也没有去过，这是平儿可以作证人的。"凤姐道："除了她，你外面还不知养着几个堂子里的呢！我明儿打算明白了来和你仔仔细细算一笔总账！"平儿见他俩话又岔到斜里去了，连忙打了个岔混了过去。

这样细致的语言刻画及心理把握的笔法，对一个 10 来岁的孩子来说，确是相当不易。张爱玲后来的小说《金锁记》《茉莉香片》等在语言上的纯熟及对人的心理的入木三分的刻画，不能说没有得之早期自觉训练的收获。

进入圣玛利亚女校以后，张爱玲又开始接触到新的空气，与她过去在家中感受到的春日迟迟的气息很有不同。当时圣玛利亚女校为上海很负声誉的美国教会女子中学之一，但与其他教会学校重英文而轻国文的教育风气不同，圣玛利亚女校比较重视国文教育，校内图书馆不但有大量的中国书报杂志，还为学生提供不少用本国语言文字发表的机会与活动。在中学期间，张爱玲特异的创作才能很快就被发现，并得到了有益的鼓励。

据她在圣玛利亚女校的国文教师汪宏声先生回忆，他第一次知道"张爱玲"这个名字是因为她的一篇《看云》的文章。汪先生1936年秋任教于该校。他任教的第一期作文，便是任学生在他出的两个题目之中选一个，或自己命题作文。当时学生大都做惯了说立志、说知耻等等准八股，看了他的"学艺叙"与"幕前人语"两个题目，都觉得很异常，至于自由命题云云，则更是没有经验过的事情。所以一堂课下来，交上来的作文大都是在几十分钟内把几百字联将起来完事，而不知道"思想"为何物，更不知道"思想"应当如何发挥，可是有一篇作文却引起他的注意，题曰《看云》，是班上仅有的自己命题的一篇文章。文章写得潇洒流畅，瑰丽玲珑，虽然有几个别字，像"祖""祈"等应该从示的却写成了从衣，从竹的写成从草之类，但整体上仍有一种飘逸灵秀之感。题下的署名就是"张爱玲"。他对这个学生很关心，但是，汪先生回忆说："此时我上课还不到两星期，点名册上的姓名十之九还不能与面貌联系起来，所以也不知张爱玲是瘦是胖是俊是俏。发还文卷的一天，我挨卷唱名，学生依次上讲台领卷。唱到张爱玲，便见在最后一排最末一只座位上站起一位瘦骨嶙峋的少女来，不烫发（我曾加统计，圣校学生不烫发者约占全数五分之一弱，而且大半是虔诚的基督教徒或预科生——小学高年级程度），衣饰也并不入时——那时风行窄袖旗袍，而她穿的则是宽袖——走上讲台来的时候，表情颇为板滞。我竭力赞美她文章写得好，并且向全班朗读了一遍，还加以种种的说明，特别指出思想应以真实为上，形式不应再被过去呆板的规范所束缚。像爱玲（圣校的习惯，教师呼学生是只名而不姓的）那样的作文，才称得起是写文章等等的话，而爱玲则仍旧保持她那副板滞的神情。"（汪宏声：《记张爱玲》）

与汪先生所见相同，张爱玲自己对中学生活并没有很明朗的回忆。那时候母亲已经出国，而父亲也再婚了，她"一大半是因为自惭形秽，中学生活是不愉快的，也很少交朋友"。她在学校里表现得很沉默，不说话，懒惰，不喜欢交朋友，甚至有些萎靡不振，但这些并没妨碍她的创作才华的发展，她的文章总是绚烂瑰丽。在汪先生的赏识之前，她已在校刊上发表过短篇小说《不幸的她》、散文《迟暮》，颇得同学好评。

不久以后，汪先生利用一个课外国光会的组织，发动出版了一种三十二开的小型刊物，题名叫《国光》。他本来想叫张爱玲做编者，但她懒惯了，不愿意，只愿意投稿。她在《国光》发表了两篇小说《牛》《霸王别姬》。按她的说法，这是两篇"新文艺腔"很重的小说，她都不是太满意。

《牛》的写作同"五四"以后人道主义文学思潮的兴起有关，它表现了一种对下层农民的同情。小说写的是贫穷之下生命的悲哀。农人禄兴因家道艰难，卖掉了耕牛，又卖掉了禄兴娘子陪嫁的银簪子，等到春耕的时候没牛耕田，只好准备拿自己家的两只鸡送给邻舍，以便租借一头牛。娘子起初不同意，但终是没有办法。牛还是借来了，但没想到的是那头牛脾气不好，不服禄兴管束，他略加鞭策，牛便向他冲过来，牛角刺入了他的胸膛。禄兴就这样送了命。禄兴娘子临此惨祸，悲恸欲绝，因为她所爱恋的东西都长了翅膀，在凉润的晚风中渐渐地飞去了，先是牛，接着是银簪子，再就是鸡，最后竟然是自己的丈夫。张爱玲这样描写她的悲伤："黄黄的月亮斜挂在烟囱口，被炊烟熏得迷迷蒙蒙，牵牛花在乱坟堆里张开粉紫的小喇叭，狗尾草簌簌地摇着栗色的穗子。展开在禄兴娘子前面的生命就是一个漫漫的长夜——缺少了吱吱咯咯的鸡声和禄兴的高大的在灯前晃来晃去的影子的晚上，该是多么寂寞的晚上呵！"比较明显的，张爱玲虽然是受当时文艺风气影响，但在《牛》中她已较以前开始注意到了个人语言风格的形成与意境的创造等问题。后来她在《沉香屑·第一炉香》《沉香屑·第二炉香》和《封锁》中也屡屡这样尝试。

《霸王别姬》则另有一种苍凉的美丽，大略已开始有她后来小说清冷的气息了。小说是据汪先生在课堂上介绍的历史小品知识与《项羽本纪》而写的。在小说中，项羽是"江东叛军领袖"，虞姬则是项羽背后一个苍白的忠心的女人。在她想来，即使项王果真一统了天下，她做了贵妃，前途也未见得有多么乐观；因为现在，他是她的太阳，她是月亮，她只是反射他的光，是因为拥有他她才感觉到有意义；如果他当了皇帝，有了三宫六院，那就会有无数的流星飞入他们的天宇，与她分享她的太阳，因此她私下里是盼望着这仗一直打下去的。困在垓下的一个晚上，夜冷星寒，她听到了敌方远远传来"哭长城"的楚国小调。她急匆匆地回到营中准备报告项王，但又不忍心唤醒他。"他是永远年轻的人们中的一个；虽然他那纷披在额前的乱发已经有几根灰白色，并且光阴的利刃已经在他坚凝的前额上划了几条深深的皱痕，他的睡熟的脸依旧含着一个婴孩的坦白和固执。"项王醒了，也听见了四面的楚歌，知道刘邦已经尽得楚地。"虞姬的心在绞痛，当她看见项王的倔强的嘴唇转成了白色。他的眼珠发出冷冷的玻璃一样的光辉。那双眼睛向前瞪着的神气是那样的可怕，使她忍不住用她宽大的袖子去掩住它。她能够觉得他的睫毛在她的掌心急促地翼翼扇动，她又觉得一串冰凉的泪珠从她手心里一直滚到她的臂弯里。这是她第一次知道那英雄的叛徒也是会流泪的动物。"

项王喝酒，他要她跟他一起去突围，死也要死在马背上。她摇摇头，不愿意跟他去。"噢，那你就留在后方，让汉军的士兵发现你，把你献给刘邦吧。"她微笑。她很迅速地把小刀抽出了鞘，只一刺，就深深地刺进了自己的胸膛。他冲过去托住她的腰，她的手还紧紧抓着那镶金的刀柄。他俯着他的含泪的火一般光明的大眼睛凝望着她。她张开眼，仿佛又受不住这强烈的阳光似的，又闭了它们。他把耳朵凑到她的颤动的唇边，他听见她在说一句他所不懂的话：

我比较喜欢这样的收梢。

仿佛一抹凄美的微笑凝结在生命的末梢，此时才17岁的张爱玲显然对生命的流逝与消失已有了一种低回的惋伤。她在生命中看到了美，进而又用美代替了生命，其深深的隐痛构成了她后来小说中悲凉的底质。

这篇小说一经刊出，圣玛利亚女校全校师生为其技巧的成熟而吃惊不已。汪宏声先生在上课时更对张爱玲大为赞赏，称赞《霸王别姬》较之郭沫若的《楚霸王自杀》，可能有过之而无不及。这个判断大约不会太出乎事实，因为以郭沫若对时间的敏感程度，他的确很难达到张爱玲这种高度。当然，对于这些少作，张爱玲后来自嘲说，"这里有我最不能忍耐的新文艺滥调"的"新台阁体"。

在圣玛利亚女校，张爱玲有时也会显露一下她才能中诙谐与幽默的一面。比如，有一次她投给《国光》两首打油诗：

其一：

橙黄眼镜翠蓝袍，
步步摆来步步摇。
师母裁来衣料省，
领头只有一分高。

其二：

夫子善催眠，
嘘嘘莫闹喧。
笼袖当堂坐，
白眼望青天。

这两首诗分别是戏弄两位男教师的。第一首取笑的对象是一位姓姜的老师，姜老师为人随意，见了后一笑置之；第二首取笑的某老师则气愤愤向美国校长告发，校长差点要开除张爱玲，结果那教师到此亦觉闹大了，以"算啦！算啦"了事。

凭借着美丽的文章，张爱玲在圣玛利亚女校也算是一位知名人物。当时学校还有一位才女名叫张如谨，和张爱玲时有往来："她家在镇江，寒暑假都回家住。但寒暑假中，她总要抽空来上海一两次，来找姐姐聊天。每次一聊就是好几个小时。张如谨也喜欢文学……是圣玛利亚校刊《凤藻》的编辑，高中时候就写过一部长篇小说《若馨》，姐姐还在校刊上写过一篇《〈若馨〉评》。"（张子静：《我的姐姐张爱玲》）张子静提到的这篇文章写得轻柔婉转，"这是一个具有轻倩美丽的风格的爱情故事，也许，一般在小说中追求兴奋和刺激的读者们要感到失望，因为这里并没有离奇曲折、可歌可泣的英雄美人，也没有时髦的'以阶级斗争为经，儿女情长为纬'的惊人叙述，这里只是一个平凡的少女怎样得到，又怎样结束了她的初恋的故事。然而，唯其平淡，才能够自然"（张爱玲：《〈若馨〉评》）。这篇文章虽多"新文艺腔"，但与新文学主流的疏离也甚明显。

才气与文名给了张爱玲很强的自信心。对于她而言，既无可恃的美貌，又有后母治下的阴暗家庭，文学因而就变成了她生命中最为重要东西。她希望从文学中找到生活中最可爱的事物，找到这个荒乱世界上尽可能完美的事物。尽管圣玛利亚女校作为一所贵族化的女校，它所培养的学生主要是去做有修养的淑女，将来的合格的太太，但这并未妨碍张爱玲形成浓厚的文学情结。这一点在中学时代张爱玲未必是非常明确，但数年之后，当她独自踏上文学之路时，这种意义将日益敞显出来。

在走上职业作家道路之前，张爱玲唯一的一篇保留下来的在正式出版物上发表的文字是《天才梦》。这篇文章是应《西风》杂志的征文比赛而作的，荣获该次比赛的第十三名。这个名次让张爱玲在许多年后都还耿耿于怀。就像题目所标示的那样，她对自己的文学才能颇为自负，而且，这篇文章的随意、灵畅与用譬的恰切，都已经很接近后来的"流言体"散文了。她的耿耿于怀并非没有道理。

《西风》是20世纪30年代上海甚为走红的一种综合性杂志，其宗旨是"译述西洋杂志精华，介绍欧美人生社会"，比较注重趣味性、娱乐性。其栏目颇为杂多，然而基本上都是迎合市民品味的，又因借"西风"而成，所以《西风》在当时实算得上一份西式的《礼拜六》杂志，同鸳鸯蝴蝶派刊物甚是仿佛，在30年代仰羡西方生活方式的中上层家庭里很有市场，一般体面人物多以读《西风》为时髦。《西风》的编辑兼发行人是黄嘉德和黄嘉音，二黄均与林语堂先生交厚，黄嘉德最早将林氏《生活的艺术》一书译成中文，而林亦时有稿子交予《西风》发表。《西风》当时很推崇"西洋杂志文"的写作趣味。所谓"西洋杂志文"实际上是林语堂在20世纪30年代鼓吹的小品文的翻版，讲究轻松、随意、涉笔成趣，基本上近似美国《读者文摘》那种文体。《西风》以前也举行过"我的家庭、婚姻"之类的征文，张爱玲参加的这一次是为纪念《西风》创刊三周年而进行的，题目为"我的……"诸如我的奋斗、我的志愿、我的梦、我的朋友……我的衣食住行，皆无不可。张爱玲当时是林语堂的崇拜者，《西风》也是常看的，于是她便选择了《我的天才梦》作为应征题目。当然，她的目的是为了拿奖金，因为当时张爱玲已进入港大学习，母亲虽然有一定的经济供应，但她自己的生活仍不得不保持节俭的习惯。

《天才梦》写于1939年底，跟《霸王别姬》相隔已有两年时间。这两年，张爱玲已经把她手中的那支笔磨得珠圆玉润，这次一出手就完全脱去了她一贯不喜的"新文艺腔"，而开始具备了她自己的风格。其亮丽的色调，巧妙奇警的设喻，自由洒脱的行文，都使这篇文章独具一格，卓尔不群。1940年4月号的《西风》上登出了征文获奖者的名单，共有685人应征，13人得奖。按启事之说明，应该只有10人得奖，但因投稿踊跃，组委会又增加了3个名誉奖，张爱玲得了名誉奖第三名。但在同年的8月号上，刊登了获奖文章，总共刊登了两篇，《天才梦》是其中之一，另一篇是获奖文章中的第二名。张爱玲对这个结果颇觉不平，不仅仅是因为前几名获奖的文章与《天才梦》相比实在平平，而且还因为刊出之前她不得不忍痛割爱，对她的文章大加删削，征文启事规定的字数是5000字，但《天才梦》发表时却被压缩到2000字。几十年后张爱玲还在《张看》集中提起这件事情，认为这种删削"影响这篇东西的内容的可信性"。

《天才梦》是一篇已经成形的"张爱玲体"的文章。当然，更重要的是，它表明张爱玲已经意识到了自己日后有必要以"发展自己的天才"为己任，以她的梦想为生活。在这种意识的背后，是她对自己才能的强烈自信：

> 对于色彩，音符，字眼，我极为敏感。当我弹奏钢琴时，我想象那八个音符有不同的个性，穿戴了新艳的衣服携手舞蹈。我学写文章，爱用色彩浓厚、音韵铿锵的字眼，如"珠灰""黄昏""婉妙""splendour""melancholy"，因此常犯了堆砌的毛病。直到现在，我仍然爱看《聊斋志异》与俗气的巴黎时装报告，便是为了这种有吸引力的字眼。

难怪她在回答弟弟的职业提议时，对教师和编辑两种职业都不置予考虑，而唯属意"替报馆写稿"。有长达十数年的写作经验，有狂热的天才梦想，有执着的进取的轰轰烈烈的人生期望，张爱玲走上职业写作的道路有很大的必然性。在与弟弟谈及这个打算的时候，她唯一有些不放心的是，在香港大学期间为学习好英文已有三年时间不用中文写作，再提起笔来不知会怎样，确实是未可知的事情。

张爱玲自绘像

"极有前途的青年天才"

英文写作是她职业生涯的最初尝试。在那些"西方来的旅客"的札记式观察中，她找到了一种从群体生活的背面发现中国悲剧的方式。被遗忘、被忽略的生命自身的美，是她以后寻找自我的一种基本尺度。

但事实很快让张爱玲打消了这个顾虑。她最开始是用英文写作，投稿对象为英文月刊《二十世纪》（The Twentieth Century）。《二十世纪》的主编名为克劳斯·梅涅特，是个德国人，柏林大学博士毕业，曾经在莫斯科做过记者。1937 年到 1941 年间，在美国加州柏克莱大学和夏威夷大学教授历史。太平洋战争爆发前夕，他凭着新闻的直觉来到中国上海。因为"孤岛"上海当时是最后一个未被交战国任何一方完全控制的国际性大都会，敌对情绪也不那么严重。这种夹缝中的权力真空地带为新闻自由提供一种难得的机会。梅涅特于 1941 年 10 月自创《二十世纪》月刊，该月刊主要是以客观分析式的时事报道为主，另外兼及小品、风光旅游、电影评论之类，主要读者对象为羁留在上海的欧美人。因当时全球战事交迭，欧洲的书刊大多难以运到上海，在这些欧美人中间于是出现了一个精神真空，梅涅特盯准的就是这个市场。

张爱玲出手不凡。1943 年 1 月，她的一篇文章在《二十世纪》发表了，长达 8 页，还附有她自绘的 12 幅发型、服装插图，题为 "Chinese Life and Fashions"。文章对中国人的服饰沿革及生活习尚介绍得相当细腻清楚，插图又简洁有趣，很有表现力。尤其是她不仅自如地谈论着裙子、皮子和袄子的穿着风俗与心理，还更从国人对服饰无穷无尽的讲究，解释了中国的文化与精神，"这样聚集了无数小小的有趣之点。这样不停地另生枝节，放恣，不讲理，在不相干的事物上浪费了精力，正是中国有闲阶级一贯的态度。唯有世界上最清闲的国家里最闲的人，方才能够领略到这些细节的妙处。制造一百种相仿而不犯重的图案，固然需要艺术与时间；欣赏它，也同样地烦难"。而这正是中国人"生活的艺术"。这篇长文引起梅涅特的极大兴趣。他在"编者例言"中加以重点推荐，认为张爱玲"与她不少中国同胞差异之处，在于她从不将中国的事物视为理所当然；正由于她对自己的民族有深邃的好奇，使她有能力向外国人诠释中国人"，并誉张爱玲为"极有前途的青年天才"。来自梅涅特的赞誉让年纪轻轻的张爱玲欣喜不已（后来她把这篇文章译为中文，以《更衣记》之名发表在《古今》半月刊上）。她一发不可收，又为《二十世纪》写了好几篇文章，其中最多的是影评。在 1943 年 5 月号上，她写了 "Wife，Vamp，Child"（即《妻子，荡妇，孩童》，后译为《借银灯》），评论电影《梅娘曲》和《桃李争春》；在 6 月号上，她发表了 "The Opium War"（《鸦片战争》），评论电影《万世流芳》；在 7 月号上，她在 "On The Screen"（电影评论）的栏目下评论了电影《秋之歌》和《浮云遮月》；在 8 月与 9 月合刊号上，她发表了 "Mother and Daughters-in-law"（《婆婆和媳妇》），评论《自由魂》《两代女性》《母亲》三部片子；在 10 月号上，则发表了一篇无题文章，评论李丽华、严俊、王丹凤主演的《万紫千红》和刘琼自编自导自演的《回春曲》；在 11 月号上，又发表了 "China Educating the Family"（即收入《流言》的《银宫就学记》）。这些文章联袂而出，立即显示了张爱玲深厚的英文功底。张爱玲在中学时就很注意英文的修炼，她发表在圣玛利亚女校校刊上的《牧羊者素描》《心愿》都是用英文写的。港大期间，她的英语更是达到地道纯熟的程度，她姑姑对她的英文功底甚是夸赏，说她"无论是什么英文书，她能拿起来就看，即使是一本物理或化学"。刻苦的磨砺与过人的悟性，造就了张爱玲一手漂亮的英文，使她一出手就一鸣惊人。

梅涅特显然对这个年少的中国才女印象深刻。不过在张爱玲发表的文章中，他似更推重较大篇幅的文章，而非影评。1943年6月，张爱玲发表了"Still Alive"（中文译名《洋人看京戏及其他》）。这篇文章在张爱玲的早期创作里占有相当重要的位置。文章不但流畅美丽，而且很集中地表达了张爱玲对于人生世相的理解。她后来正式步入文坛后的创作大都与此理解有着相当直接的思想关系。文章一开头即写道："用洋人看京戏的眼光来看看中国的一切，也不失为一桩有意味的事。头上搭了竹竿，晾着小孩的开裆裤；柜台上的玻璃缸中盛着'参须露酒'；这一家的扩音机里唱着梅兰芳；那一家的无线电里卖着癞疥疮药；走到'太白遗风'的招牌底下打点料酒——这都是中国，纷纭，刺眼，神秘，滑稽。"可以看出来，张爱玲一开始就是把自己置放在中国生活的观察者的位置上，嘲讽着而又热爱着。这种态度在她后来小说中一点一点地发展了。讥讽，智力的优裕，没有"我"的世界里的滑稽悲喜剧，皆是出自这种位置意识。她还尖锐批评传统男权社会的专制，她举的例子是京剧《红鬃烈马》："《红鬃烈马》无微不至地描写了男性的自私。薛平贵致力于他的事业十八年，泰然地将他的夫人搁在寒窑里像冰箱里的一尾鱼。有这么一天，他突然不放心起来，星夜赶回家去。她的一生的最美好的年光已经被贫穷与一个社会叛徒的寂寞作践完了，然而他以为团圆的快乐足够抵偿了以前的一切。他不给她设身处地地想一想——他封了她做皇后，在代战公主的领土里做皇后！在一个年轻的、当权的妾的手里讨生活！难怪她封了皇后之后十八天就死了——她没这福分。"从一个女人的角度，张爱玲看到了男权社会温馨面纱下的虚伪与残酷，更看到了一种生命被忽略、被遗忘、被掩饰的悲哀。

这后一种观察，对于 23 岁的张爱玲而言，是对人生真相的一种惊心动魄的发现。因此，她对人生与命运的理解总是别具一种洞彻入里的"眼光"。看《空城计》时她就想："不知道人家看了《空城计》是否也像我似的只想掉眼泪。为老军们绝对信仰着的诸葛亮是古今中外罕见的一个完人。在这里，他已经将胡子忙白了。抛下卧龙冈的自在生涯出来干大事，为了'先帝爷'一点知己之恩的回忆，便舍命忘身地替阿斗争天下，他也背地里觉得不值得么？锣鼓喧天中，略有点凄寂的况味。"中国文化向来不太关注个体生命的价值，一般常人也习惯于将自己的价值与追求紧紧系于社会秩序中的某一环节某一位置，以求得别人眼中的"成功"为第一目的，而往往压抑了、忽略了生命中真正美好的事物，意识不到"锣鼓喧天"之外还应有另外一种明丽丰满的内心生活的存在。看自己如此，看别人同样如此，所以张爱玲说，"中国的悲剧是热闹、喧嚣、排场大的"，谁能站到闹剧的背面看看我们生活中的滑稽与悲哀？张爱玲恰是这样一个直接与生命面对面的女子，她和她周围熙攘而过的行人永远不一样。被遗忘、被忽略的生命自身的美，是她以后寻找自我的一种基本尺度。

《洋人看京戏及其他》这篇文章一刊出来即受到了读者的热烈欢迎。梅涅特在"编者例言"中指出，张爱玲之"备受称赞"，主要原因在于"与她不少中国同胞差异之处，在于她从不将中国的事物视为理所当然；正由于她对自己的民族有深邃的好奇，使她有能力向外国人诠释中国人"。同年 12 月，张爱玲又发表"Demons and Fairies"（中文译名《中国人的宗教》），是她在《二十世纪》上发表的最长的文章，目的仍是"向外国人诠释中国人"，论题虽大，张仍能谈微言中，保持轻灵飘逸的风格。梅涅特赞扬道："作者神游三界，妙想联翩，她无意解开宗教或伦理的疑窦，但却以她独有的妙悟的方式，成功地向我们解说了中国人的种种心态。"

《二十世纪》为张爱玲提供了走上职业道路的第一步台阶，在此同时，她也给英文的《泰晤士报》写过一些影评和剧评。在这些初期的英文写作中，张爱玲对日常生活过人的洞察力，她对生活本身的洒脱的姿态，以及其华美清丽的文风，都已充分地表现出来。比如在《中国人的宗教》里，她谈到中国人的怀疑主义，"就因为对一切都怀疑，中国文学里弥漫着大的悲哀。只有在物质的细节上，它得到欢悦——因此《金瓶梅》《红楼梦》仔仔细细开出整桌的菜单，毫无倦意，不为什么，就因为喜欢——细节往往是和美畅快、引人入胜的，而主题永远悲观"。她谈到了中国人普遍的人生态度，"受过教育的中国人认为人一年年地活下去，并不走到哪里去；人类一代一代下去，也并不走到哪里去。……不管有没有意义，反正是活着。我们怎样处置自己，并没多大关系，但是活得好一点是快乐的，所以为了自己的享受，还是守规矩的好……不论在艺术里还是人生里，最难得的就是知道什么时候应当歇手。中国人最引以自傲的就是这种约束的美"。她还谈到了中国人因缺少私生活带来的毛病，"就因为缺少私生活，中国人的个性里有一点粗俗。'事无不可对人言'，说不得的便是为非作歹。中国人老是诧异，外国人喜欢守那么些不必要的秘密。不守秘密的结果，最幽微亲切的感觉也得向那群不可少的旁观者自卫地解释一下。这养成了找寻借口的习惯。自己对自己的也爱用借口来搪塞，因此中国人是不大明了他自己的为人的"。她还讽刺了中国有闲阶层的趣味，在她看来，旧式服饰上繁复无谓的点缀就是明证。

传统中国人种种的心理、习惯与行为方式，都在张爱玲笔下一一凸现出来，她像一位坐在台下慢慢啜茶的看戏人，不动声色地看着台上喧哗吵闹的表演，时不时露出会心的一笑。台上戏剧的规则、过程及欢喜悲哀她都太熟悉了。这种姿态既然能为德国人梅涅特所察觉，也就能为当时其他一些敏锐的观察家所感觉到。沦陷区另外一位颇为活跃的散文作家周班公即说："这是一位从西洋来的旅客，观察并且描写着她所喜爱的中国。"梅涅特与周班公的发现是敏锐的，也是正确的，但他们并不能道出张爱玲之为张爱玲的全部。张爱玲虽是坐在台下慢慢啜着茶，但对台上表演的一切却有着相当个人化的理解。正像前面已经指出的那样，张爱玲素来把人生及世界分作两个部分：她认为，现实、人生大半是不可解的，满布着破坏与磨难，沉落在重重的黑暗，而真实的可了解的人生，全在一些不相干的事情上，全在一些偶然的、刹那间的情境上。人生的戏剧也大致是有这两部分的，熙攘往来悲欢离合，是文明的浮华的表象，而在那浮华的中间，偶有一瞬清澈的，使人心酸眼亮的一刹那，却是生命素朴的底子。对于前者，张爱玲一向是抱着嘲讽和不相干的态度，而于后者，她则怀着深深的感动及对生命沉没的无言之痛。这种特殊的生命观感，实源于她的破碎的童年："她早年的身世影响了她人格心理的发展，进而影响到她对外部世界的感受和体验；不幸的童年，没落的家庭，动荡的现实环境使她成为一个'失落者'，造成她复杂的心理矛盾，'失落感'是她基本的心理状态，从而导致了她精神上的悲观气质。她对人性是悲观的，对历史文明的发展也是悲观的，构成了她的人生悲剧意识。"（宋家宏：《走进荒凉：张爱玲的精神家园》）遗憾的是，这些思想及理解，既非时尚报纸主编梅涅特所能领会，又非他的那些专栏文章的闲适趣味所能涵容。而散文或时评，也不能完全表达这些内容。张爱玲必然地会有所不满足，因为她自信自己"生来就是写小说的"，是一个为真正的艺术而来临此世的人。

张爱玲最初选择替英文报刊写稿，其主要原因就是英文报刊稿酬要比中文报刊高很多。她需要挣钱，挣钱不仅仅是生活的现实所迫，亦多少表明了她对一种新的生活方式的向往：自己挣钱自己花，自己管自己，自由自在，独来独往。她的榜样似乎就是她的姑姑，姑姑的独立、随和及幽默都给了张爱玲很深的好感，事实上她们在一起相依为命十余年。张爱玲希望挣到足够的钱，从而可以按照一种自由的美的方式生活。她曾经明白地说过："用别人的钱，即使是父母的遗产，也不如用自己赚来的钱来得自由自在，良心上非常痛快。"挣钱的目标在《二十世纪》上很快实现。这并不是说，这份杂志付给了她多少稿酬，而是说，它给了她空前的信心，包括文学才华，包括以文谋生的能力。

这位"极有前途的青年天才"决意前行，她隐约地看到了自己令人兴奋的前途。四年前，她从圣玛利亚女校毕业时，国文老师汪宏声先生曾说她将来的前途，"是未可限量的"，她并没有忘记。《二十世纪》已经不能满足她了，它毕竟不是文学圈内的杂志，而她张爱玲，是要真正"杀"进文坛的。她需要更大的冒险和成功。

　　一个"赤裸裸地站在天底下"的人，也许比其他的人更需要飞扬的轰轰烈烈的人生，更需要完美明亮的生活。

传奇年代

周瘦鹃一口气读完两篇"霉绿斑斑"的香港故事，不禁大为惊讶，知道自己遇见了"天才"的作品；她迅速成为茅盾、沈从文等大家撤离后上海文坛空旷的夜空中唯一璀璨的星辰。她来不及考虑时代可能的责难。一个人梦想中的飞翔，错过了就不会再有。

1943年春，张爱玲在给《二十世纪》《泰晤士报》等英文报刊撰写影评一类以趣味、理智见长的系列文章的同时，用中文写了两篇短篇小说：《沉香屑·第一炉香》和《沉香屑·第二炉香》。她准备用这"两炉香"叩开她仰之已久的上海文坛的大门。

或许是已经具有从《二十世纪》那里攒得的自信，或许是多少了解一些文坛内外的情形，她没有像一般作者那样忐忑不安地把稿件塞进邮筒，而后焦急地等着消息，而是直接去拜访杂志主编。她去拜见了《紫罗兰》杂志的主编周瘦鹃。为了这次拜访，她做了慎重而又细致的准备。她带上了母亲一系的亲戚、园艺家黄岳渊的介绍信。周瘦鹃酷爱园艺，后来还专门写过花卉草木方面的书，与园艺家黄岳渊交情甚笃。这张爱玲是事先知道的。而且，一向不喜欢见人不爱交际的张爱玲这次专门穿了一袭鹅黄色的剪裁合体的旗袍去见周瘦鹃。

周瘦鹃笔名紫罗兰庵主人，是礼拜六派（即遭鲁迅讥讽的鸳鸯蝴蝶派）的代表作家，在当时是可以与新文学作家分庭抗礼的言情作家之一，在小市民读者中享有良好的声誉。他曾主编的《礼拜六》杂志，以"宁可不讨小老婆，不可不读《礼拜六》"的口号相号召，其趣味性、娱乐性在市民阶层中深受欢迎，它的影响即使是一般正统的新文学作家也不得不承认自叹弗及。当然，一般新作家往往并不视鸳鸯蝴蝶派作品为文学，或者说有进步意义的文学。张爱玲本人少年时候曾模仿过一段时间的新文学，但稍长后她就很不喜欢"新文艺滥调"，讥之为"台阁体"，她一生最为热衷的还是"海派"的言情之风。所以，她去找与上海小市民气味相投的《紫罗兰》杂志自然很容易理解。她很喜欢上海人，上海人世故，聪明（即使是小聪明），有根底，有他们自己的一套完整与和谐。只有具有这份聪明智

《紫罗兰》杂志封面

慧的人才能懂得张爱玲，懂得她的老练与欢悦，懂得她所看重的人生的和谐，她也愿意把上海人想象成她的理想读者。她找上《紫罗兰》杂志就是想走进上海人的世界。这里有上海式的趣味、上海式的爱好。

这次见面，张爱玲与周瘦鹃谈得甚为愉快。周瘦鹃是通俗小说界的泰斗，而张爱玲只是初出茅庐的作家，初见之下，张爱玲自然不免紧张。她向周介绍说自己的母亲和姑姑都是他的热心读者，她母亲曾因他一篇哀情小说中主人公的悲惨命运而伤心落泪，并曾经写信要求作者不要安排如此不幸的结局。周瘦鹃听了非常高兴。他对张爱玲带来的小说也表示欣赏，单看篇名《沉香屑·第一炉香》《沉香屑·第二炉香》，已是非常之妙，其中传统的气息给他留下了不错的印象（其实张爱玲的两篇《沉香屑》都是极现代的小说，虽有传统隐约的外衣）。他叫张爱玲把小说留在他处，能否发表当然还得等读完全文再做定夺。

《沉香屑·第一炉香》讲述的是一个战前香港的故事。在故事的开端，葛薇龙，一个极普通的上海女孩子，来到香港的姑母家。她是南英中学的学生，希望从姑母梁太太这里讨得一点学费，没想不由自主地一头栽进梁太太的充满"清朝末年的淫逸空气"的小天地里，陷入那肮脏、不可理喻的现实，最后等于把自己卖给了梁太太与乔琪，整天忙着，不是替乔琪弄钱，就是替梁太太弄人。她自己的未来呢，就只能是无边的荒凉，无边的恐怖，不能有任何天长地久的计划：

> 车过了湾仔，花炮啪啦啪啦炸裂的爆响渐渐低下去了，街头的红绿灯一个赶一个，在车前的玻璃里一溜就黯然灭去。汽车驶入一带黑沉沉的街衢。乔琪没有朝她看，就看也看不见，可是他知道她一定是哭了。他把自由的那只手摸出香烟夹子和打火机来，烟卷儿衔在嘴里，点上火。火光一亮，在那凛冽的寒夜里，他的嘴上仿佛开了一朵橙红色的花。花立时谢了。又是寒冷与黑暗……

周瘦鹃一口气读完了两篇小说，不禁大为惊讶，"觉得它的风格很像英国名作家 Somerset Maugham（毛姆）的作品，而又受一些《红楼梦》的影响"。周知道自己遇见了"天才"之作，对张的小说才能极为欣赏。其实，周瘦鹃虽然是鸳鸯蝴蝶派作家，却也精通英文，翻译过西洋小说，文艺鉴赏力过人，他不仅看出张爱玲小说中有《红楼梦》《金瓶梅》的影子，而且还把她与自己推崇的英国小说家毛姆相提并论（其实毛姆小说主要以异域的殖民地色调见长，与张爱玲小说的心理深度是不能比的，两人虽有相似之处）。张爱玲听到这个评论以后欣喜不已，这毕竟是她第一次正式跨入上海文坛啊！《沉香屑·第一炉香》和《沉香屑·第二炉香》很快出现在《紫罗兰》的复刊号（该杂志创办于 1922 年，中间因故停刊，1943 年5 月正式复刊）和第 2 期上，均占显著位置。周瘦鹃在"编辑例言"中向读者介绍了张爱玲前来拜访的情景，并且说，"如今我郑重地发表了这篇《沉香屑》，请读者共同来欣赏张女士一种特殊情调的作品，而对于当年香港所谓上等华人的那种骄奢淫逸的生活，也可得到一个深刻的印象"。作为资深编辑，明显地表达了其郑重推荐的意思。

　　出于礼节，稿子排版结束后，张爱玲便邀请周瘦鹃先生与夫人胡凤君一道到赫德路公寓喝下午茶。胡凤君因有事耽误，周瘦鹃则如约而至。张爱玲和姑姑用英国式的方式接待了周瘦鹃：

> 　　茶是牛酪红茶，点心是甜咸俱备的西点，十分精美，连茶杯和点碟也都是十分精美的。我们三人谈了许多文艺和园艺上的话，张女士又拿出一份她在《二十世纪》杂志中所写的一篇文章《中国的生活和服装》来送给我，所有妇女新旧服装的插图，也都是她自己画的。我约略一读，就觉得她英文的高明，而画笔也十分生动，不由不深深佩服她的天才。
> （周瘦鹃：《写在〈紫罗兰〉前头》）

张爱玲晚年在《小团圆》中也记述了九莉与汤孤骛（以周瘦鹃为原型）的见面。在小说中，不喜交游的九莉并不十分乐于请人来家，对人也多些怀疑，倒是她的姑姑楚娣热情更大一些，招待得也更细致："汤孤骛来信说稿子采用了，楚娣便笑道：'几时请他来吃茶。'九莉觉得不必了，但是楚娣似乎对汤孤骛有点好奇，她不便反对，只得写了张便条去，他随即打电话来约定时间来吃茶点。汤孤骛大概还像他当年，瘦长，穿长袍，清瘦的脸，不过头秃了，戴着个薄黑壳子假发。他当然意会到请客是要他捧场，他又并不激赏她的文字。因此大家都没少话说。九莉解释她母亲不在上海，便用下颌略指了指墙上挂的一张大照片，笑道：'这是我母亲。'椭圆雕花金边镜框里，蕊秋头发已经烫了，但还是民初的前刘海，蓬蓬松松直罩到眉毛上。汤孤骛注视了一下，显然印象很深。那是他的时代。'哦，这是老太太。'他说。九莉觉得请他来不但是多余的，地方也太逼仄，分明是个卧室，就这么一间房，又不大。一张小圆桌上挤满了茶具，三人几乎促膝围坐，不大像样。楚娣却毫不介意，她能屈能伸，看得开。"这段小说记载未必完全是事实。事实上，周瘦鹃对精细备至的招待很满意，对张爱玲多方面的才华更是欣赏，他要张爱玲继续为《紫罗兰》写稿，并对她期待甚高。

《沉香屑·第一炉香》和《沉香屑·第二炉香》所叙述的"霉绿斑斑"的香港故事，并未引起预期的轰动，但张爱玲奇丽清冷的文学才华很快就被文艺圈里的人注意到了，《万象》主编柯灵即是其中之一。柯灵是以编剧本和写杂文成名的新文学作家，也是鲁迅先生的追随者之一。他做过长期的编辑工作，先后编过《文汇报》副刊《世纪风》、《大美晚报》副刊《浅草》、《正言报》副刊《草原》等等。上海沦陷期间，他奉中共地下组织的安排，接编了《万象》杂志，并对它进行了改造，想用这份商业性杂志为沦陷区衰敝的文艺阵地增添一点亮色。《万象》原来的主编陈蝶衣和老板平襟亚都是鸳鸯蝴蝶派人物，这份杂志在柯灵接手以前走的也是鸳鸯蝴蝶派风花雪月的路子。柯灵接手后，《万象》风格发生了很大变化，唐弢、郑振铎、师陀、王元化、傅雷等文坛宿旧都被邀请为之写稿，显示出越来越浓的进步色彩。同时，柯灵亦在为刊物的发展留意新起的作家。正是在此期间，柯灵因偶尔翻阅《紫罗兰》，奇迹似的发现了《沉香屑·第一炉香》，大为惊奇，急于想知道"张爱玲是谁呢？"。《紫罗兰》作为一种流行于小市民阶层的通俗文艺杂志，一般新文学作家是不看的，柯灵能发现张爱玲，实是偶然之至，幸运之至。惊奇之余，柯灵便计划邀请张爱玲替《万象》写稿，但怎么找到她，却很让柯灵踌躇。紫罗兰庵主人周瘦鹃，他自然是认识的，但张爱玲毕竟是周瘦鹃发掘到的新人，请他做青鸟使，总归有许多不合适。但是，正在柯灵无计可施的时候，张爱玲却上门来拜访他了。柯灵在《遥寄张爱玲》中回忆道：

> 张爱玲却出乎意外地出现了。出版《万象》的中央书店，在福州路画锦里附近的一个小弄堂里，一座双开间石库门住宅，楼下是店堂，《万象》编辑室设在楼上厢房里，隔着一道门，就是老板平襟亚夫妇的卧室。好在编辑室里除了我，就只有一位助手杨幼生（即洪荒），不致扰乱东家的安静。旧上海的文化，相当一部分就是在这类屋檐下产生的。而我就在这间家庭式的厢房里，荣幸地接见了这位初露锋芒的女作家。那大概是7月里的一天，张爱玲穿着丝质碎花旗袍，色泽淡雅，也就是当时上海小姐普通的装束；肋下夹着一个报纸包，说有一篇稿子要我看看，那就是随后发表在《万象》上的小说《心经》，还附有她手绘的插图。会见和谈话很简短，却很愉快。谈的什么，已很难回忆，但我当时的心情，至今清清楚楚，那就是喜出望外。虽然是初见，我对她并不陌生，我诚恳地希望她经常为《万象》写稿。

在 1943 年 8 月号的《万象》杂志上，柯灵刊出了张爱玲的这篇《心经》。接着从这一期开始直到 1944 年元月，《万象》几乎每一期都刊有张爱玲的小说：《心经》之后是《琉璃瓦》，《琉璃瓦》之后是长篇小说《连环套》的连载。作为上海滩具有广泛影响的文艺杂志，《万象》把张爱玲迅速推向了更大范围的文艺圈，而张爱玲本人也迅速达到创作的顶峰。

短短不到一年的时间里，张爱玲一生中最重要的作品几乎都已发表出来。《倾城之恋》《封锁》《红玫瑰与白玫瑰》《沉香屑·第一炉香》《沉香屑·第二炉香》《花凋》《心经》，以及被美籍华裔学者夏志清誉为"中国从古以来最伟大的中篇小说"的《金锁记》的接连发表，终于犹如一枚定时炸弹，震动了空气沉闷的沦陷区上海的文坛！

《流言》封面

柯灵回忆说："张爱玲在写作上很快登上灿烂的高峰，同时转眼间红遍上海。"

23岁的张爱玲几乎是一夜成名。她迅速走红，与苏青、潘柳黛、关露等一并成为上海滩最红最紫的女作家。她的横空出世，不仅是她的家人始未料及，就是她自己恐怕也未想到，会有这么快，像奇迹一样。她是想过出名的，是想过靠写作谋生，靠写作成就某种梦想。在中学时代，她就想过要超过林语堂，她自承有强烈的"世俗进取心"（张爱玲：《我看苏青》），她幻想过一种轰轰烈烈的生活。在不久后出版的《〈传奇〉再版序》中她就说过："以前我一直这样想着：等我的书出版了，我要走到每一个报摊上去看看，我要我最喜欢的蓝绿的封面给报摊子上开一扇夜蓝的小窗户，人们可以在窗口看月亮，看热闹。我要问报贩，装出不相干的样子：'销路还好吗？——太贵了，这么贵，真还有人买吗？'呵，出名要趁早呀！来得太晚的话，快乐也不那么痛快。最初在校刊上登两篇文章，也是发了疯似的高兴着，自己读了一遍又一遍，每一次都像是第一次见到。就现在已经没那么容易兴奋了。所以更加要催：快，快，迟了来不及了，来不及了！"她的愿望终于实现，尽管快得连她自己亦未料到。连当时蛰居上海的著名文艺评论家傅雷先生（笔名迅雨）也说："在一个低气压的时代，水土特别不相宜的地方，谁也不存什么幻象，期待文艺园地里有奇花异卉探出头来。然而天下比较重要一些的事故，往往在你冷不防的时候出现。……张爱玲女士的作品给予读者的第一个印象，便有这情形。'这太突兀了，太像奇迹了！'"（迅雨：《论张爱玲的小说》）

然而，真正捧红张爱玲的并非唯有柯灵和《万象》，另外几家杂志社发挥的作用实际上更为重要，尤以《杂志》为首。几乎就在《心经》刊出的同时，张爱玲又在《杂志》上发表她的另一篇小说《茉莉香片》。这篇文章是张爱玲自己送稿上门的，还是《杂志》主动来约的呢，已不得而知，但随后在《杂志》上发表的《到底是上海人》，就分明是约稿了。《到底是

《流言》中张爱玲附照

上海人》明显是张爱玲面向反应强烈的读者的一份答词："我为上海人写了一本香港传奇，包括《沉香屑·第一炉香》《沉香屑·第二炉香》《茉莉香片》《心经》《琉璃瓦》《封锁》《倾城之恋》七篇。写它的时候，无时无刻不想到上海人，因为我是试着用上海人的观点来察看香港的。只有上海人能够懂得我的文不达意的地方。我喜欢上海人，我希望上海人喜欢我的书。"《杂志》在随后的两年时间里，不惜血本，包括为她迅速出版作品集，包括多次召开多种形式的张爱玲作品座谈会、纳凉会，终于使张爱玲青云直上，红遍上海滩。

但是，《杂志》在沦陷的上海却是一份背景比较复杂的杂志。1949 年前的出版物一般有商业性刊物、同人刊物、党派刊物之分。商业性刊物主要是追求销数，以大众市民口味为旨归；同人刊物则是一批在思想上、学术上气味相近的人联合办的出版物；党派刊物则有政治背景。《杂志》属于第三类，它不但附属于以日本人为后台的《新中国报》，而且还直接以多种形式给日伪文化活动撑场面。在具体的编辑过程中，《杂志》则坚持与一般商业性刊物很不相同的"严肃"态度，特别宣称自己走的纯文艺路线。而且，《杂志》并不刊登政治时局方面的敏感文章，它所发表的各类实地报道、人物述评、专辑、记录等也的确很有自己的特色，在当时的上海也算是首屈一指的文艺杂志，其名气、影响与财力事实上皆非《紫罗兰》《万象》所能及。

对于《杂志》的日伪背景，具有中共背景的柯灵自然非常清楚，因为他委婉地向张爱玲表示，因为时局不靖，希望她少与《杂志》往来，甚至暗示她不要到处发表作品，"因为环境特殊，清浊难分，很犯不着在万牲园里跳交际舞——那时卖力地为她鼓掌拉场子的，就很有些背景不干不净的报章杂志"，上海沦陷后，"文学界还有少数可尊敬的前辈滞留隐居，他们大都欣喜地发现了张爱玲，而张爱玲本人自然无从察觉这一点。郑振铎隐姓埋名，典衣节食，正肆力于抢购祖国典籍，用个人有限的力量，挽救'史流他邦，文归海外'的大劫。他要我劝说张爱玲，不要到处发表作品，并具体建议，她写了文章，可以交给开明书店保存，由开明付给稿费，等河清海晏再印行"（柯灵：《遥寄张爱玲》）。但张爱玲可能是考虑到《杂志》的实际影响力，并没有接受柯灵的婉劝，坚持与《杂志》合作。当然更重要的原因是，她并不关心政治，相反，她很看重出名。她不是早就说过吗，"呵，出名要趁早呀！来得太晚的话，快乐也不那么痛快"，"所以更加要催：快，快，迟了就来不及了，来不及了！"（张爱玲：《〈传奇〉再版序》）现在她自然要"趁热打铁"，先成了名再说。在年轻的她看来，成了名就意味着一切，一切的完美与快乐。这种快乐包括金钱上的独立与自由。在这一点上，张爱玲的态度是清清爽爽的，干净而明白，她曾经说："生在现在，要继续活下去而且活得称心，真是难，就像'双手擘开生死路'那样的艰难巨大的事，所以我们这一代的人对于物质生活，生命的本身，能够多一点明了与爱悦，也是应当的。"（张爱玲：《我看苏青》）而且，这种快乐更指向她自少年时代即向往已久的某种生活：

> 我将来想要一间中国风格的房，雪白的粉墙，金漆桌椅，大红椅垫，桌上放着豆绿糯米瓷的茶碗，堆得高高的一盆糕团，每一只上面点着个胭脂点。（《我看苏青》）

至于此外的政治，那是她不在意的，也认为是不值得考虑的。她考虑的只有个人的成功，生命中那种飞扬的感受，那种完美的境界。她渴望的是梦想中的飞翔，而对可能会有的时代的责难，根本来不及去考虑。

从发表《茉莉香片》起，《杂志》就为在文艺界快速推出张爱玲煞费苦心，它不但陆续发表了她此后的大部分作品，如小说《倾城之恋》（张爱玲的成名作）、《金锁记》、《花凋》、《红玫瑰与白玫瑰》、《殷宝滟送花楼会》、《留情》、《创世纪》等，以及散文小品《论写作》《说胡萝卜》《姑姑语录》等等，而且，还为扩大她的影响进行了多次不遗余力的宣传。1943年8月，刚刚发表张爱玲的小说不久，《杂志》社即安排她出席朝鲜女舞蹈家崔承喜的欢迎会（朝鲜此时已被日本占领）；《金锁记》《倾城之恋》发表后，《杂志》组织了"女作家聚谈会"，邀请了当时上海滩已经走红的女作家苏青、潘柳黛、吴婴之、关露、汪丽玲等前来座谈，有意安排了初出茅庐的张爱玲做主要发言；小说集《传奇》出版后，《杂志》社又在康乐酒家主持召开了"《传奇》集评茶会"，邀请了上海社交圈、文艺圈的知名人士前来捧场，吴江枫（鲁风）、谷正櫆、南容、柳雨生（书面参加）、陶亢德、哲非、实斋、钱公侠、谭正璧、谭惟翰、苏青、袁昌、尧洛川等知名人物都谈了自己对张爱玲作品的印象与意见。后来《杂志》还以茶宴形式召开过一次纳凉座谈会，纵谈生活与艺术问题，张爱玲与当时红极一时的电影明星李香兰见了面，彼此留下了深刻的印象。张爱玲出席了所有这些重要的活动，虽然她不喜欢人多的地方。当然，她往往要邀请炎樱同往，因为她自己毕竟不善言辞。

《杂志》社的努力创造了奇迹。在 1944 年短短几个月时间内，张爱玲在上海几乎是人人皆知，成了沦陷时期上海最为耀眼的文艺明星，甚至影响了一时风气。魏绍昌回忆："张爱玲作品风靡流行的时候，还具有带领'一代风骚'的气概，曾出现了好多位青年男女作者，倾心于张爱玲独特的风格和文采，专门模仿她的技巧笔法，形成过一个'张爱玲派'。又因这些作者大都是中等资产阶级出身的大学生，所以又称'少爷小姐派'。"（魏绍昌：《在上海的最后几年》）此说或许夸张，但张爱玲成为知名人物则是无疑的。炎樱写过一篇小文章《一封信》（由张爱玲译为中文在《杂志》上发表）提到，张爱玲成名后，她们上街时就变得招人耳目了，有一次一群小女学生跟着喊："张爱玲！张爱玲！"大一点的女孩子也好奇地回头看。又有一次，一个外国绅士老跟在后面，可怜巴巴地要张爱玲在他的杂志上签名；炎樱叹息道："从前有许多疯狂的事现在都不便做了，譬如说我们喜欢某一个店的栗子粉蛋糕，一个店的奶油松饼，另一家的咖啡，就不能够买了糕和饼带到咖啡店去吃，因为要被认出，我们也不愿人家想着我们是太古怪或是这么小气地逃避捐税，所以至多只能吃着蛋糕，幻想着饼和咖啡；然后吃着饼，回忆到蛋糕，做着咖啡的梦；最后一面啜着咖啡，一面冥想着糕与饼。"可见张爱玲在上海"倾城倾国"的程度。

这个时期也成为张爱玲"奇装异服"的时代。她时常穿着前清或大胆另类的衣服出现在各种公众场所。而这些服装，又往往来自炎樱的主意，这不免引起姑姑的不满，"她对比比（以炎樱为原型）代为设计的奇装异服毫无抵抗力。楚娣看不过去，道：'最可气的是她自己的衣服也并不怪。'九莉微笑着也不分辩。比比从小一直有发胖的趋势，个子又不高，不宜穿太极端的时装，但是当然不会说这种近于自贬的话，只说九莉'苍白退缩，需要引人注意'。九莉也愿意觉得她这人整个是比比一手创造的"（张爱玲：《小团圆》）。

不管怎么说，这种"倾城倾国"正是她从前所梦寐以求的。虽然有这些小小的不便，她无疑是实现了她少年以来的职业女性的梦想。她喜欢这种崭新的"卖文生涯"，"苦虽苦一点，我喜欢我的职业。'学成文武艺，卖与帝王家'，从前的文人是靠着统治阶级吃饭的，现在情形略有不同，我很高兴我的衣食父母不是'帝王家'而是买杂志的大众。不是拍大众的马屁的话——大众实在是最可爱的雇主，不那么反复无常，'天威莫测'；不搭架子，真心待人，为了你的一点好处会记得你到五年十年之久"，而且这种职业相对于她姑姑所以为的，更享有一种人格的自由，"大众是抽象的。如果必须要一个主人的话，当然情愿要一个抽象的"。（张爱玲：《童言无忌》）只是没有想到，梦想会实现得这么快。

当然，张爱玲奇迹般的崛起也有其他的客观原因。最主要的就是"孤岛"沉没后，茅盾、沈从文等一批新文学作家陆续离开，使上海文坛一时出现真空状态，这不能不说是为新作家的崛起提供了极好的机会。柯灵说："我扳着指头来算去，偌大的文坛，哪个阶段都安放不下一个张爱玲，上海沦陷，才给了她机会。日本侵略者和汪精卫政权把新文学传统一刀切断了，只要不反对他们，有点文学艺术粉饰太平，求之不得，给他们什么，当然是毫不计较的。天高皇帝远，这就给张爱玲提供了大显身手的舞台。抗战胜利以后，兵荒马乱，剑拔弩张，文学本身已经成为可有可无，更没有曹七巧、流苏一流人物的立足之地了。张爱玲的文学生涯辉煌鼎盛的时期只有三年（1943—1945），是命中注定，千载一时，'过了这村，没有那店'。幸与不幸，难说得很。"（柯灵：《遥寄张爱玲》）这算是知情之言。

《倾城之恋》中有一句说白流苏的话是，"也许就因为要成全她，一个大都市倾覆了"，这话用来说张爱玲恐怕亦是恰切的。张爱玲自己对这件事情是怎样看待的呢？散文集《流言》里附有一张作者照片，长袍短套，罩在旗袍外面。照片有题词：

> 有一天我们的文明，不论是升华还是浮华，都要成为过去。然而现在还是清如水明如镜的秋天，我应当是快乐的。

这是赤裸裸地站在天底下飞扬放恣的张爱玲，这是在衰败的时代创造完美的张爱玲。

1944 年，是沦陷区上海的"张爱玲年"，也是张爱玲一生中的短暂而明亮的传奇岁月。

第四章　倾城之恋

　　张爱玲与汪伪政府官员胡兰成的相识与热恋，是她一生中异常重要的"事件"。她以绝对的唯美主义态度理解并接受了这场乱世之恋，但置身于新旧交替的时代，他们一开始就在某个地方交错而过。这埋下了张爱玲后来人生道路转折的种子。

胡兰成的出现

似乎他早已把那些情境那种热爱遗忘在少年时代的家乡了，是她使他突然意识到这种遗忘。一切都开始于一篇小说。什么是因，什么是果，人生的许多事情也许并不需要想得太清楚。

1943 年 11 月一个阳光熙淡的下午，在南京一家花园洋房的草坪上，一个中年男子正懒懒地躺在藤椅上翻着杂志。看着看着，他不觉坐直了身体，被手中的杂志牢牢吸引住了。

他在杂志上看到了一篇小说。"封锁了"，战争期间总是有这样的事情，"摇铃了"，摇铃是封锁的预告，生在乱世里的人，对铃声算是麻木了，"'叮铃铃铃铃铃'，每一个'铃'字是冷冷的一小点，一点一点连成了一条虚线，切断了时间与空间"，中年男子心里一震，什么人写出这样清脆的，轻轻一笔就把大家都习惯了的东西抛开了去的句子？

短暂的封锁，电车停开了。时间突然停住不动，从原先的上班下班上车下车的"链条"上分割出来了。35 岁的银行职员吕宗桢向 25 岁的英文助理教员吴翠远走了过来，坐在她的隔壁。他向她低声道："这封锁，几时完哪？真讨厌！"她吃了一惊，掉过头来，却看见他搁在她身后的一只胳膊，整个身子僵了一僵。他又说话了："你也觉着闷罢？我们说两句话，总没有什么要紧！我们——我们谈谈！"没有回答。"你知道么？我看见你上车，前头的玻璃上贴的广告，撕破一块，从这破的地方我看见你的侧面，就只一点下巴"，稍犹疑了一下，"后来你低下头去从皮包里拿钱，我才看见你的眼睛、眉毛、头发。"女的笑了，看不出这人倒也会花言巧语——太阳红红地晒穿他鼻尖下的软骨。他搁在报纸上的那只手，从袖口里伸出来，黄色的，敏感的——一个真的人！不很诚实，也不很聪明，但是一个真的人！她突然觉得炽热、快乐，她背过脸去，细声道："这种话，少说些罢！"

他们恋爱了。他的太太呢，小学都没毕业，她家里的人呢，都是好人，天天看报听无线电向来不听申曲、滑稽京戏什么的，而专听贝多芬、瓦格涅的交响乐，听不懂也要听……他呢，打算重新结婚（突然想到的），她呢，沉默着不表示意见（准备好了自己家的电话号码）……但是，封锁开放了。男的立即站起身来，挤到人群中，不见了。"封锁期间的一切，等于没有发生。整个的上海打了个盹，做了个不近情理的梦。"

看杂志的中年男子从藤椅上站起来，在草坪上来回走了几步，"这个张爱玲是谁？"他稍带一点激动地想着这个问题。被他紧紧捏在手上的杂志是上海《天地》月刊，刊在上面的那篇小说题为《封锁》，作者署名"张爱玲"。这位中年男子名字叫作胡兰成，前不久还是汪精卫政府的"宣传部政务次长"与"行政法院次长"，这一年38岁。"张爱玲是谁？"他想知道，他决定找苏青。苏青就是冯和仪，《天地》月刊上署名的总编辑，给他寄杂志来的那个正在走红的女作家。她肯定知道张爱玲的，也一定会告诉他。

一切开始于一篇小说。正当张爱玲的文学事业达到巅峰的时候，她的个人情感生活却发生了急剧的转折。这位名叫胡兰成的中年男子走进了她的生活。事后看来，这名中年男子带给她的，只是一出辛酸的爱情故事，只是张爱玲自己当时未能明了这一点，她在里面看到的、体验到的，都是一种从未领略过的飞扬的喜悦。

　　什么是因，什么是果，人生的许多事情也许并不需要想得太清楚。《封锁》只是一篇短小的梦一般的小说，但它却轻轻揭开了张爱玲生活新的一页。没有什么东西在事先显露出一丝半点的痕迹，命运对人的暗示往往轻描淡写。

　　看完《封锁》后，胡兰成马上同苏青联系，向她打听张爱玲其人其文。苏青此时同张爱玲已经是要好的朋友，深知张爱玲的疏淡冷傲的性格与为人，所以她迟疑着没有明确答复他，只说张爱玲平时独来独往不喜欢见人。胡兰成见信不甘，再一次去信向她讨问。苏青因为办杂志也多有需要胡兰成帮衬的地方，无奈，只好给他写来了张爱玲的地址：静安寺路赫德路口一九二号公寓六楼六五室。并再次强调，张爱玲是不见陌生人的。

　　和回信同时到的，还有《天地》月刊的第 3 期、第 4 期，在第 3 期上又刊有张爱玲的散文《公寓生活记趣》。和《封锁》不同，张爱玲这篇散文讲到她自己的生活，讲到她自己住着的公寓了："我们的公寓邻近电车厂，可是我始终没弄清楚电车是几点钟回家。'电车回家'这句子仿佛不很合适——大家公认电车为没有灵魂的机械，而'回家'两个字有着无数的情感洋溢的联系。但是你没看见过电车进厂的特殊情形罢？一辆衔接一辆，像排了队的小孩，嘈杂，叫嚣，愉快地打着哑嗓子的铃：'克林，克赖，克赖，克赖！'吵闹之中又带着一点由疲乏而生的驯服，是快上床的孩子，等着母亲来刷洗他们。车里灯点得雪亮。专做下班的售票员的生意的小贩们曼声兜售着面包。有时候，电车全进了厂了，单剩下一辆，神秘地，像被遗弃了似的，停在街心。从上面望下去，只见它在半夜的月光中袒露着白肚皮。"这真是个可爱而有趣的女子！一个连电车的进进出出都看得出无限情味的人，她的内心里会是怎样的丰盈和饱满呢！

　　《天地》第 4 期上则刊有张爱玲的另一篇散文《道路以目》。她又到街上用她那颗好奇而又饱含着轻微的欢悦的心在看了，在感受了。她的眼睛看到的一切都充满了那么可触可感的柔和的爱意：

> 坐在自行车后面的，十有八九是风姿楚楚的年轻女人，再不然就是儿童，可是前天我看见一个绿衣的邮差骑着车，载着一个小老太太，多半是他的母亲罢？此情此景，感人至深。然而李逵驼着老母上路的时代毕竟是过去了。做母亲的不惯受抬举，多少有点窘。她两脚悬空，兢兢业业坐着，满脸的心虚，像红木高椅坐着的告帮穷亲戚，迎着风，张嘴微笑，笑得舌头也发了凉。有人在自行车轮上装着一盏红灯，骑行时但见红圈滚动，流丽之极。

人生素朴的安稳的底子，在小火炉滚滚的白烟里，在临街店铺的白的黄的透明的橱窗里，在送货人踩着的脚踏车里，缓缓地流淌着……

早就经历过了复杂的官场险恶争斗，自己的心也被磨出了一层硬痂的政界"要人"胡兰成，被这些轻扬而又温厚，灵动而又带着人生真的底蕴的文字深深感动了。生活的本身是有怎样的情致呀，而他已经有多久没有注意到这些细微的美丽，又有多久失去生活中真正的诗意的感动呢？似乎他早已把那些情境那种热爱遗忘在少年时代的家乡了，而竟从来没意识到这一点。是张爱玲使他突然意识自己在行走中丢掉了人生很珍贵很珍贵的东西。他提起笔来，写了一篇评论，名为《评张爱玲》，文中称赞道，"是这样一种青春的美，读她的作品，如同在一架钢琴上行走，每一步都发出音乐。但她创造了生之和谐，而仍然不能满足于这和谐。她的心喜悦而烦恼，仿佛是一只鸽子时时要想冲破这美丽的山川，飞到无际的天空，那辽远的，辽远的去处，或者坠落到海水的极深去处，而在那里诉说她的秘密"，甚至还将初出茅庐的张爱玲与鲁迅相提并论，"鲁迅是尖锐地面对着政治的，所以讽刺、谴责。张爱玲不这样，到了她手上，文学从政治走回人间，因而也成为更亲切的。时代在解体，她寻求的是自由、真实而安稳的人生"。

胡兰成的生平和性格值得一提。他长张爱玲14岁，生于1906年，是上海南部浙江嵊县人，家在距县城有数十里之遥的下北乡胡村。幼年时候跟着母亲生活，家境很贫寒，但胡兰成天资较高，又肯刻苦，在家乡也被目为小有名气的乡中才子。在胡村读完小学，他接着又考进了杭州惠兰中学。对于一个贫寒子弟来说，这是不容易的，于此亦可见他的志向不小。但他又是一个太有性格的人，这给他造成了不少的麻烦。他在杭州惠兰中学任过校刊英文总编，校方比较欣赏他的凌厉才气，但是他在校刊上登载了某君一篇账目不清的稿件，引起校方的愤怒，几至将他开除。读到二年级时，他又考取了杭州邮务局邮务生，三个月后因顶撞邮务局长"崇洋媚外"被开除。21岁时胡兰成离开杭州，前往北京，在燕京大学副校长室谋得一份抄写文书工作，并旁听燕大的课程。北伐战争爆发时又回到浙江，先后在杭州中山英文专修学校、萧山湘湖师范学校做教员。不久后，他又来到广西，辗转南宁、百色、柳州等地，度过了五年平淡无奇的中学教员生涯。对于自恃盛才的胡兰成而言，这种难以施展的局面无疑需要高度的忍耐力。

　　胡兰成最怀热情的事情，莫过于政治与时局的变动，所谓"乱世出英雄"，他渴望在变动中获得类似机遇。所以，1936年"两广事件"发生，给他提供了机会。当时，由于蒋介石执行妥协主义的对日政策，在国内激起普遍不满。桂系第七军军长廖磊，起兵抗蒋，要求蒋政府积极抗日。在此期间，胡兰成得以受聘兼办《柳州日报》，第一次获得进入中国政治舞台的机会。他在报上坦论时局，主张"发动对日抗战必须与民间起兵开创新朝的气运结合，不可利用为地方军人对中央相争、相妥协的手段"，这种观点引起了政界人物的注意。所以，等到"两广事件"平息后，他虽然累在其中，并被解押到桂林受第四集团军（桂系）司令部的审判，遭监禁三十三天，但因为白崇禧本人对他的政论有所赏识，所以，第四集团军司令部并未处置他。白反而给了他500块大洋，算是礼"送"出境。

"两广事件"虽然受挫，但毕竟使"胡兰成"这个名字打入政界，并为人所知。所以说，"两广事件"事实上给胡兰成提供了很好的个人发展机会。对于一个从僻远乡下孤身奋斗出来的人来说，机会去了就不再来。离开广西后，胡兰成便直奔上海，投奔有汪伪背景的《中华日报》。不久，他便因为几篇投日本人所好的政论文章，摇身一变而为《中华日报》的主笔。沪战以后，他被调到香港汪派报纸《南华日报》任总主笔，同时还供职于蔚蓝书店。蔚蓝书店也是汪派机构。胡兰成以"流沙"为笔名为蔚蓝书店每月提供一篇社论。经过两三年的政论文章的写作积累，胡兰成逐渐获得了一定的名声，自己也很知名政论家自居。但他的发展到此仍然很有限，并未获得实际的政治权力，这在他的收入上反映得很清楚。他任《南华日报》主笔，实际月薪仍只有 60 元，经济上不时有拮据之虞。但机会很快就光顾他了。1937 年，沦为叛国之人的汪精卫急欲在南京组织伪政府四面网络"人才"，对胡兰成也看在眼中。为笼络胡兰成，汪精卫先让《南华日报》社长林柏生（与汪早有勾结）牵线，然后托亲信陈春圃带给胡兰成亲笔字条："兹派春圃同志代表兆铭向兰成先生致意。"胡兰成对此"恩宠"喜不能禁，全然不顾"伪"与"不伪"的问题。个人的荣迁总是他系心的最热衷的。不久，汪精卫夫人陈璧君到达香港，又接见了他，把他的月薪加为 360 元，私下又给他 2000 元。胡兰成自是欣然受之，并欣然迈上汪精卫的贼船。上海、南京沦陷后，汪精卫策划成立傀儡政权，大搞所谓"和平运动"，胡兰成就自然地作为入幕之宾，竭力为汪氏奔走效力了。

　　汪精卫"和平运动"之初，主要用意在于舆论鼓吹虚造声势，以文才被汪精卫相中的胡兰成自然成为主唱人物。《中华日报》为"和平运动"专门成立了社论委员会，入会人员都是汪伪政府的显要人物。社论委员会的主席是汪精卫自任，胡兰成则出任总主笔，撰述则是周佛海、陈希圣、林柏生、梅思平、李圣五等人。这个临时凑用的社论委员会让胡兰成飘飘然起来，俨然觉得自己是在一人之下万人之上。在事过多年以后，胡兰成甚至把它幻想成"新朝功勋人物排行表",念念不已。应该说,汪伪政府成立后,他也确实居过"高"位,先后担任过"中央委员""宣传部政务次长""行政院法治局局长"等,还当过一段时间的汪精卫机要秘书,时常可以直接向汪精卫"进言",而汪亦不时问计于他。他为此甚是自得,但他并不知道自己因此成为周佛海等"公馆派"嫉恨的对象。

这是胡兰成发迹的基本情况。从胡兰成的发迹可以看出,他的性格里有两种比较重要的因素,一是中国传统文人素常有的治国平天下的政治抱负,一是传统文人多不曾有的纯为个人利名而不择手段、不顾礼义廉耻的卑污心态。胡投身汪伪政府,对其叛国性质、对其不齿背景都极为了解,但从他回忆录中可以看出,他几乎没有一点犹豫与顾忌,义与不义,耻与不耻,他完全不屑一顾,关键的是有官做,有权有钱,出可汽车别墅,人可遍尝风流,人生之价值不过如此尔尔。他在回忆中总不忘"和平运动时位居第五"的风光与荣耀,尽管列在他前他后的一些人物都是臭名昭著的大汉奸(如周佛海等抗战胜利后均被中国政府处决),他亦不觉有何不妥。这种"有奶便是娘"的民族劣根性在他身上得到淋漓尽致的体现。但他并不这样认为。相反,在他看来,自己由一介布衣而平步青云,从一个普通的教员而至"政府大员"的位置,出入汪精卫之府邸,其仕途之通达放在古圣贤中也有可观之处。能以书文而为"帝王师",人生也算到至境了。他很为自己是"新朝"(指汪伪政府)要人而自诩。

他发现张爱玲的文字时,正处在白衣卿相梦想的末梢。《评张爱玲》刚写完投给苏青,校样还没有出来,他本人却被抓进了监狱。原来,在所谓汪伪"新朝"内,胡兰成在政治斗争中失利了。其实,从宣传鼓噪"和平运动"到组建傀偏政府,汪伪政权里掺杂进来的各种力量越来越多,局面也越来越复杂,舞文弄墨、制造舆论之事渐渐不再居于重要位置。胡兰成的重要性也因此开始下降。文人究竟只是文人,他胡兰成没有什么实力与背景可以作为援衬。而且他的性格又素来是狂妄自负,恃才傲物,有时候也惹得慧眼识才的"明主"汪精卫不甚愉快，对他也渐渐冷落。到1943年下半年，他事实上已经被丢在了一边。但是他并不甘心就此被人挤轧下台，于是他又通过日本使馆的官员清水、池田笃纪等人，和日本政界军界的一批少壮派频频接触，并且再次发一批政论文章纵论时事。这些文章同时译成日文发表，在日本人中间造成了不小影响。然而事与愿违的是，这些文章虽然讨好了日本人，但与汪伪政府持论并不相同，而这个时间，汪伪政府与日本人之间矛盾加剧，日寇在战场上又显出疲久将败的迹象，汪精卫对日本人的态度其实非常复杂。所以，讨好了日本人并不等于能够马上达到目的，反而弄得汪精卫甚为恼怒。汪当下将他逮捕。

但胡兰成亦非等闲之辈。在监狱中，他一方面通过以前结识的日本军界人物出面运作，一方面修身养性，让人买文学杂志给他看。据《小团圆》记载，邵之雍（以胡兰成为原型）对九莉讲起他在看守所里托看守替他买杂志，看她新写的东西，并对她说道："我对看守宣传，所以这看守也对我很好。"又道："你这名字脂粉气很重，也不像笔名，我想着不知道是不是男人化名。如果是男人，也要去找他，所有能发生的关系都要发生。"这个时候，胡兰成是有妻室的，一个替他生了儿子的妻子（全慧文），还有一个20岁左右美貌的妾（英娣）。

"从尘埃里开出花来"

　　他穿一袭中式长袍，态度和蔼，看上去就像一个旧式的有学问的人，对于在过去生活中缺乏父爱的张爱玲来说，他是很亲切的。而他，却多少感受到了一些吴季札赠剑的尴尬。这场爱情一开始就在某个看不见的地方交错而过。

　　经过日本军方的从中斡旋，胡兰成不久即被释放，但同时也被闲置一旁。他并不着急，反于此时找到苏青，要去拜访张爱玲。是什么原因促使他起了拜见的念头呢？无疑是张爱玲的奇出才情激起了他的好奇心，引发了他的向往。胡兰成本人甚有才华，确实能懂得一篇有底蕴的小说的妙处。他喜欢张爱玲的文章，接连几期看到的，他都喜欢，凡是张爱玲的，"便皆成为好"。据胡的回忆，他是因张爱玲文章的"好"而"一回又一回傻里傻气地高兴"，高兴了就急切地想去见她。这种解释倒有一定的实情，后来事情的发展确实能够证明两人在文学上有许多默契相通之处。但这种解释又是很有限的，因为胡兰成其实是个有着文人风流的人，喜欢以自己的才情再加上巧妙的手腕去追逐各式各样的女人。以多才风流自炫，旧时文人多有此恶习，包括许多颇有成就者，胡兰成虽无建树，但这方面的经验实在不少。在认识张爱玲之前，他已和不少女人厮混过，认识张爱玲之后，也仍不断和新认识的女人往来。他性格中有轻薄习气，为张爱玲的文章而"傻里傻气"高兴时，也是如此。对于为何去拜访张爱玲，他自己解释得比较纯情，其实心里还是在隐约期待着一次艳遇。一个年轻的貌美的（暂时不敢肯定，亲眼见了才知）才女，到底是他以前未接触过的呀。不过他有信心，对付女人他实在是"熟能生巧"了。

他去看望张爱玲，她居住的赫德路与他住的大西路美丽园本来就隔得不远。张爱玲果然不见，他又没带名片，只得递进去一张字条。这让他感到很扫兴。不料才隔了一日，张爱玲又打电话给他，说要到他家来回访他。两处相隔不远，她马上就到了。张爱玲素来孤傲远人，开始职业作家生涯后更是如此，她何以凭一张字条就亲自赶过来看望胡兰成呢？在《小团圆》出版之前确实是个不大不小的谜，但在这部自传体小说中，张爱玲谈到了其中原委，可做参考：

有天下午比比来了。新收回的客室 L 形，很长。红砖壁炉。十一月稀薄的阳光从玻璃门射进来，不够深入，飞絮一样迷蒙。"有人在杂志上写了篇批评，说我好。是个汪政府的官。昨天编辑又来了封信，说他关进监牢了。"她笑着告诉比比，作为这时代的笑话。起先女编辑文姬把那篇书评的清样寄来给她看，文笔学鲁迅学得非常像。极薄的清样纸雪白，加上校对的大字朱批，像有一种线装书，她有点舍不得寄回去。寄了去文姬又来了封信说："邵君已经失去自由了。他倒是个硬汉，也不要钱。"九莉有点担忧书评不能发表了——文姬没提，也许没问题。一方面她在做白日梦，要救邵之雍出来。

其实，在胡兰成来拜访之前张爱玲已知其文，略知其人。她非常不喜交游，但为了给她写了优美文章的胡兰成，她竟和苏青（小说中文姬的原型）一起去找到周佛海，为胡兰成说情。此事虽未奏效，但她对胡兰成毋宁说是很熟悉了。无疑，在她看来，能写出那般美丽文字的胡兰成，应该也是一个落拓不羁的性情中人、一个可与一谈的人吧。不管怎么说，打完电话，张爱玲就过来了，到了胡兰成居所。

乱世之人，能够想多少呢？兴之所至，就是好的。

胡兰成既然读过她的作品《封锁》《公寓生活记趣》《道路以目》，又在杂志上见过她的照片，和《道路以目》登在同一期《天地》上的，文静单薄的印象，但是真的见了面，仍然吃惊不小。他没有想到张爱玲这样高高大大，"像十七八岁正在成长中，身体与衣裳彼此叛逆"。不但身材高挑，张爱玲别的方面，也和他事先想象的完全不同。胡兰成看她的作品，总以为她是个世故老练、洞察秋毫的成熟女人，及见了面，发现她坐在那里，"幼稚可怜相，待说她是个女学生，又连女学生的成熟亦没有"，"她的神情，是小女孩放学回家，路上一人独行，肚里在想什么心事，遇见小同学叫她，她亦不理，她脸上的那种正经样子"。（胡兰成：《今生今世》）胡的观察是准确的，张爱玲虽然已经成为名作家，但做学生也还是不久前的事情，何况她还为读书而舍弃了穿好衣服进交际场合的机会，身上的气质自然学生气浓，与胡兰成预想中的社交场上的风情女子肯定不同，那样的女人他往来多了。他习惯于她们的时髦华贵又善调情的样子，乍一见张爱玲胆怯怯的小学生样，马上就想到了她的经济情况，"我甚至怕她生活贫寒，心里想战时文化人原来苦"，然而"她又不能使我当她是个作家"。胡兰成成熟，世故，阅人已久，一眼就看出了张爱玲聪明之下的单纯，老练之下的幼稚，作品中的张爱玲与现实中的张爱玲是两个人，前一个使他钦佩，是个出手老道的作家，后一个让他颇觉一种心理上的优越感，不过是一个涉世浅浅的女孩子罢了。这倒也是他以前少接触的。不过女学生般可怜状的张爱玲身上仍有一种气质，使胡兰成深觉惊讶。"张爱玲的顶天立地，世界都要起六种震动"，她不是饱含青春活力的，也不妩媚动人，她是冷的，是怯弱的，同时又是挑剔的，轻轻的嘲讽的，各种不相容的东西都在她身上融会成一种奇特的气质。这种气质里有一种世家贵族的矜持。胡兰成很是喜欢。

他们在胡兰成寓所里一坐竟是五个小时。张爱玲向来与人交往甚少，不善于跟陌生人谈话，所以两人会面，主要是胡兰成讲，她听。胡兰成和她谈论时下流行的作品，赞扬她作品里的微妙蕴藉之处，评论它们好在哪里，还讲到他自己在南京的种种事情，甚至还问到她每月写稿的收入。张爱玲都很老实地回答了。

送张爱玲回去时，胡兰成与她并肩而走，走到弄堂口，胡突然说："你的身材这样高，这怎么可以？"张爱玲一怔，却没有说什么。

命运或许是一种不可言说之物，仅凭这一句话，胡兰成即悄然打开了张爱玲一向紧紧封闭的心灵之门，而在此之前，即使是朝夕相处的姑姑，即使是一同在香港街上疯狂寻找冰淇淋的炎樱，张爱玲也是少有向她们敞开心扉的时候。

当然，事情并非真的这样简单。胡张之恋之所以能在稍后迅速发展下去，与张爱玲本人的身世处境与性格特点甚有关系。她在很大程度上还算是一个理智处事的人，在人生大事上具有冷静分析的能力，区别仅在于她的分析评判标准与常人常常有不一致的地方，有相出入的地方。她重视完美。比如看待男子，她便是以完美为取舍的。具体而言，这种完美即是指聪明，一个男子，重要的是他是否有足够的聪明与机趣，是否有应付裕如的才情与智慧，而其他的，比如职业、品行、信仰一类常人常常顾及的东西，在她倒未见得重要。小时候母亲与姑姑经常说及祖父张佩纶的年老貌陋，以为他不足为中堂李家的乘龙快婿，张爱玲就不以为然。对于祖父，她是极钦佩的。在她看来，一个落魄而不失磊落志气的男子，一个满腹学问而又内心丰满的男子，怎能不叫人喜欢呢？即使是给她留下许多伤痛回忆的父亲，她也并非完全不欣赏，她在说起父亲的凶暴时候也没忘记他对《红楼梦》的热爱、他对她幼时创作的嘉勉。一个男人，只要有了聪明，

《流言》中张爱玲附照

便是有了最重要的一切。这便是张爱玲论人断事时非常个人性的眼光。很多人没能理解到她的这一点。

还有一点，张爱玲也到谈恋爱的年龄了。她还从未恋爱过。以前亲族里有个表哥似乎对她有好感，经常到她房间一坐就是半天，但她缺乏兴趣。那个表哥后来结婚了，娶了个银行经理的女儿。张爱玲性格孤僻，那只是遇不上一个她愿意谈话的人，难道她不曾期许过这样的人吗？在《小团圆》中，她把当时的心境说得更明白：

（楚娣）现在也肯做两样简单的菜，九莉只会煮饭，担任买菜。这天晚上在月下去买蟹壳黄，穿着件紧窄的紫花布短旗袍，直柳柳的身子，半鬈的长发。烧饼摊上的山东人不免多看了她两眼，摸不清是什么路数。归途明月当头，她不禁一阵空虚。二十二岁了，写爱情故事，但是从来没恋爱过，给人知道不好。

胡兰成的出现，不能不说在时机上非常恰当。何况，胡兰成坎坷奇崛的身世对生活封闭的她颇为新鲜，还有他的罕见的聪明与知解趣味。在她以前的生活中，自然是很少接触男子，不想现在偶然一遇即遇上这样一个有趣味的人。胡兰成虽然久在官场，但的确有着精细不凡的鉴赏力。他懂得她的小说，体会得到她藏在小说背后的机智与嘲讽、热爱与忧伤。所谓知音大概亦如是吧。何况胡兰成的外表也很赢得她的好感。《小团圆》记载了九莉第一眼见到邵之雍的感受，"（他）穿着旧黑大衣，眉眼很英秀，国语说得有点像湖南话。像个职业志士"。有时候，胡兰成穿一袭中式长袍，态度和蔼，看上去就像一个旧式的有学问的人，对于在过去生活中缺乏父爱的张爱玲来说，这样一个男人虽然陌生，但一见之下却给她很亲切的感觉，距离并不远，可以随便与之交谈的。

对于阅世已久的胡兰成来说，情况可能又稍微有所区别。张爱玲并非他所拟想的那种"惊艳"的女子，甚至并不美，与他想的很不符合，但五个小时长谈下来，又多少使他压下了这种想法，欣赏地发现了她身上的另外一种"惊艳"，一种超拔于群人之上的心智，一种凌蹈于俗世之上的冷峭，以及一种怜于美丽沉没的忧伤。一个女子能有如此才智，是极稀见的，这使久遭官场风雨的胡兰成自然在猎艳一类俗趣之外起了一份惊异，一份赞赏。初次见面的默契使他对张爱玲充满好奇，与这样的奇女子接触倒不失为一桩新鲜有趣的事情。所以两人一同走出弄堂口的时候，他突然地说了那句话："你的身材这样高，这怎么可以？"其言下之意是，她长得这么高，简直比我还高，以后两人一起在街上走，是多么不般配！那口气仿佛两人肯定是要走在一块儿的。这句话明显带有成熟男人的挑逗意味。胡也看出张爱玲很诧异，甚至有点反感，但他心里还是有把握的。对付女人，他是太有经验了，他对张爱玲的心思看得很分明，一个没有多少人生经验的女子，面对勾起自己好感的男子，很难抵挡得住猛烈的纠缠式的进攻。

似乎未经多想，胡兰成就已经把张爱玲列作他的进攻目标了，是为爱吗？是，又不是。可能更多的是好奇与新鲜吧，也可以说是喜欢吧。但是仅是喜欢，放在一般的有家庭责任感的已婚男子，未见得会去扰乱一个涉世未深的女子的心，但胡兰成并未顾及这一点，关键的是他想的是他喜欢，至于这种可能没有结果的情事会给对方多大影响，他不习惯于去考虑。他是个极端自私的人。当然，我们也可以说，或许是因为身在乱世，有太多东西是不及考虑的。

第二天，胡兰成就又去找张爱玲——他倒是个想做就做，有性格的男人。不过，姑姑比张爱玲厉害，她对侄女的保护意识强，所以一见面就给了胡兰成一个难堪。《小团圆》记述说，"楚娣第一次见面便笑道：'太太一块儿来了没有？'九莉立刻笑了。中国人过了一个年纪全都有太太，还用得着三姑提醒她？也提得太明显了点。之雍一面答应着也笑了。去后楚娣道：'他的眼睛倒是非常亮。''你跟你三姑在一起的时候像很小，不跟她在一起的时候又很老练。'之雍说"。不过姑姑到底很开通。这一次张爱玲在自己的房间里接待了他。她穿宝蓝绸袄裤，戴了嫩黄边框的眼镜，显得脸如圆月。她的房间很有她的个人风格，"一种现代的新鲜明亮几乎是带刺激性"，陈设与家具虽然看似简单，却有一种使人不安的华贵，本是有备而来的胡兰成在这种雅致华贵的气氛中也不免有点窘迫，仿佛三国时候刘备到孙夫人房中去时的胆怯，孙夫人的新房中隐布兵气，"张爱玲房里亦像这样的有兵气"。这与他前一天对张爱玲的印象又很不协调。在他居处怯生生的拘谨的张爱玲，今天却显得华贵高雅，倒使胡兰成有不敢逼视之感。

但话题一转到文学，胡兰成就渐渐适应了，气氛也转好。张爱玲因为是在自己的家中，谈吐也不拘谨，两人感觉颇为愉悦。胡兰成回忆说：

> 我在她房里亦一坐坐得很久，只管讲理论，一时又讲我的生平，而张爱玲只管会听。男欢女悦，一种似舞，一种似斗，而中国旧式床栏上雕刻的男女偶舞，那蛮横泼辣，亦有如薛仁贵与代战公主在两军阵前相遇，舞亦似斗。民歌里又有男女相难，说书又爱听苏小妹三难新郎，王安石与苏东坡是政敌，民间却把来说成王安石相公就黄州菊花及峡中茶水这两件博识上折服了苏学士，两人的交情倒是非常活泼，比政敌好得多了。我向来与人也不比，也不斗，如今见了张爱玲却要比斗起来。（《今生今世》）

张爱玲倒没和他"斗"的念头，她只是很乐意和他说话，自己家里的许多事情也很愿意告诉他，胡兰成身为文化圈里的人，自然知道张爱玲祖父张佩纶与李鸿章女儿间的佳话，于是就问起此事。张爱玲把她祖母的诗抄给胡兰成看，并说《孽海花》的"才女"之说并不真实，她祖母并不怎么会作诗，即使《孽海花》中的那首诗也是她祖父张佩纶动手改过的。张爱玲这种破坏佳话的态度，使胡兰成很是佩服。敢于破坏大家惯常想法的人，才真的写得好小说。

张爱玲也跟胡兰成说起了他下狱后她与苏青一起去周佛海家探问奔走的事，胡兰成既有感激，又不免诧异，觉得张爱玲对政治游戏也实在是外行。她的想法不免幼稚可笑，官场复杂，又岂是一个弱女子能探问得深浅的？他与周佛海在汪伪政府中的矛盾哪里是两个弱女子几句话所能消释的？想虽这么想，但胡兰成马上就想到了当年落魄的张佩纶，刚从热河戍满归来，而待罪之自己也是刚刚从狱中出来，都同样遇到世家小姐的关心，张佩纶长李家小姐19岁，而自己长张爱玲14岁，正堪比拟呀。在胡兰成的想象中，落难才子恰逢红颜知己的风流佳话翩翩而生。

这种才子佳人的想象让胡兰成很是兴奋。当天回到家中，他便给张爱玲写了第一封信。他本是喜欢貌美风情的女子的，最初一见张爱玲，心里也有所失望，"竟是并不喜欢她"，但第一次见面后，一谈五个小时，他便发现，一颗充满智慧的心灵也可以让一个平常的女子变得美丽，何况张爱玲并非一个平常女子，她的家世，她的才情，都是世间不多有的呀，这使他开始喜欢她了。这第二次见面后，张爱玲对文学、对音乐、对绘画、对生活的看法更给了他深刻的印象，原来许多方面他是不及她的。这使他又在喜欢之外，不免添了几分攀附爱慕之心。他写完了信，便马上打发人送到了赫德路张爱玲和姑姑合住的公寓。

这封信写得有类似"五四"时期缠绵柔情的风格，张爱玲一向不喜欢"新文艺腔"，没想到对这封信却是很喜欢，马上便回了信。胡兰成在信上称她很"谦逊"，这很中她的意，平常见了她的人，一向觉得她冷漠孤傲，难得近人，却很少有人觉得她谦逊。从张爱玲自己来讲，她是自认为自己内心里有一种谦逊的，一种对人世对生命的广大的理解与虔敬。张爱玲算是第一次遇见看出她这一点的人，若无惊人的聪明与悟力，断不能领会她的这种襟怀。这个胡兰成果然是性情中人，是个聪明而有趣味的人。这不由得叫她欢喜。

张爱玲看过信，便马上回信过去，说"因为懂得，所以慈悲"。这句"懂得"，其意味确非寻常人所能琢磨。大概是说，因为自己懂得人世的喧闹悲欢、懂得生命的美丽易逝，所以常对一切抱有一份悲悯温暖的态度。这是表面的意味。然细看之下，就会领会张爱玲对"懂得"二字的推重，世事的兴灭、人与人之间的交接，许多事情都是诧然一瞬，真正能够"懂得"的解人又有几个？——张爱玲对胡兰成的知己之感已经不自觉地流露出来了。

这一层胡兰成自是懂得，于是每隔一天他必去登门看她，一见之下，即是畅谈。可是连去了三四趟之后，张爱玲忽然变得烦恼，而且生出凄凉之感。

胡兰成人生经验丰富，知道张爱玲已经发现她自己新的感情，并且为这种感情而陷入了苦恼。在他看来，一般女子爱了人，大都会有这种委屈。所以他也就不在意，处理这类事情他有足够的经验。张爱玲确实是在为难以把握自己的感情而烦恼，虽说胡兰成很可人意，也很有旧式文人的风度，但他毕竟已是快40岁的人了，又有妻室，又在汪伪政府里做事，这桩感情到底是脱不掉诸多不适宜的地方，而目前的这种状况，两人的交往迅速加深，确使她有难以面对之感。她的亲戚多少已耳闻此事。她的舅舅，一位不久后在小说《花凋》中被张爱玲影射讥讽为自从民国纪元起"就没长过岁数"是"酒缸里泡着的孩尸"的遗少，也明确表示不妥，说小煐怎么能与汉奸在一起呢？在这种情况下，张爱玲既不能如以往那样淡然处之，又不能像苏青那样做到全部投入。但是她习惯凡事有个清楚明白，有个了断。于是她送了张纸条给胡兰成，要他不要再去看她。

然而她不曾想胡兰成并非一个负责任的愿意为她设身处地地考虑的人。胡兰成既然已经猜透她的心思，便自然不会放弃自己的计划。他既是喜欢她，又知道她处理感情的单纯、无经验，仅把一张小纸条当作自己最后一道心理防线，在胡兰成看来，又多少是笨拙的表现。于是他只当不知，接到条子的当天又去看她，不提起，也不表白。张爱玲又禁不住地欢喜——一个女子的心理防线就这样被摧毁了，不以为它存在它便真的不存在了，张爱玲亦是无可奈何。感情这种东西你越是抑制它，它越是强烈。胡兰成见她如此，索性每天都去看她了，张爱玲心里到底还是高兴喜悦占了主要，她本来就是一个不太顾忌别人看法的女子。胡兰成去得多了，她也就认同他了。这件事情，她小心翼翼地跟炎樱透露过：

"我爱上了那邵先生，他要想法子离婚。"她竟告诉比比，拣她们一只手吊在头上公共汽车的皮圈上的时候轻快地说，不给她机会发作。

比比也继续微笑，不过是她那种露出三分恐惧的笑容。后来才气愤地说："第一个突破你的防御的人，你一点女性本能的手腕也没有！"随又笑道："我要是个男人就好了，给你省多少事。"

在九莉那里遇见之雍，她当然还是有说有笑的满敷衍。他觉得她非常妩媚。(《小团圆》)

九莉没有跟比比详说她的不适宜的恋爱心理。其实，张爱玲此时微妙复杂的心理，很清楚地流露在她这段时间创作的一个短篇小说《年青的时候》里面。在那篇小说里，大学生汝良爱上了俄籍女孩沁西亚，可是沁西亚的态度怎么样呢？"照说，一个规矩的女人，知道有人喜欢她，除非她打算嫁给那个人，就得远着他。在中国是如此，在外国也是如此。可是——谁不喜欢同喜欢自己的人来往呢？难道她非得同不喜欢自己的人来往么？"是啊，对于刚刚步出校门的张爱玲来说，"没有人这样地爱过她。没有爱及得上这样的爱"（张爱玲：《殷宝滟送花楼会》）。《心经》中，许太太对小寒也说，"人活在世上，不过短短的几年。爱，也不过短短的几年。由他们去罢"。张爱玲这样接受这种不适宜的爱，是不是也是对自己的一次"撒手"呢？她于是不再掩饰自己的感情。多年以后，她对自己的美国朋友表示："（她）对丈夫的情感，多半也因丈夫欣赏她之文才，又给她文学上的挑战，他又会欣赏她四十年代的华服。"（司马新：《张爱玲的今生缘》）

这其间，特别重要的是，张爱玲对爱的不可预期、人与人之间的偶然兴会有强烈的体验。在《红玫瑰与白玫瑰》中，张爱玲写到了那种在无数欲望与算计之中倏忽而至的爱，"灯光之下一见王娇蕊，却把他看呆了。她不知可是才洗了澡，换上一套睡衣，是南洋华侨家常穿的沙笼布制的袄裤，那沙笼布上印的花，黑压压的也不知是龙蛇还是草木，牵丝攀藤，乌金里面绽出橘绿。衬得屋里的夜色也深了。这穿堂在暗黄的灯照里很像一节火车，从异乡开到异乡。火车上的女人是萍水相逢的，但是个可亲的女人"。"从异乡开到异乡"，在人生的路途上，又有几次那样的机遇？张爱玲说到底不愿错过她以为的真正的爱。

不久以后，有一次两人又在一起，胡兰成说起她登在《天地》上的那张照片，第二天张爱玲便取出照片相赠。此事《小团圆》有所影射："她有两张相片，给他看，因为照相没戴眼镜，她觉得是她的本来面目。有一张是文姬要登她的照片，特为到对门一家德国摄影师西坡尔那里照的，非常贵，所以只印了一张。阴影里只露出一个脸，看不见头发，像阮布然特的画。光线太暗，杂志上印得一片模糊，因此原来的一张更独一无二，他喜欢就送了给他。'这是你的一面，'他说另一张，'这张是整个的人。'杂志上虽然印得不清楚，'我在看守所里看见，也看得出你很高。'"但胡兰成在《今生今世》中述及此事时还提到了张爱玲在相片背后的赠语：

> 见了他，她变得很低很低，低到尘埃里，但她心里是欢喜的，从尘埃里开出花来。

这在张爱玲，无疑是生命中最深最新鲜的爱的体验，她尽管对现世、对人生总怀有一种虔诚敬重的"谦逊"，然而在具体的现实生活中，她又确实是一个特立独行、孤傲远人的女子，就连她弟弟在她成名后见她一面都不太容易，她什么时候对人会有这样的谦卑与柔顺？唯一的解释就是爱。一个女子爱了人，往往会失去原来的自己。看来张爱玲大致陷入这样的情形。《小团圆》明确地叙述了九莉对邵之雍爱与崇拜相混杂的心理，"九莉想走，找到了之雍，他坐在沙发上跟两个人说话。她第一次看见他眼睛里轻藐的神气，很震动。她崇拜他，为什么不能让他知道？等于走过的时候送一束花，像中世纪欧洲流行的恋爱一样绝望，往往是骑士与主公的夫人之间的，形式化得连主公都不干涉。她一直觉得只有无目的的爱才是真的。当然她没对他说什么中世纪的话，但是他后来信上也说'寻求圣杯'。他走后一烟灰盘的烟蒂，她都拣了起来，收在一只旧信封里"，"她永远看见

张爱玲小照

他的半侧面，背着亮坐在斜对面的沙发椅上，瘦削的面颊，眼窝里略有些憔悴的阴影，弓形的嘴唇，边上有棱。沉默了下来的时候，用手去捻沙发椅扶手上的一根毛呢线头，带着一丝微笑，目光下视，像捧着一满杯的水，小心不泼出来"。

这样的爱，怎能不使她"变得很低很低"呢？胡兰成当然懂得她的表白，然而他的感觉却要比张爱玲复杂。他后来回忆说："她这送照相，好像吴季札赠剑，依我自己的例来推测，那徐君亦不过是爱悦，却未必有要的意思。"这显然是为他自己不久后背叛张爱玲所做的辩词，但里面还是多少些些实情在的。依胡兰成的身世与经验，已经有过两次婚姻，而且久历官场，心中那份真诚那份感动早已在坎坷波荡中磨失殆尽，他之于张爱玲，有喜欢，有羡慕，但亦有对于风流佳话的向往，有对于名门世家的好奇。但真挚的爱对于他来说，却很难再有。

爱有时候不仅仅是一种品质，往往还是一种能力。他与张爱玲，在这场充满悲怆意味的恋爱中，充当的是不同的角色，一个是成熟世故的有应付女人的丰富经验的男子，一个是初涉爱河一旦付出便不顾一切投入的女子，两人一开始便是不平衡的，也是不平实的。所以，看到张爱玲流露心迹的表白，胡兰成既未觉惊奇，更未有神魂颠倒的感觉，他或许更希望的是，两个人未必要那么拘泥，那么认真，就这样随随便便下去，倒是最好的。他希望得到的是她的人，倒未必是她的心，但一个又一个的女子，在交出自己的人之前，首先交出的总是自己的心。接受了一个女子的心，就得为她负责任，这并不是年已 38 岁、家有妻室的胡兰成所情愿的。他只是一个风流才子，所以他并未为一个女子的爱而喜悦莫名，但他又到底是一个风流才子，所以也并不因不愿意承担责任而主动离开。相反，他是坦然地接受了，无奈地接受了她的心，而真正渴望的，只是她的人。

这场爱情一开始就在某个看不见的地方交错而过。

欲仙欲死

    她轻轻叫他"兰成"，不胜怜惜地说，"你这个人啊，我恨不得把你包包起，像个香袋儿，密密的针线缝缝好，放在衣箱藏藏好"。然而在这荒乱的时代，有谁能够期待天长地久的美好？她从来没有提起过。

    他们恋爱了。胡兰成几乎天天来，对待张爱玲这样的女人，他施展了政治理论的功力："'和平运动'的理论不便太实际，也只好讲拗理。他理想化中国农村，她觉得不过是怀旧，也都不去注意听他。但是每天晚上他走后她累得发抖，整个的人淘虚了一样，坐在三姑房里俯身向着小电炉，抱着胳膊望着红红的火。楚娣也不大说话，像大祸临头一样，说话也悄声，仿佛家里有病人。"（张爱玲：《小团圆》）这样的恋爱似乎把握不住方向，连姑姑都不能为张爱玲提供好的引导。然而，恋爱的"方向"终于朝着胡兰成预想的地方去了。《小团圆》有这样的描写：

    有天晚上他临走，她站起来送他出去，他揿灭了烟蒂，双手按在她手臂上笑道："眼镜拿掉它好不好？"她笑着摘下眼镜。他一吻她，一阵强有力的痉挛在他胳膊上流下去，可以感觉到他袖子里的手臂很粗。九莉想道："这个人是真爱我的。"但是一只方方舌尖立刻伸到她嘴唇

里，一个干燥的软木塞，因为话说多了口干。他马上觉得她的反感，也就微笑着放了手。（《小团圆》）

当然，小说中九莉与邵之雍的交往未必就是现实中张爱玲与胡兰成交往的实写，但不少后世读者对张爱玲何以会爱上胡兰成一事颇感困惑，故《小团圆》的描写仍具有一定的参考作用。在小说中，在初吻之后，邵之雍很快向九莉求婚（求爱）了，"隔了一天他在外面吃了晚饭来，有人请客。她泡了茶搁在他面前的时候闻得见酒气。谈了一会儿，他坐到她旁边来。'我们永远在一起好不好？'昏黄的灯下，她在沙发背上别过头来微笑望着他。'你喝醉了。''我醉了也只有觉得好的东西更好，憎恶的更憎恶。'他拿着她的手翻过来看掌心的纹路，再看另一只手，笑道：'这样无聊，看起手相来了。'又道：'我们永远在一起好吗？''你太太呢？'他有没有略顿一顿？'我可以离婚。'那该要多少钱？'我现在不想结婚。过几年我会去找你。'她不便说等战后，他逃亡到边远的小城的时候，她会千山万水地找了去，在昏黄的油灯影里重逢。他微笑着没作声"。

在现实中，张爱玲默认了与胡兰成的这份情爱。他们谈情说爱的方式似乎是最初相识的延续。张爱玲是个随处可以发现热闹浪漫的人，她并不想四处出游以求高雅情调，而胡兰成也不喜出游，刻意求得新鲜。两人流连在一起，更多的是谈艺论文，品茶醉眠。他们哪里也不去，一席接一席地长谈，竟日不息，欢悦不已。当时胡兰成虽然在官场上受到重挫，但他并不甘心就此退隐林下，仍然同南京"朝"中保持千丝万缕的联系，并与日本军界有密切接触，所以平时也主要住在南京。住在南京，张爱玲就给他写信。他每月必到上海住八九天，每次回上海，他不回美丽园自己的家中，而是直接赶到赫德路张爱玲公寓，先去看她。一进她的房间，就说："我回来了。"从偶然相识到成为胡兰成的情人，速度之快，是张爱玲以前怎么也没有料想到的。不过，对于胡兰成，她现在并无什么怨意，和他在一起，男欢女悦，凭窗相对，这已经足够了。书上常说的男女相恋"欲仙欲死"的感觉，大致就是这样吧。

两个人在一起，只是说话说不完。张爱玲在欢悦中，全然没有了起初相识的拘谨，又知道胡兰成倾慕自己的才华，所以更是无所不谈，精譬妙喻，联翩而出。从人生到文学，从幼时候的圣诞卡到香港战役时期对于生命无常的感受，凡人琐事，奇闻妙趣，一谈起来，皆有无限的情趣。这倒使向来能言善辩的胡兰成有点儿吃力，在张爱玲面前，无论他想说什么，都似乎是生手拉胡琴，颇觉吃力，每每说了又改，改了又悔，偏偏张爱玲又喜欢听他说话，不管他说的什么，无论是他幼时家乡的可怕山洪，还是柳州遭囚的生死经历，她都觉得好。正像是"攀条摘香花，言是欢气息"。人生的美妙，切切地就在眼前。

他们谈得最多的还是文学。张爱玲读了很多现代西洋文学，她每每把萧伯纳、赫胥黎、劳伦斯的作品拿来讲给胡兰成听。胡兰成洋文底子极差，对西方文学了解非常有限，每每听得心服口服。而张爱玲每次讲完之后，又总是要说，"可是他们的好处到底有限制"，然后又觉得亵渎了胡的倾听似的，老是有一点抱歉的意思——她一点也不以胡的洋文不好为意。爱就是这样的，它可使恋爱中的男女沉入某种氛围，而不顾其余。胡兰成喜欢听她讲西洋文学，也为她对西洋古典作品没有兴趣而感到惊讶。莎士比亚、歌德、雨果等名震中西的文豪她都不爱，壁画、交响曲、革命或世界大战，她也觉得吃力，不喜爱，而只是喜欢有平民精神的东西。"五四"以后，中国文坛深受西方影响，托尔斯泰、歌德、雨果等已取代曹雪芹、吴承恩、施耐庵等，成为新一代作家心目中的偶像。胡兰成本人一向也未体会出西洋文学的好来，但从来不敢谈论西洋文学的不好，怕被人讥为不懂。现在听张爱玲说不太喜欢西方文学中太庄重的东西，有一次就冒了胆子说，《战争与和平》《浮士德》并不及《红楼梦》《西游记》，自觉是冒了天下之大不韪，不想张爱玲只是淡淡地说："当然是《红楼梦》《西游记》好。"这使胡兰成心叹不已。

胡兰成不熟悉西洋文学，对中国古代文学却自以为很可以自恃，但是没想到和张爱玲几次深谈，发觉自己又是远不相如。张爱玲读古代文学是直与古人相遇，传神之处，她常是过目不忘。比如她说《金瓶梅》里写孟玉楼"行走时香风细细，坐下时淹然百媚"中的"淹然"两个字用得好，胡问怎么个好法，她道："有人虽遇见怎样的好东西亦水滴不入，有人却像丝绵蘸着了胭脂，即刻渗开得一塌糊涂。"两人一道读《诗经》，有一首才读了开头两句"倬彼云汉，昭回于天"，张爱玲就惊叹道："啊！真真的是大旱年岁。"又读《古诗十九首》，"燕赵有佳人，美者颜如玉。被服罗裳衣，当户理清曲"，张又诧异道："真是贞洁，那是妓女呀！"两人又同看《夜歌》，"欢从何处来，端然有忧色"，张又叹息道："这端然真好，而她亦真是爱他！"胡不得不叹服，这才发觉自己读书，平常以为懂了的东西，其实未懂，而张爱玲读书，却是另外一种读法，不阻不隔，直达古人隐秘的心底。这不是一般人能做到的。

但张爱玲读书又如游戏，颇多趣味。两人在一起，胡兰成才从她那里感受到了中国人有比西洋人的幽默更好的滑稽。两人一起看汉乐府，有一首诗写一个流荡在他县的人，逆旅主妇给他洗补衣裳，"夫婿从门来，斜倚西北眄"，念到这里，张爱玲就笑起来了，"是上海话眼睛瞄发瞄发"。接着又是，"语卿且勿眄"，张爱玲便很诧异了："啊！这样困苦还能滑稽，怎么能够！"两人一起把诗读完："语卿且勿眄，水落石自见，石见何磊磊，远行不如归。"这最后一句竟是对困苦亦能生气撒娇。

张爱玲自己，也是调皮得叫人无可奈何。报纸上杂志上凡有批评她的文章，她都剪存，还有人冒昧写信来崇拜她，她也收集起来，但是她对这些意见不听，不答，也不做参考。胡兰成就对她这一点觉得费解。在他自己而言，如果有人赞扬他不得当，他会觉得不舒服，批评得不得当，他又会觉得无聊。但张爱玲却不然，她说："我是但凡人家说我好，说得不对我亦高兴。"劝告她批评她的,如果不得当,她亦很少生气,往往也只是诧异而已,因为别人说好说坏没说着她,倒反使她如此分明地看见了他们本人。那些话,倒时常被她拿来与胡兰成讲,或与姑姑、炎樱讲,笑之中又觉得无奈,又觉得开心好玩。

最令胡兰成感到新鲜惊喜的是张爱玲不受政治术语的禁制,不受定型情感的拘囿。胡兰成自己是靠政论吃饭的人,凡事都要在理论上通过才能承认。有一次胡兰成给张爱玲看他的一篇论文,她却说文章体系太严密,不如解散的好,胡果然把文章改过重来,发觉果然活泼有生气,意思却并未减少。张爱玲不喜欢体系的束缚,常有许多"离经叛道"之论,胡兰成听了,并不觉有什么不妥,反倒很迷恋她。这些是胡兰成起初未料到的,因按常理,一个中年男人与一个青春女子的恋爱,应是后者依赖于前者、受影响于前者的可能要大一些,张爱玲虽然聪明过人,才华绝世,但并未经历过多少事情,社会经验也较简单,较之阅世已久的胡兰成,她自然应该是多受他影响、受他指引。事实上并不然,张爱玲有很强的独立性,在与胡兰成恋爱后,她的性格并未发生多大变化。从人生态度到审美趣味,更无什么改变。有时胡兰成发过一通议论后又觉不对,去告诉她:"照你自己的样子就好,请不要受我的影响。"张笑答:"你放心,我不依的还是不依,虽然不依,但我还是爱听。"胡兰成能影响她什么呢?倒是胡兰成越来越迷恋她。这在胡兰成自己的感情经历里是不多的,他本来不认真,看得不重,但恋情越深,他越觉出张爱玲的"好"来,简直把她看作无所不知、无所不晓。

比如听音乐,胡兰成本来不喜欢听贝多芬,但他既被奉为乐圣,胡也就硬着头皮买贝多芬的唱片,天天刻苦地放来听,努力要使自己懂得它,甚以为苦。一天与张爱玲座谈,得知她9岁起学钢琴学到15岁,胡正有所得意,不料张又说她不喜欢弹钢琴,一言说得胡又"爽然若失"。又一次,胡兰成说起他自读中学以来,即不屑于京戏绍兴戏流行歌等,但经张爱玲一指点，他又觉出这些戏曲的好来。这使胡兰成想起了《大学》里的话：
"所谓诚其意者，毋自欺也，如恶恶臭，如好好色。"因为有了张爱玲做例，
胡兰成才发现了自己真实的一面。这使胡甚觉愉快。看画也是如此。两人
一起看日本的版画、浮世绘及古印度的壁画集，胡兰成总是伺候着她的脸
色，听她说哪一幅画好，即使只是只言片语的指点，胡也顿时觉那一幅果
然是非常好。有时张爱玲也拿自己的画给胡看，胡兰成起初虽然往往不识
得，但在诧异之余，马上就觉得非常好。凡是她的东西，都让他一概觉得
好，她问他喜欢她的绘画不？他只答是的，这让张爱玲很高兴，还跑去告
诉她的姑姑。张爱玲在文章里说，民间小调里的鼓楼打更，都有一统江山
的安定，胡兰成见了，马上对这些东西另眼相看。

　　胡兰成对张爱玲的拜服确实出自真心。张爱玲对他的影响不仅在具体
观点，甚至也影响到了他的思维方式及审美观念，以至于后来缘尽各去之
后他仍说，若无张爱玲，他断写不出《山河岁月》那部书。《山河岁月》
是胡的一部纵论中国文化与天下大势的书，他避居温州时所写，曾以化名
将其中部分章节寄给文化界名流梁漱溟看过，梁表示赏识，并以此邀他北
上议事。胡兰成对此书甚为自矜。从此也可看出他对张爱玲的佩服。他自
己说："……天下人要像我这样欢喜她，我亦没有见过。谁曾与张爱玲晤
面说话，我都当它是件大事，想听听他们说她的人如何生得美，但他们竟
连惯会的评头品足亦无。她的文章人人爱，好像看灯市，这亦不能不算是
一种广大到相忘的知音，但我觉得他们总不起劲。我与他们一样面对人世
的美好，可是只有我惊动，要闻鸡起舞。"（胡兰成：《今生今世》）这话也
是确实的，胡兰成确实慢慢为张爱玲神魂颠倒了，尽管与他最初的想法已
有距离。他喜欢她喜欢到心里去了。他到底是有不凡悟性的才子，懂得张
爱玲其人其文的妙处，同时他又是名士派人物，倾心于才子佳人的传奇。
他与她在一起，他愿意为周围的人演绎一段人间佳话。尽管他周围多的是
政界官僚、文化宿旧、骚人墨客，尽管有各式各样的议论，但他并不在意，

这也是他作为名士的脱略处。他做过高官却也可以陪张爱玲去静安寺街上买小菜，也可以陪苏青到街上吃一客蛋炒饭。与张爱玲的这段缘分，恰使他可以以佳话自炫。

而于张爱玲，亦是欢悦之甚。在她二十四年的生活中，她还从未遇到这样一个能欣赏她、懂得她的知音，更未遇到过这样一个疼惜她、呵护她，把她奉若神明的男人。她以前接触的男人，要么是像她父亲、她舅舅那样泡在烟炕上萎靡不振的男人，要么是像她弟弟那样毫无志气的富家子弟，没人关心她，没有人疼爱她，父亲打她，母亲也很陌生。姑姑虽常在一起，但到底只是女人，女人和女人在一起，跟女人和男人在一起，毕竟不同呀。而且，她和姑姑之间的感情也是有距离的，至少在经济上，这距离体现得很明显。自从从事职业写作后，她与姑姑在经济上就完全分开了，各人负责各人的开销，公共费用则共同承担。这是她以前和现在的生活。这种生活，无论是在经济窘迫的情形下还是在可以独立谋生的境况下，都是缺乏某种广大温暖的爱的。这样无爱的生活，她是怎样感受和认识的呢？在《童言无忌》中，她曾这样说，"这一年来我是个自食其力的小市民。关于职业女性，苏青说过这样的话：'我自己看看，房间里每一样东西，连一粒钉，也是我自己买的。可是，这又有什么快乐可言呢？'这是至理名言，多回味几遍，方才觉得其中的苍凉"。显然，张爱玲尽管向往并高兴于这种独立自足的生活，但在她内心里，她对生活并不仅仅如此。她或许喜欢有人在旁边欣赏她，欣赏她的一颦一笑，欣赏她的莫名的忧伤，欣赏她的飞扬的文字，欣赏她的一切。《小团圆》记载了九莉与邵之雍陷入热恋后的感受：

　　寂静中听见别处无线电里的流行歌。在这时候听见那些郎呀妹的曲调，两人都笑了起来。高楼上是没有的，是下面街上的人家。但是连歌词的套语都有意味起来。偶尔有两句清晰的。

"嗳，这流行歌也很好。"他也在听。

大都听不清楚，她听着都像小时候二婶三姑常弹唱的一支英文歌：

"泛舟顺流而下

金色的梦之河，

唱着个

恋歌。"

她觉得过了童年就没有这样平安过。时间变得悠长，无穷无尽，是个金色的沙漠，浩浩荡荡一无所有，只有嘹亮的音乐，过去未来重门洞开，永生大概只能是这样。这一段时间与生命里无论什么别的事都不一样，因此与任何别的事都不相干。她不过陪他多走一段路。在金色梦的河上划船，随时可以上岸。

而能欣赏她的人，最要紧的是聪明。胡兰成恰恰有这样的聪明，有这样的悟性，这不能不使她暂忘人世间其他的纷扰，流连于岁月的美好与平静。正如胡兰成回忆中说的："我与张爱玲亦只是男女相悦，《子夜歌》里称'欢'，实在比称爱人好。两人坐在房里说话，她会只顾孜孜地看我，不胜之喜，说道：'你怎样的聪明，上海话是敲敲头顶，脚底板亦会响。'后来我亡命雁荡山时读到古人有一句话'君子如响'，不觉地笑了。"（胡兰成：《今生今世》）

恋爱中的女子，看到的一切都带有特别的宁静与美丽。胡兰成在的时候，张爱玲喜在房门外悄悄窥看他在书房里："他一人坐在沙发上，房里有金粉金沙深埋的宁静，外面风雨淋漓，漫山遍野都是今天。"人世的美好需得人们轻轻地享受，而在享受里面，又有着一种缓缓的飞扬的喜悦。认识胡兰成后不久，张爱玲曾在一篇文章里谈到了男女的恋爱，并以之和战争相比较——乱世之人很易做如此联想，她说："我以为人在恋爱的时候，是比在战争或革命的时候更素朴，也更放恣的。战争与革命，由于事件本身的性质，往往要求才智比要求感情的支持更迫切。……和恋爱的放恣相比，战争是被驱使的，而革命……多少有点强迫自己。……恋爱……是放恣地渗透于人生的全面，而对于自己是和谐。"她还说过："现在还是清如水，明如镜的秋天，我应当是快乐的。"（张爱玲：《〈传奇〉再版序》）这些或许都是她恋爱心迹的流露。胡兰成带给她的，正是一种放恣，一种飞扬的喜悦，一幅人世完美的图景。

胡兰成总在南京、上海两地往返，他们每月相聚的时日并不多，那种聚而又别、别而又聚的情形颇似牵牛织女鹊桥相会，在一起时总是喁喁私语、男欢女爱，时间流逝得毫不知觉，《子夜歌》里面唱："一夜就郎宿，通宵语不息。黄蘗万里路，道苦真无极。"他们却似是"桐花万里路，连朝语不息"。两人在房里，是恩爱欢娱，只苦时短，"她用指尖沿着他的眼睛鼻子嘴勾画着，仍旧是遥坐的时候的半侧面，目光下视，凝注的微笑，却有一丝凄然。'我总是高兴得像狂喜一样，你倒像有点悲哀。'她说。他笑道：'我是像个孩子哭了半天要苹果，苹果拿到手里还在抽噎。'她知道他是说他一直想遇见像她这样的人"（张爱玲：《小团圆》）。

有时晚饭后灯下两人好玩，挨得很近，脸对脸相互凝看。张爱玲的脸好像一朵开得满满的花，又像一轮圆得满满的月亮，看得胡兰成满心欢喜，于是说："你的脸好大，像平原缅邈，山河浩荡。"她笑起来道："像平原是大而平坦，这样的脸好不怕人。"于是说起《水浒传》里宋江见到玄女时，曾有八个字形容玄女的容貌："天然妙目，正大仙容。"听得胡兰成呆了，第二天才与她说："你就是正大仙容。"张爱玲听了，眼睛里满满地荡漾着笑意。

一次两人并排坐在沙发上，说起了两人的姓氏。张爱玲说："姓崔好，我母亲姓黄亦好，《红楼梦》里有黄金莺，非常好的名字，而且写的是她与藕官在河边柳荫下编花篮儿，就更见这个名字好了。"她又说姓胡好，胡兰成就问："姓张呢？"她说："张字没有颜色气味，亦还不算坏。牛僧孺有给刘禹锡的诗，是这样一个好人，却姓了牛，名字又叫僧孺，真要命。"胡说胡姓来自陇西，称安定胡，他的上代或许是羌人呢，羌与羯、氐、鲜卑等是五胡。她说："羌好。羯很恶，面孔黑黑的。氐有股气味。鲜卑黄胡须。羌字像只小山羊走路，头上两只角。"

她就喜欢他乖乖地在她面前，她或撒娇，或使气，都有不尽的快乐。有时她用手指去抚他的眉毛，说："你的眉毛。"抚到眼睛，说："你的眼睛。"抚到嘴上，说："你的嘴。你嘴角这里的涡我喜欢。"她轻轻叫他"兰成"，软轻地偎在他的怀里，不胜疼惜地说："你这个人啊，我恨不得把你包包起，像个香袋儿，密密的针线缝缝好，放在衣箱藏藏好。"欢爱珍惜，总怕错失。

他们很少外出。唯独有一次《万象》杂志的主编柯灵被日本宪兵队逮捕，张爱玲叫胡兰成去找日本宪兵，把柯灵释放了。这不单是因为柯灵帮她发表过《心经》等小说，而且是因为她对柯灵比较信赖，有朋友之谊，她的小说《倾城之恋》改编为舞台剧本时，柯灵提过不少好的意见，她没有忘记这份情谊。柯灵关在宪兵队时，张爱玲还与胡兰成一起到他家去看望过，并留言相慰。柯灵出狱后见了，用文言复了她一个短笺，很是感激，不过他并不知胡兰成居间出力的事情，等到几十年后他读到胡兰成的自传《今生今世》，才知道其中内情，对张爱玲的好心更是感激。

张、胡之恋既非婚姻之内的事情，知道的人也就不太多。他们偶有应酬，也多半是去一下极亲近的朋友那里，他们有时去去炎樱那里，胡兰成也很喜欢她，但他英文不行，而炎樱即使讲上海话，也像风一样来去无影踪，倒常使胡兰成自觉笨拙。他们有时也去苏青家，但因为苏青本也是上海有名的女作家，观念又很开放，不太拘于男女距离，所以张爱玲常是不喜，有妒忌之心，后来也就去得少了。场面上的人物，张爱玲也只跟胡兰成去过邵洵美家。邵洵美是留学生，美男子，太太是李鸿章门生盛宣怀之孙女，与张爱玲可能确有拐弯抹角的亲戚关系。此外，张爱玲还见过日本人池田。见池田时是与炎樱一起的，结果池田对她们印象甚好，说他愿炎樱是他妹妹，张爱玲是他姐姐，还很热心地把自己珍藏的画册，如日本的版画、浮世绘、塞尚的画册借给她看。除此以外，张爱玲很少愿意见人，日本的宇垣将军、上海的伪警备司令熊剑东几次想宴请张爱玲，都被胡兰成推辞掉了。然而，胡兰成喜欢拿张爱玲对人说或者炫耀，"我即欢喜爱玲生在众人面前。对于有一等乡下人与城市文化人，我只可说爱玲的英文好得了不得，西洋文学的书她读得来像剖瓜切菜一般，他们就惊服。又有一等官宦人家的太太小姐，她们看人看出身，我就与她们说爱玲的家世高华，母亲与姑母都西洋留学，她九岁即学钢琴，她们听了当即吃瘪。爱玲有张照片，珠光宝气，胜过任何淑女，爱玲自己很不喜欢，我却拿给一位当军长的朋友看，叫他也羡慕。爱玲的高处与简单，无法与他们说得明白，但是这样俗气的赞扬我亦引为得意"。当然，对有关张爱玲的某些批评，他也尽力去反击，"杂志上也有这样的批评，说张爱玲的一支笔千娇百媚，可惜意识不准确。还有南京政府的一位教育部长向我说：'张小姐于西洋文学有这样深的修养，年纪轻轻可真是难得。但她想做主席夫人，可真是不好说了！'我都对之又气恼又好笑。关于意识的批评且不去谈它，因为爱玲根本没有去想革命神圣。但主席夫人的话，则她文章里原写的是她在大马路外滩看见警察打一个男孩，心想做了主席夫人就可拔刀相助，但这一念到底亦不好体系化地发展下去云云，如此明白，怎会不懂？而且他们说她文采欲流，说她难得，但是他们为什么不也像我的欢喜她到了心里去"（胡兰成：《今生今世》）。

张爱玲也不忌讳公开与胡兰成在一起。一次两人一起去看朝鲜女舞蹈家崔承禧的舞蹈表演，出来时天下大雨，两人在戏院门口叫过一辆黄包车，一起上去，她就坐在胡兰成身上，胡紧紧抱着她，一路回去，她自己并不在意。

在经济上张爱玲仍是独立的，因她的小说销路多，稿费又比别人高，所以她并不靠胡兰成养她（这似乎是张爱玲一生的原则，自从开始职业生涯以后，她从未在经济上依赖过任何男人），但她并不拒绝用胡兰成的钱，一次他给了她一些钱，她去做了一件皮袄，式样是她自出心裁，做得很宽大。她自己很喜欢，也很满意胡兰成的做法。这种心理，她在自己的文章里亦曾说到过，"能够爱一个人爱到问他拿零用钱的程度，那是严格的试验"（张爱玲：《童言无忌》）。世上的人都是丈夫给妻子钱用，这是做女人的一份快乐的感受。

从这里也可见出，张爱玲一向把胡兰成视作自己丈夫，然而他们并非夫妻，还只是一种在世人看来很暧昧的关系。关于婚姻，张爱玲或许并不那么拘泥，她的母亲在无限的痛苦中离了婚，她的姑姑也一直抱着独身主义的想法，她对婚姻本身并未抱有美好的期待，何况从各方面讲她都是一个新派女子，对名分的东西看得并不那么严重，关键的是爱，而爱也无须婚姻来做保证。女人在没有爱的情况下，才会把婚姻看得无比之重，那自然又会产生无数琐碎的伤心，"没有婚姻的保障而要长期地抓住一个男人，是一件艰难的，痛苦的事，几乎是不可能的"（张爱玲：《倾城之恋》）。张爱玲也许是超凌于这种凡庸女性的经验之上的。所以，胡兰成在《今生今世》中说，她接受胡兰成之后，亦很少向他提起婚姻之事，胡有妻室的事她一开始即知道，她也从不问起。倒是胡兰成问起过她对结婚的想法，她说她没有怎样去想象这个问题，因为在以前她也没想过要和谁去恋爱，也好像没有人来追求她，可能有，她也是不喜欢，总觉得一切尚早，等到该结婚的时候就结婚，也不挑三拣四，只是没想到这么快就遇上他。他既然有妻室，她也就不在意这方面的名分了。有一次她在给胡兰成的信中说："我想过，你将来就只是我这里来来去去亦可以。"胡看信后也就清楚了她的想法。从胡兰成的记述看，她倒未见得完全不想婚姻的事，只是想到了又不知如何是好，所以也就懒得多想了。但在《小团圆》中，九莉在面对相似处境时，其想法要更见复杂一些：

"我不喜欢恋爱，我喜欢结婚。"

"我要跟你确定。"他把脸埋在她肩上说。

她不懂，不离婚怎么结婚？她不想跟他提离婚的事，而且没有钱根本办不到。同时他这话也有点刺耳，也许她也有点感觉到他所谓结婚是另一回事。

说过两遍她毫无反应，有一天之雍便道："我们的事，听其自然好不好？"

"嗳。"她有把握随时可以停止。这次他走了不会再来了。

他们在沙发上拥抱着，门框上站着一只木雕的鸟。

九莉的考虑当然不同于现实中的张爱玲，但从结果上看，她们都没有以婚姻作为现实的要求倒是相似的。胡兰成对张爱玲的这种态度非常满意。张爱玲不求于婚姻当然最遂他意了，他说，"有志气的男人对于结婚不结婚都可以慷慨"，他自然是"有志气的男人"了，所以对自己与张爱玲之间的情形也自然属于"慷慨"之表现，更何况张自己也表现出一种"慷慨"，在他看来，也算是有志气，不容易。

张爱玲既然不强求婚姻，胡兰成也很乐意在南京的英娣和上海的张爱玲之间来来往往，不胜惬意。张爱玲是无可奈何地如此，胡兰成是乐于如此，但一直隐忍不发的英娣却最终不能忍受了，她于 1944 年夏天向胡兰成提出了离婚。离婚的具体过程，胡兰成在回忆中含糊不提，只是说"我们两人（指他与张爱玲）都少曾想到要结婚，但英娣竟与我离异"（胡兰成：《今生今世》）。原来胡兰成与张爱玲恋爱时，家中已有妻妾，一是续弦全慧文，与胡兰成生有几个孩子（胡的长子系发妻玉凤所育），另一位则是年轻的英娣。张爱玲的出现，全慧文的反应不见记载，但英娣的态度显然比较激烈。《小团圆》中曾写到九莉、邵之雍及邵太太（以英娣为原型）

的一次意外相遇，虽系"小说家言"，但可略做参考。小说中写，一次九莉去找邵之雍："次日之雍来了，方才知道他太太在那里打牌。'偏你话那么多，叽里喳啦说个不完。'他笑着说。她只笑着叫'真糟糕'。回想起来，才记得迎面坐着的一个女人满面怒容。匆匆走过，只看见仿佛个子很高，年纪不大。她说：'我难道比不上她吗？'他说过'我太太倒是都说漂亮的'。九莉看见过她一张户外拍的小照片，的确照任何标准都是个美人，较近长方脸，颀长有曲线，……她嫁他的时候才十五岁，但是在一起几个月之后有了感情才有肉体关系的。……昨天当场打了他一个嘴巴子，当然他没提，只说：'换了别人，给她这么一闹只有更接近，我们还是一样。'"在现实中，英娣是否打过胡兰成耳光不见记载，但她无法接受貌不及己的张爱玲，很快向胡兰成提出离婚。对此，胡兰成在回忆里很不满，仿佛不是他自己在妻子之外另觅新欢有所不妥，而是他妻子对如此"美好"格局不能忍受显得不可思议。他本来设想的是，内有主妇操持，外有金屋藏娇，时而还可约会许多女友，挟妓出游，所谓真名士自风流，正在此种快乐之中——从此亦可预见张爱玲将来之命运。但现在他们又确确实实是在热恋中，胡兰成正为张爱玲迷恋不已。于是他同意了英娣的要求，送了她一笔钱，又帮她买了一辆卡车让她做生意——在金钱上，胡兰成从不亏待女人，这倒是他一贯的男人作风。

英娣既与他离婚，他与张爱玲即使很少想及结婚，还是自然地走向了婚姻。1944年8月，胡兰成在报上刊出了与全慧文、英娣的离婚广告。当然，与全慧文的离婚广告只是形式上的。对这一节，《小团圆》也提到了（小说中绯雯和陈瑶凤的原型人物为英娣与全慧文），"之雍夏天到华中去，第二年十月那次回来，告诉她说：'我带了笔钱来给绯雯，把她的事情解决了。'九莉除了那次信上说了声'担心我们将来怎么办'，从来没提过他离婚的事。但是现在他既然提起来，便微笑低声道：'还有你第二个太太。'是他到内地教书的时候娶的，他的孩子们除了最大的一个儿子是亡妻生的，底下几个都是她的。后来得了神经病，与孩子们住在上海，由秀男管家。'因为法律上她是你正式的太太。''大家都承认绯雯是我的太太。''不过你跟绯雯结婚的时候没跟她离婚。''要赶她出去是不行的！'她笑了。'不过是法律上的手续。'随即走开了。终于这一天他带了两份报纸来，两个报上都是并排登着'邵之雍章绯雯协议离婚启事''邵之雍陈瑶凤协议离婚启事'，看着非常可笑。他把报纸向一只镜面乌漆树根矮几上一丢，在沙发椅上坐下来，虽然带笑，脸色很凄楚"。

张爱玲与胡兰成结婚了。胡兰成考虑到日后时局的变动，两人没有举行正式的仪式，只写婚书为定，文曰：

　　　胡兰成张爱玲签订终身，结为夫妇，愿使岁月静好，现世安稳。

前两句为张爱玲所撰，后两句为胡兰成所撰，旁写炎樱为媒证。此时距日本战败恰恰还有一年，这纸婚书是否在现世安稳的期求下透露出对于将来的苍凉之感？也许，是一场破坏一切的战争促成了这桩恋爱、这桩婚姻。但身在这样的乱世，张爱玲是否期待过地久天长？

她从来没有提起过。

应该提起的是，与胡兰成相识相恋并结婚的这段时间，亦是张爱玲创作最大爆发的一段时间。小说则有《桂花蒸　阿小悲秋》《红玫瑰与白玫瑰》《花凋》《连环套》等发表，多为上乘之作，后来收入《流言》集的《谈音乐》《谈跳舞》《谈画》《烬余录》《童言无忌》《私语》《说胡萝卜》及《中国人的宗教》等散文也相继发表，珠圆玉润，灵采飞扬。另外，自编舞台剧《倾城之恋》也开始公演，观者云集，一时倾城。这段时期成为她个人创作中的黄金时期。

第五章　尘埃落定

1945 年日本战败，张爱玲与胡兰成的短暂婚恋也随之结束。这场短暂的乱世之恋既给张爱玲带来了飞扬恣肆的生命欢悦之感，又给她带来沉重的打击。此后张爱玲的生活发生了重大转折：她不再向自我以外的世界寻求完美。美仅在于自我的内心生活。

大难将至

有一次她问他，"你的人是真的么？你和我这样在一起是真的么？"还必定要他回答，他很是难堪。时局的崩溃已在眼前，她懒得去看，他却只看得见这些。

这是真的。

有个村庄的小康之家的女孩子，生得美，有许多人来做媒，但都没有说成。那年她不过十五六岁吧，是春天的晚上，她立在后门口，手扶着桃树。她记得她穿的是一件月白的衫子。对门住的年轻人，同她见过面，可是从来没有打过招呼的，他走了过来，离得不远，轻轻地说了一声："噢，你也在这里吗？"她没有说什么，他也没有再说什么，站了一会儿，各自走开了。

就这样就完了。

后来这女子被亲眷拐了，卖到他乡外县去做妾，又几次三番地转卖，经过无数的惊险的风波，老了的时候她还记得从前那一回事，常常说起，在那春天的晚上，在后门口的桃树下，那年轻人。

于千万人之中遇见你所遇见的人，于千万年之中，时间的无涯的荒野里，没有早一步，也没有晚一步，刚巧赶上了，那也没有别的话可说，唯有轻轻地问一声："噢，你也在这里吗？"

这是真的，这是一出美丽而辛酸的人生。这篇题为《爱》的散文发表在 1944 年 4 月的《杂志》月刊，恰是张爱玲与胡兰成热恋之时。故事取自于胡兰成发妻玉凤的庶母，完全是真实的经历，胡兰成后来的《今生今世》也记有此事。然而张爱玲记叙此事也并非仅为记录下一段辛酸的往事，她也是在表达自己对爱情与人生的个人化看法。

于千万人中遇见你所遇见的人，于千万年中又恰恰地赶上，人生会因此变得多么的灿亮明丽！人世之爱，稍纵即逝，可遇而不可求，如有那样一个值得遇见的人，纵他在千万人中，纵他在千万里外，都值得为他飞身而去，毫不顾惜！人世的美好，恰恰就在遇见的那一瞬，那一刹那，而无那一刹那的照亮，我们终将会被无边的黑暗所包围，沉落在长长的磨难里面。在以前，张爱玲也曾说过，人生是混沌的一片、黑暗的一片，全靠了那"心酸眼亮"的一刹，我们才对它有了一点点了解，有了一点点感受。她还说过，人生得意的一瞬莫过于那"撒手"的一刹那。这一切，是不是都在给她的爱做注脚呢？如今，那个已经变作她丈夫的男子，是不是就是那个在千万人中千万年里恰恰遇见的那个人呢？是不是就是那个使她"心酸眼亮"的那个人呢？在这方面，张爱玲也并非一个单纯到了无知程度的人，她也经见了许多范柳原白流苏式的都市恋情，但她又确实期望自己的爱，永远明亮，期望自己有一个温暖的安稳的家。胡兰成深知她这一点，故在婚书上撰辞"愿使岁月静好，现世安稳"，算是对她的一份承诺。

但张爱玲自己不是早就说过吗，"乱世中的人，并没有真的家"。在胡琴咿咿呀呀拉着的夜晚，在"三十年前的上海"，人所仅有的美好，大约也只是一种凄凉的回响吧。

婚后两人生活并未发生太大的变化，依旧维持着原先的情形。胡兰成知道张爱玲喜欢上海，不愿意离开上海。因为有一次张爱玲说起柏林战时不知破坏得怎样了，很是称赞柏林的街道，胡兰成因此问她愿意出去不，她回答说："我不想出洋留学，住处我是喜欢上海。"所以胡兰成仍然是往来于上海、南京之间，很少想到要张爱玲搬到他那儿一块儿住，而张爱玲既然已经习惯于和姑姑合住，他也乐得自由。他每次从南京回到上海，都先去她那里盘桓，然后再回美丽园家中。张爱玲也到美丽园去过几次，住只是住了一晚。两人在一起时，仍是品画论诗，做促膝长谈，间或也出外散散步，看看街市风景。那种平和的情形，用胡兰成的"佳话"语言说来，就是"同住同修，同缘同相，同见同知"，美满愉悦至极了。只是偶尔，姑姑会替张爱玲感到忧虑："提起时局，楚娣自是点头应了声'唔'。但又皱眉笑道：'要是养出个孩子来怎么办？'照例九莉只会诧异地笑笑，但是今天她们姑侄都有点反常。九莉竟笑道：'他说要是有孩子就交给秀男带。'"（张爱玲：《小团圆》）胡兰成侄女青芸是秀男的人物原型，多年跟随胡兰成，替他理家。

有些忧虑很快就要变成现实。时间毕竟已渐近 1944 年底，中日战争局势明显地发生变动。不仅在中国战场上日寇已疲惫难支，面对国、共军队的反攻颇感吃力，而且在太平洋上与美国海军的较量，也是不断受挫。在日本国内，经济更是濒于崩溃，反战情绪日渐高涨。在这种情形下，日本军队的困局直接影响到汪伪政府的存亡。作为叛国政府，它必定会在不久后遭到国民政府的惩罚。覆巢之下，安有完卵？身为汉奸的胡兰成自然也面临着灭身之祸。

张爱玲对这些大致是不闻不问。她这人向来不关心时局大事，即便是盟军飞机袭击上海、警报迭起之时，她也没有香港战时的恐惧，因为有胡兰成在，有一个让她感觉安稳的家在。从前赤裸裸站在天底下的感觉，现在大致是消失了。对于未来时局，她即便有所了解，也是不太放在心里。她似乎忘记了自己在小说中说过的话，"'死生契阔——与子相悦，执子之手，与子偕老'……我看那是最悲哀的一首诗。生与死与离别，都是大事，不由我们支配的。比起外界的力量，我们人是多么小，多么小！可是我们偏要说：'我永远和你在一起；我们一生一世都别离开。'——好像我们自己做得了主似的！"但胡兰成就不同了，将来的离难他多少已经有所预料，心中的一些紧张、顾虑偶尔也会向张爱玲提及。

有一个傍晚，两个人在阳台上眺望红尘霭霭的上海。胡兰成跟她提起了将来的时局，而自己亦将有难，张爱玲听了很是震动。她对政治不敏感，也无兴趣，但知道政治将与自己的爱人、自己的家发生如此直接的联系，仍不免吃惊。以前，她在别人的故事中写过大难将临的爱，现在，这种考验来到自己与胡兰成的面前。他们能不能抵挡呢？她想起汉乐府中有"来日大难，口燥唇干，今日相乐，皆当喜欢"的句子，就说给胡兰成听："这口燥唇干好像是你对他们说了又说，他们总还不懂，叫我真是心疼你。"胡兰成则表示，谈这些已经没有太大意义，南京的形势不可挽回，"我们只好替自己多打算一些。将来日本战败，我大概还能逃脱这一劫，就是开始一两年恐怕要隐姓埋名躲藏起来，我们不好再在一起"。张爱玲默然。过一会儿，她说，"那时你变姓名，可叫张牵，又或叫张招，天涯海角有我在牵你招你"，仿佛来日大难只不过一次暂时的游戏而已。

胡兰成当然知道她的心思。一般中国女子，爱了人，便死心塌地地为他着想，替他考虑，孤傲远人的张爱玲也不例外。对来日大难她并不像胡兰成那样有强烈的不安或预感，更没有像他那样准备"大限来时各自飞"。她仍是顾惜眼前这个人，爱怜他，心里已有为他承担的准备。她虽然不满意京剧里王宝钏苦守寒窑十八年的故事，但是一旦真的遇到变难，她还是愿意为对方付出许多。为那千万人中千万年里的惊鸿一遇，生活中的许多改变都不算什么，她都愿意。

胡兰成见她如此说，犹豫片刻，未多说什么。两人的想法差距太大。又有一次，胡兰成跟她提起《非烟传》中的女子，那女子与人私通，被严酷拷打，几乎要死掉了，但她并不后悔，仅是说，"生得相亲，死亦无恨"，就不再说话。胡兰成说："非烟这样的刚烈，真要做到是很难的。"张爱玲当即反驳道："当然是这样，而且只可以是这样。"语气决绝，胡兰成顿时哑然。

他们之间有许多话看来还是不好谈的，但是胡兰成由此知道了她真的是一个柔艳刚强的女人。像这样的女人，唯一系心的便是爱，为爱可以长歌当泣，可以舍生就死，她可以不在乎名分形式，可以不在乎颠沛辛劳，但唯在乎的便是爱本身。张爱玲并不忧虑于战争的发展，也不愁恼于两人可能出现的分离。她仅是爱着眼前这个人，希望把这份上天赐予的感情紧紧地攥在手里，感到实在，感到安稳。跟胡兰成在一起，她始终有那种"欲仙欲死"的感觉。有一次她问胡："你的人是真的么？你和我这样在一起是真的么？"还必定要他回答，弄得心绪万端的胡兰成很是尴尬。

时局的崩溃已在眼前，张爱玲当然不是完全没有预感。在 1945 年 4 月发表的《我看苏青》一文中，她说："我一个人坐着，守着蜡烛，想到从前，想到现在，近两年来孜孜忙着的，是不是也是注定了要被打翻的……我应当有数。"但说到底，她还是懒得去看，反正可怕的并没有发生。而她，却只看得见这些。

胡兰成当然不会像张爱玲那样单纯浪漫，永远生活在自己封闭的唯美的感情世界里，他即便是在与张爱玲凭烛相对、品茶吟诗之时，也未忘记他的"新朝"及他难以预料的前途。到 1944 年下半年的时候，他心里知道日本人大势已去，中国的抗战胜利必是迟早之事，等待汪伪政权的必然是天人共怒的可耻下场，所以，他也需要为自己谋划出路。是时，汪伪政权里诸"要人"也都纷纷在私下活动，与抗战力量暗通款曲。汪精卫本人始终声称重庆方面是国家正统，自己又经常在诗词里委屈抒怨，希望为自己的叛国投敌开脱，周佛海等人则直接与重庆方面联系，为以后免遭处置预做准备。胡兰成呢，则揣测时势，趁机发表了很多鼓吹日本撤兵的文章，摆出一副张佩纶式的"清流"姿态，评议天下时事故持异端之论，同时又与日本军界内一些反对东条英机、主张停战的官员过从甚密，希望造成一种声势，以促成日本撤兵。按照他的想法，如果日本人接受了撤兵的建议，不但于日本是比较体面的（主动撤兵与被动投降到底很有区别），更重要的是于他自己，比较容易重谋出路，或可将功折罪免去叛国投敌之罚。但令他沮丧的是，撤兵休战的言论无论在汪伪政权内还是在日本本土，都未成气候，胡的"清议"仅成牢骚，无人理会。

胡在抑闷之余，陡然对文学起了强烈的兴趣。他原本就是有一定文学悟性与聪资的人，只是混迹政界既久，很难有心于文学，如今身已在野（宣传部次长之职在 1943 年即已失去），又时常与张爱玲在一起，他可能很愿借文学略遣一遣心怀。1944 年秋，他出面办了一份文艺色彩很浓的杂志《苦竹》。作为妻子，张爱玲当然是大力支持。这个时候的张爱玲，正值声名飙升之际，已较少在《紫罗兰》《万象》等杂志上发稿，而主要改在《杂志》月刊上。《杂志》月刊是苦心筹划推出张爱玲费力最多的杂志，《传奇》小说集及再版都是由它操办的。这期间张爱玲若有好稿，基本上都是先交给《杂志》发表，其关系非同一般。但胡兰成筹办《苦竹》后，张爱玲则接连在《苦竹》上面发表了《谈音乐》《自己的文章》《桂花蒸　阿小悲秋》等几篇散文、小说，其叙述、色调在张爱玲的创作中均属上乘，而《杂志》与此同时只得到了一篇《殷宝滟送花楼会》的小说，质量平平。张爱玲的"帮夫"之态相当明显。把这样的态度与她对弟弟的态度相比较，更容易看出她对胡兰成的感情。1944 年稍早时候，弟弟张子静突发兴致与几个同学创办了一份题名为《飙》的刊物，先已约到了唐弢、董乐山、施济美等名家的稿子，因为张爱玲彼时正红得发紫，几个同学便鼓动张子静去向他姐姐约稿。结果张爱玲听他说完，当面就开销了他，一口回绝："你们办的这种不出名的刊物，我不能给你们写稿，败坏自己的名誉。"说完后，大约又觉得这样对他不像个姐姐的样子，就在桌上找了一张她的素描给他了事。而对胡兰成出面办的杂志就不同了，不但把自己的好稿给了他，而且还把炎樱拉来帮他设计封面，又自己动手翻译炎樱的小文章发在《苦竹》上。这次张爱玲着着实实帮胡兰成出了力，他们的知音之谈也从理论转到了实践，在他们的婚恋期间是仅有的。

这期间值得一提的是发表在《苦竹》第2期上的《自己的文章》。这篇文章是张爱玲为回应傅雷对她在《万象》上连载的长篇小说《连环套》的批评而写的。围绕这场批评，一向以写政论文见长的胡兰成也卷了进去。胡兰成的文章，从理论观点本身而言，并无很站得住脚的东西，但从他与张爱玲的感情而言，倒不失为一种证明。

张爱玲像（1944）

事情起于 1944 年《万象》7—12 期连载的长篇小说《连环套》。小说写一个乡下女子霓喜的婚姻和生活，漫不经心地袭用了旧小说腔调，结果小说恰巧为当时蛰居上海的著名翻译家、艺术理论家傅雷先生见到。傅雷此前已读过《金锁记》等作品，对张爱玲的才华有极深的印象，很为看重和爱惜，现在看见她写出了《连环套》这样俗套的小说，很感到担心。于是就写了一篇万字长文《论张爱玲的小说》，交给柯灵发表在《万象》杂志上。文章热情赞扬《金锁记》，不仅肯定它是"张女士截至目前为止的最完满之作"，而且断言它是对过去文坛流行理论、创作倾向之偏颇的"一个最圆满肯定的答复"，"至少也该列为我们文坛最美的收获之一"，但傅雷接着严厉批评了从《倾城之恋》到《连环套》等好几篇小说，指责张爱玲选材不严，开掘不深，主题不够鲜明，有唯美主义倾向，并叹息道："一位旅华数十年的外侨和我闲谈时说起：'奇迹在中国不算稀奇，可是都没有好收场。'但愿这两句话永远扯不到张爱玲女士身上！"这可谓文坛前辈的苦心告诫。

这种批评让正与胡兰成热恋的张爱玲很觉刺耳，但是她自有她的超脱，并未在当时做出回应，而是在几个月之后才写了《自己的文章》一文发表在《苦竹》上，算是做了针锋相对的解释。而在傅雷的文章发表几天之后，迷恋于张爱玲的胡兰成马上就写了一篇文章《张爱玲与左派》，替张爱玲辩护，称，"有人说张爱玲的文章不革命，张爱玲文章本来也没有他们所知道的那种革命。革命是要使无产阶级归于人的生活，小资产阶级与农民归于人的生活，资产阶级归于人的生活，不是要归于无产阶级。是人类审判无产阶级，不是无产阶级审判人类。所以，张爱玲的文章不是无产阶级的也罢"，"还有，人是为了心爱的东西才革命的，洗净它，使它变得更好更可靠。倘在现实生活里不知道什么是美的，也必不知道什么地方受了污秽与损伤，那样的人要革命，自然只好让他们去革，可是也不必向他们领教。他们没有生命的青春，所以没有柔和，崇拜硬性。他们还崇拜力，是崇拜的物理的力，不是生命力，因为他们的线条怎样看来也没有生命力，所以总喜欢画得粗些，再粗些，成为粗线条"。胡兰成本来是文坛外的人，但他的辩护指明了张爱玲与左派文艺的区别。这自然会让张爱玲非常高兴，然而胡兰成又并非仅是痴说妄话，他确实了解张爱玲，她的一切文章都是好的，她的一切见识都是高的。他不喜欢有人来批评她、教训她。张爱玲几个月后发在《苦竹》上的《自己的文章》，谈到自己喜欢写人生和谐的、安稳的一面，喜欢参差对照的写法，都是对自己委婉的辩护，然而她说"理论并非高高在上头，手执鞭子的御者"又和胡兰成很相似，不喜欢别人对她的作品说三道四。

然而，胡兰成的倾心赞叹并不是一直可以做下去的，因为政治的变动已经迫在眉睫，《苦竹》办了两期后，就明显地从文艺转向了时政，张爱玲的文章亦不见了——胡兰成可能想再借书生论政的方式在即将来临的大变动中取得一席之地，他无疑是想起了他在《柳州日报》《中华日报》的经历。本来办《苦竹》是出于性情，但他很快就把它用作了东山再起的工具。日本将败，中国将胜，胜败交接之间，形势必定复杂，局面自然会是混乱的，作为身处乱世的"有志气的男人"，胡兰成自然是希望在这种混乱中捞住一个机会。现在他就需要着手做准备。这些情形，张爱玲大约是不知道的，不过胡兰成并不很在意，也无心告诉她。从他看来，乱世之际的人又怎能论得了儿女情长？这与张爱玲很是不同。

永远的伤痛

　　她一向把他们之间的感情看作人世仅有的完美，看作滚滚红尘间唯一可以忘生忘死的爱，她怎能相信他刚走出她的房间就又纠缠上另外一个女人？或许多年以后她才能明白。爱与被爱永远不会一样，在新旧交替的中国尤是如此。

　　1944年底，胡兰成借他的日本朋友池田笃纪的帮助，准备动身到湖北武汉接编《大楚报》，并在武汉创办一个政治军事学校。他的这项计划名曰办报办学，实际上是预先给自己找一块地盘，掌握一点实权，为不久后的政局变动准备一些实力与资本。前番在南京下狱，他就已经深深地品出了没有实力没有背景的滋味，仅仅一介书生不足以成大事。

　　离开上海之前，他们又见面了。在《小团圆》中，邵之雍在离开上海之前给九莉带来了一笔钱："初夏再来上海的时候，拎着个箱子到她这里来，她以为是从车站直接来的。大概信上不便说，他来了才告诉她他要到华中去办报，然后笑着把那只廉价的中号布纹合板手提箱拖了过来，放平了打开箱盖，一箱子钞票。她知道一定来自他办报的经费，也不看，一笑便关了箱盖，拖开立在室隅。连换几个币制，加上通货膨胀，她对币值完全没数，但是也知道尽管通货膨胀，这是一大笔钱。她把箱子拎去给楚娣看，笑道：'邵之雍拿来给我还二婶的钱。'其实他并没有这样说。但是她这时候也没想到。楚娣笑道：'他倒是会弄钱。'"不能确定这是否是现实的实写。其实关于钱的问题，张爱玲历来是自立的，但她也说过："能够爱一个人爱到问他拿零用钱的程度，那是严格的试验。"（张爱玲：《童言无忌》）如果胡兰成确实给她拿来了钱，她也会坦然收下。但更引起她的难受的，却是他要远行。相识相聚刚近一年，就要分离，张爱玲忽然觉得很是不舍。以前两个人虽然也经常不在一处，但南京毕竟离上海近，一月他总能来住上八九天，小别胜新婚，常常有不禁之喜，而现在胡兰成是到一千余里外的武汉，又没说定归期，飞机天天在轰炸，整个世界都在枪炮之中，许多东西都是不可把握，她不愿意。然而胡兰成对此却无感觉，平素分离惯了，他并不觉得有什么伤感，有什么难以割舍的。不过他也知道张爱玲的眷念，以前他在南京时，她就对他说过："你说没有离愁，我想我也是的，可是上回你去南京，我竟要感伤了。"感伤与否，缠绵与否，不仅是与性格有关，而更与彻入身心的爱恋有关。爱而一刻亦不可舍，自然缠绵悱恻、悲恸难止。爱而仅止于喜欢，就未见得会因分别而有多么痛苦了。张爱玲性格虽利落干脆，却仍然免不了有深深的伤感，其中原因，自然是她对胡兰成的依恋与爱了。而胡兰成之能够平淡起程，还是与他对张之感情的深浅程度有关。

他在南京的时候，时常接到张爱玲的来信，"我接在手里像接了一块石头，是这样的有分量，但并非责任感。我且亦不怎么相思，只是变得爱啸歌"。一个男人，接到恋人的信，不起相思之念，不起责任之感，那么这种"恋"可能就大有疑问。这是不好用"有志气"来解释的，其实连拿破仑都在战场上会因约瑟芬的一封信而思之不已。胡兰成的"不怎么相思"，说明他对张爱玲的感情，其实还是停留在欣赏、喜欢、自得的层次上，他的迷恋主要还是表现在对她惊人才华的叹服上，对她奇异言行的赞赏上，与两颗心的深层交融、相互理解、相互担待还是有距离。这种感情之间有非常微妙的差别，在平时很难看出来，但一到关键时刻，就很容易呈现出巨大差异。

胡兰成本来就是一个恃才自傲狂妄得不行的人，根本就不会从别人的立场去考虑问题，为别人付出，为别人承担责任。他与英娣离婚时，丝毫没有想到英娣在他与张爱玲暧昧关系前的痛苦与辛酸，而仅觉"不可思议"。他根本不曾为英娣考虑过。现在英娣走了，那么张爱玲会不会是紧接着的一个？作为风华绝代的作家，张爱玲自然是可以让胡兰成迷恋不已、惊奇不已、得意不已，但作为一个以身体、气味、容貌而具体存在的女人，张爱玲就未见得会让风流才子胡兰成一直迷恋下去。胡兰成尽管聪明过人，尽管甚解张爱玲作品的慧妙之处，但他毕竟是以文化圈中的风流人物自居的，他可以暂时为张爱玲的才华倾倒而流连不去，但可以长久吗？何况，他自己都承认自己是个缺乏责任感的男人。

这些，现在开始渐渐浮出了水面。1944年11月，胡兰成把张爱玲留在上海，一个人到了武汉。他接管了《大楚报》，任社长，另用了三个亲信分别任副社长、总编辑、撰述主任。大楚报社设在汉口，胡兰成和他的三个亲信由汉阳县衙门安排在县立医院里居住。汉阳医院与大楚报社中间隔着汉水，他每天渡汉水去上班，经常遇到盟军的空袭，不过他已见怪不怪。到达武汉不久，他的朋友池田笃纪也来了汉口，两人一同住在明德饭店，一次遇到空袭，池田吓得裹在被子里一动不动，他却久久伫立窗前，欣赏着火红的枪弹交织夜空的"壮观"。他并不惧畏枪弹，一个要成就大业的男人，难道还怕几颗炸弹？

不料胡兰成大业还未及成就，便又先准备娶小妾了。

到武汉不到一个月，他就注意上了一个才17岁的女孩子。原来汉阳县衙门安排他们这一行人住宿，恰好与汉阳医院的护士小姐们为邻。医院里总共有六七个护士，年纪都不大，一个个都活泼照人。胡兰成这帮人，家室都不在身边，见了这些青春少女，不免心生绮念。相比之下，胡兰成更擅此道。他每天下班后，都会到病房里去厮混，和小护士们调笑，全把张爱玲抛在了一边，分别才一个多月。这群小护士中有一个女孩子叫周训德（小周），学产科的，人生得纯净素雅，经常穿一袭蓝布夹旗袍，自然水灵，从不施脂粉，肤色仍胜出一般女孩子，具有水边上长大的女孩的水灵秀气。胡兰成慢慢地就把目标集中在她身上。他对付女人本来就极有经验，像张爱玲那样极倨傲且冰冷的世家才女，他都不费多少功夫便把她变成了自己的情人，何况一个十六七岁的无多少城府与心计的小护士？他很快使出范柳原、佟振保、乔琪乔这一类风流哥的伎俩，约她吃饭，给她讲诗，还热情邀请她去风景优美的长江边散步，不断地献些小殷勤。小周虽然是正经人家的女儿，但毕竟年纪小，哪里经得住胡兰成的甜言软语、死磨硬缠，未几即堕入情网，很快又被胡诱惑，默默做了他的小情人。当然，在《今生今世》中，胡兰成将这段情写得美而干净，而且还提升到生命珍重的层次上，"后来事隔多日，我问训德：'你因何就与我好起来了？'她答没有因何。我必要她说，她想了想道：'因为与你朝夕相见。'我从报馆回医院，无事就去护士小姐们的房里，她们亦来我房里。我在人前只能不是个霸占的存在，没有野性、没有性的魅力那种刺激不安，彼此可以无嫌猜。我不喜见忧国忧时的志士，宁可听听她们的说话，看看她们的行事。战时医院设备不周，护士的待遇十分微薄，她们却没有贫寒相，仍对现世这样珍惜，各人的环境心事都恩深义重，而又洒然如山边溪边的春花秋花，纷纷自开落。她们使我相信民间虽当天下大乱，亦不凄惨破落，所以中国历朝革命皆必有歌舞"。

与他同来的沈启无（本是他的亲信，后来关系恶化，沈曾是周作人门生，时任《大楚报》副社长）看不过去胡兰成的作为。一次与小周同上汉口买东西时，婉劝她别糊涂下去，并告诉她胡兰成已有第三任太太，她这样跟了他，就如一株幼桃树被砍了一刀。沈启无一番好意，是在替小周考虑，但胡兰成闻知此事后，不但不觉心虚，反而怒气冲冲斥责沈："你对小周怎么说话这样腥腻！"又骂道："卑鄙！"沈启无也没想到胡兰成会做出这样的反应，也就没说什么，只是替远在上海时时挂念胡兰成的张爱玲深感悲哀。沈启无自己是燕京大学毕业生，也写诗，也看过张爱玲的小说，还撰文赞叹过张爱玲，说她"仿佛天生的一树繁华异果，而这些花果，又都是从人间的温厚感情里洗练出来的。她不是六朝人的空气，却有六朝人的华赡"，但是没有想到她竟糊涂地嫁与了胡兰成这样一个人。不过《小团圆》却将此事记为"报社正副社长为了小康小姐（以周训德为原型）吃醋，闹得副社长辞职走了"。此事真相如何，实在不得而知，因为张爱玲的了解也得自胡兰成的一面之词，在当时她不过更相信胡兰成而已。

那么，胡兰成究竟是怎样一个人呢？看来聪慧绝世的张爱玲并不是多了解。胡兰成对她到底是爱是喜欢还是欣赏，恐怕她自己也未必敢于肯定，虽然她自己一直视之为爱，视之为千万人中千万年里唯一的爱。然而胡兰成既非纯挚单一的沈世钧（《十八春》），又非本分老实的金槐（《小艾》），而多少是风流、轻佻的范柳原（倾城之恋）、佟振保（《红玫瑰与白玫瑰》）、姜季泽（《金锁记》）一类人的现实翻版。这类洋场社会的公子哥张爱玲本是看透了的，他们坐吃山空，油嘴滑舌，逢场作戏，毫无作为。但是对于披着一身知识外衣的胡兰成，她恰恰又没看出来。她毕竟是个人生经验太少的女子！其实胡兰成比范柳原一类的花花公子多些什么呢？也就多些学问，多些才气。胡兰成的确是靠个人才华得以发迹的，但学问、才识均属生命以外的东西，它们无改于一个人的禀性与本质。胡兰成的心理，其实大体上亦属于张爱玲很早就讥讽过的那一类：

> 以往的中国学者有过这样一个普遍的嗜好：教姨太太读书。其实，教太太也未尝不可，如果太太生得美丽，但是这一类的风流蕴藉的勾当往往要到暮年的时候，退休以后，才有这闲心，收个"红袖添香"的女弟子以娱晚景，太太显然是不合格的。从前的士子很少有机会教授女学生，因此袁随园为人极度艳羡，因此郑康成穷极无聊只得把自己家的丫头权充门墙桃李。现在情形不同了，可是几千年来的情操上的习惯毕竟一时很难更改，到处我们可以找到遗迹。（《银宫就学记》）

以前胡兰成就习惯于将他与张爱玲的情事向人炫耀，张爱玲自己也知道。在《小团圆》中，她就写到了邵之雍时常将自己与九莉的关系比附鲁迅与许广平、汪精卫与陈璧君，"他算鲁迅与许广平年龄的差别，'他们只在一起九年。好像太少了点。'又道：'不过许广平是他的学生，鲁迅对她也还是当作一个值得爱护的青年。'他永远在分析他们的关系。又讲起汪精卫与陈璧君，他们还是国民党同志的时候，陈璧君有天晚上有事找他，在他房子外面淋着雨站了一夜，第二天早上才开门请她进去。陈璧君的照片她看见过，矮胖、戴眼镜、很丑。汪精卫她知道是美男子。'我们这是对半，无所谓追求。'见她笑着没说什么，又道：'大概我走了六步，你走了四步。'讨价还价似的，她更笑了"。那时张爱玲或许还可以将这种比附理解为佳话或"知音之遇"，但胡兰成在武汉教小周读唐诗就只能算是她最鄙屑的"从前"的"遗迹"了。

胡兰成每日下班后，都叫小周来他房中，胡便教她读唐诗，背诵汉乐府，大享"红袖添香夜读书"的艳福。他也要小周送他照片，又要她题字——跟在张爱玲处一样，但是小周比不上一代才女张爱玲那样含珠蕴玉。她用词甚快，词是隋乐府中的，胡兰成刚刚教与她的："春江水沈沈，上有双竹林，竹叶坏水色，郎亦坏人心。"胡兰成看到这似嗔似喜的题词，喜之不禁，本来他就是满肚子苏小妹三难新郎、薛仁贵与代战公主大战阵前的佳话，如今见了这蛮有民间调情味道的小周哪能不喜欢？张爱玲虽然也是好，但在胡兰成看来，那与小周又很不同。张爱玲她的思想里是爱为主要，是独立的亮烈难犯的，又是现代的，鄙屑风流佳话的（她连祖父张佩纶的"佳话"都毫不顾惜地破坏，何况其他？），而小周却是乖顺的，服从的，且又不失一些粗野的情调。小周身上"留有一种新鲜的粗俗的喜悦"（张爱玲：《鸿鸾禧》），很满足于他的幻想。她在题词里既称他为"郎"，岂不自居为"妾"？胡兰成最喜欢的就是这个。当然，《今生今世》对此事的记载又不甚相同："她的做事即是做人，她虽穿一件布衣，亦洗得比别人的洁白，烧一碗菜，亦捧来时端端正正。她闲了来我房里，我教她唐诗她帮我抄文章。她看人世皆是繁华正经的，对个人她都敬重，且知道人家亦都是喜欢她的。有时我与她出去走走，江边人家因接生都认得她，她一路叫应问讯，声音的华丽只觉一片艳阳，她的人就像江边新湿的沙滩，踏一脚都印得出水来。"（胡兰成：《今生今世》）

胡兰成并不隐瞒自己已有张爱玲在上海，就像当初他也不向张隐瞒自己有英娣在南京："小周我与她说张爱玲，她听着亦只觉得是好的。我问她可妒忌？她答：'张小姐妒忌我是应该的，我妒忌她不应该。'她说的只是这样平正，而且谦逊。"（胡兰成：《今生今世》）既然已告诉小周自己已有妻室，他又向她表明希望娶她——那自然是要她做妾了。小周的生母恰好也是妾出身，所以胡兰成要与她结婚，她便回答说，不能做娘的是妾，她做女儿的又是妾。但胡兰成日夜厮缠，一会儿称赞她脸如牡丹初放，一会儿夸奖她脚圆致致，穿的布鞋也十分好式样！调教女人的经验，在张爱玲处还未施展完，现在他悉数用上。再者小周父亲和嫡母此时皆已去世，下面又有弟妹，战乱之中家境并非太好，胡兰成看准机会，不断帮济，她母亲到后来无可奈何，也只好嘱咐女儿要知恩图报。及至最后，小周终于默然应许了这门婚事，无奈何地准备做胡兰成的妾了。

而这一切，身在上海陷入相思之中的张爱玲是否知道呢？据《小团圆》载，邵之雍在信中倒不时跟九莉提到武汉的"大家都称赞"的小康小姐，但是口吻端正，不太让人往别处想，她也尽量不往别处想，"他对女人太博爱，又较富幻想，一来就把人理想化了，所以到处留情。当然在内地客邸凄凉，更需要这种生活上的情趣。……报社宿舍里的生活，她想有点像单身的教员宿舍。他喜欢教书。总有学生崇拜他，有时候也有漂亮的女同事可以开开玩笑。不过教员因为职位关系，种种地方受约束。但是与小康小姐也只能开开玩笑，跟一个十六岁的正经女孩子还能怎样？他也的确是忙累，办报外又创办一个文艺月刊，除了少数转载，一个杂志全是他一个人化名写的"。于是，

"她信上常问候小康小姐。他也不断提起她，引她的话，像新做父母的人转述小孩的妙语。九莉渐渐感觉到他这方面的精神生活对于他多重要。他是这么个人，有什么办法？如果真爱一个人，能砍掉他一个枝干？"（张爱玲：《小团圆》）张爱玲也是这样说服自己，不去疑心他。她给他写信来，告诉他上海和武汉一样，也开始了防空灯火管制，她与姑姑做了黑灯罩，她高高地爬上桌子去遮好，不无幽默地说，她还念起了沈启无的诗，"我轻轻挂起我的镜，静静点上我的灯"，念得姑姑笑乐不止。她还在信上说："这样冒渎沈启无的诗真不该，但是对于世界上最神圣的东西不妨开个小玩笑。"胡兰成看了，轻轻地把信搁在了一边。有了小周的缠绵温顺，他本来就渐渐不太想起张爱玲了，何况她又提到那个想坏他好事情的沈启无，他有些不高兴。

但这件事情转眼也就忘了。很快到了旧历的年底，武汉一片热闹气象，虽然在战争之中，人们过春节的兴致仍然没有减少多少。除夕夜，小周为他买来威风凛凛的门神贴在门上，又将一张和合二仙画像贴在墙上，那木版印的和合二仙面孔有如糯米汤圆，被蜡烛光一映，有一种清冷的喜气，又有一种惺忪迷离的茫然。周围房舍鞭炮声次第响起时，胡兰成忽地感到一种茫然，世事如旅，人生如棋，他甚至也不知自己身在何方？"死生契阔，与子成说。执子之手，与子偕老"，是整部《诗经》张爱玲最喜欢的句子，现在想起来，他竟是什么感觉也没有。

1945 年 3 月，胡兰成临时有事，从武汉返回上海，到张爱玲处住了一个多月。其间，他告诉了张爱玲自己与小周的事情。当然，讲得比较暧昧、含混。《今生今世》对此略略几句带过，但《小团圆》却记载了九莉当时痛苦莫名的心境：

> 他讲起小康小姐，一些日常琐事，对答永远像是反唇相讥，打打闹闹，抢了东西一个跑一个追："你这人最坏了！"
>
> 原来如此，她想。中国风的调情因为上层阶级不许可，只能在民间

存在，所以总是打情骂俏。并不是高级调情她就会，但是不禁感到鄙夷。

她笑道："小康小姐什么样子？"

他回答的声音很低，几乎悄然，很小心戒备，不这样不那样，没举出什么特点，但是"一件蓝布长衫穿在她身上也非常干净相"。

"头发烫了没有？"

"没烫，不过有点……朝里弯。"他很费劲地比画了一下。

正是她母亲说的少女应当像这样。

九莉没问邵之雍与小康小姐是否有肉体关系，不敢问。邵之雍也未提起这个话头，倒未必是不敢提。但敏感如张爱玲者，怎会不想到这一层？何况，胡兰成已承认与小周之间情的存在。其实按照常理，一般现代人是不会将这些婚外情告诉妻子的，但胡兰成并非那样一个现代人。他其实是一个满脑子风流佳话的传统文人，并无一夫一妻相互忠诚的观念，对女人也较随便，走一处爱一处，还自以为得意。不过在回忆中，他解释自己与小周是男女相悦，天意当然，无可奈何之事，而并无很负张爱玲之处。胡兰成这样一个无责任感的男人，喜新厌旧对他亦是寻常之事，他自己确实不觉有多少负疚的意思，问题只是张爱玲要慢慢承受这一切。先前英娣体会过的处境现在降临到她的头上了。

张爱玲向来是超脱的，从容的。譬如，以前对于英娣，甚至对于与胡兰成或可有暧昧关系的苏青，她都是如此："她从来没妒忌过绯雯，也不妒忌文姬，认为那是他刚出狱的时候一种反常的心理，一条性命是捡来的。文姬大概像有些欧美日本女作家，不修边幅，石像一样清俊的长长的脸，身材趋向矮胖，旗袍上罩件臃肿的咖啡色绒线衫，织出累累的葡萄串花样。她那么浪漫，那次当然不能当桩事。'你有性病没有？'文姬忽然问。他笑了。'你呢？你有没有？'在这种情况下的经典式对白。他从前有许多很有情调的小故事，她总以为是他感情没有寄托。'我是喜欢女人，'他自己承认，有点忸恮地笑着，'老的女人不喜欢。'"（张爱玲：《小团圆》）以张爱玲对胡兰成的这般了解，按说经见这样的事情不会怎样，但事实上并非如此。她听了小周的事之后，竟然动容。当然面带幽怨惆怅之后，也没有说什么。数天后她对胡兰成说起另外一件事，有个外国人通过她姑姑向她表示，希望同她发生关系，条件是每月可贴补给她们一定费用。她与姑姑都是以职业妇女身份谋生，她无遗产可继，姑姑的一点古董字画也差不多卖完了，她们并不富裕。张爱玲跟胡兰成说起此事，当然不是表明她有意如此，而只是表明一种姿态：她对胡与小周的事并不计较，并不往心里去。张爱玲不是向人做可怜状的女子，这是她的为人风格。

但胡兰成听了很不快。或许这也是她想要的效果。姿态毕竟只是姿态，张爱玲尽可表明自己的平淡超脱，尽可不提不问，但她心里还是没办法逃过这伤害。她一向把自己与胡兰成之间的感情看作是现实中令人心醉的完美，看作世间唯一的爱，滚滚红尘间可以忘生忘死的爱，现在突然从武汉冒出一个 17 岁的小周，她的这种梦幻一般的想法怎会不动摇？她怎愿相信胡兰成刚刚走出她的房间就又纠缠上另外一个女人？

面对胡兰成的冠冕堂皇自鸣得意，她没有办法完完全全地默然，她是一个现代的独立的女子，她不是传统妇德治下的小周，便是做妾也默然接受，她头脑中从来没有妻妾共处的念头。爱永远只是两个人的事情，三人共处就不再是爱了，而是占有、轻薄与不珍重。张爱玲内心里被这个事实重重地刺伤了，"有了爱的婚姻往往是痛苦的"（张爱玲：《心经》），但她不愿意就这件事情说什么，然而她又不甘心完全隐藏自己的不满，所以就说了外国人一事，刺刺胡兰成，她心里亦多少可得到一些平衡。

可是，这又怎样呢？对于效果，张爱玲作为旁观者时就有很清醒的普遍的认识，"丈夫在外面有越轨的行为，他的妻是否有权利学他的榜样？摩登女子固然公开反对片面的贞操，即是旧式的中国太太们对于这问题也不是完全陌生。为了点小事吃了醋，她们就恐吓丈夫说要采取这种报复手段。可是言者谆谆，听者藐藐，总是拿它当笑话看待"（张爱玲：《借银灯》）。胡兰成果然如此，知道她只是说说而已，所以也没有真放在心上，张爱玲也没再问起小周。这使他很惬意，一妻一妾，各样女人都由他胡兰成享受，自是为人无上之乐矣。因为这件事，他甚至感到张爱玲"糊涂"，"我到上海，一住月余。与爱玲在一起，过的日子只觉是浩浩阴阳移。上海尘俗之事有千千万，阳台下静安寺路的电车叮当来去，亦天下世界依然像东风桃李水自流。我与爱玲说起小周，却说得来不得要领。一夫一妇原是人伦之正，但亦每有好花开出墙外，我不曾想到要避嫌，爱玲这样小气，亦糊涂得不知道妒忌"（胡兰成：《今生今世》）。这要么是自欺欺人之言，要么是过度自私完全忽视了对方心情。一个像张爱玲那样刚烈难犯的女人，怎会不妒忌呢？临事沉默恰表明人心里有更激烈的想法。正好这时《天地》月刊上刊出了张爱玲的一篇《双声》，记的是她和炎樱的谈话。两人恰恰说到了妒忌。张爱玲说："随便什么女人，男人稍微提到，说声好，听着总有点难过，不能每一趟都发脾气。而且发惯了脾气，他什么都不对你说了，就说不相干的，也存着戒心，弄得没有可谈的了。我想还是忍着的好，脾气是越纵容越脾气大，忍忍就好了。"这恰好是给她对小周之事的沉默做了解释，她不是不妒忌、没有脾气，只是尽量忍住而已。

同篇文章中，炎樱又提起了多妻主义，张爱玲以很现实、很理性的态度表明了自己的看法。从理论上她可以赞成多妻主义，那是几千年来中国人留下的传统，但从心理上她还是无法接受，她毕竟是一个受到现代教育、经过西式文明熏陶的女子。她解释道："如果另外的一个女人是你完全看不起的，那也是我们的自尊心所不能接受。结果也许你不得不努力地在她里面发现一些好处，使得你自己喜欢她。是有那样的心理的。当然，喜欢了之后，只有更敌视。"说到底，她不能接受多妻主义。她要求完整的真诚的爱，别人可以是别人的事，她可以理解，但她是个追求完美的人。这正是后来她与胡兰成分手的重要原因。

这次回来，胡兰成同样给张爱玲带来了一笔钱。此事《今生今世》同样未曾提及，但《小团圆》却有影射，但它留给张爱玲的滋味甚为复杂，"之雍每次回来总带钱给她。有一次说起'你这里也可以……'声音一低，道：'有一笔钱。''你这里'三个字听着非常刺耳。她拿着钱总很僵，他马上注意到了。不知道怎么，她心里一凛，仿佛不是好事。……楚娣有一天不知怎么说起的，夹着英文说了句：'你是个高价的女人。'九莉听了一怔。事实是她钱没少花，但是一点也看不出来"。这使她对小周的存在更加敏感。一次炎樱来访，胡兰成在阳台上对她说起同时爱上两个人的"痛苦"，令张爱玲肝肠寸断，"比比去后，九莉微笑道：'你刚才说一个人能不能同时爱两个人，我好像忽然天黑了下来。'之雍护痛似的笑着呻吟了一声'唔……'把脸伏在她肩上。'那么好的人，一定要给她受教育，'他终于说，'要好好地培植她……'她马上想起楚娣说她与蕊秋在外国：'都当我们是什么军阀的姨太太。'照例总是送下堂妾出洋。刚花了这些钱离掉一个，倒又要负担起另一个五年计划？'但是她那么美！'他又痛苦地叫出声来。又道：'连她洗的衣服都特别干净。'她从心底里泛出鄙夷不屑来。她也自己洗衣服，而且也非常疼瘩，必要的话也会替他洗的"（张爱玲：《小团圆》）。

　　然而她隐忍不发。然而她的隐忍却被胡兰成理解成不追究。他不免暗暗得意，同时身在曹营心在汉，暗暗想起武汉的小周来。有了小周的年轻、漂亮与热情，他渐渐对张爱玲有些倦意了。说到底，他还是一个喜欢女人容貌、身体的男人。有些男人可以迷恋女人心灵的丰富长达一生，有些男人只能一时，胡兰成大致是属于后一种的。他确实迷恋过张爱玲，但是一有了青春妙龄的小周，这迷恋就迅速褪色了。这恰恰又是张爱玲在《红玫瑰与白玫瑰》中所写过的：

　　　　也许每一个男子全都有过这样的两个女人，至少两个。
　　　　一个是圣洁的妻，一个是热烈的情妇。

5月，胡兰成又从上海到了武汉。一下飞机，他便觉得"真是归来了"——张爱玲在他心中位置的下降明显可见，他把小周这边当作家了，而不是把业已结婚的张爱玲那边当作家，这种变化恐怕他自己亦未必留意到。不过，离开张爱玲时他确实没有分别的感伤，如以前一样，无挂念则无愁绪。胡兰成从来都是以自己的前程命运为唯一考虑，至于女人，大约是走到一个地方见到一个动心的便想办法弄过来，过了那个地方再往前走时也就丢了。他的发妻玉凤、续弦英娣是否如此不得而知，但他在上海遇到张爱玲便把张爱玲拉了情网，在武汉见了小周便把小周诱奸到手，后来逃到温州遇到范秀美又与范秀美厮混到一起，避居日本时逢着佘爱珍又与佘爱珍做了夫妻。而这些女人，也似乎大都是被他拥有过又顺手丢了，仿佛从书店里买回一本书，看过了就丢在了一边。英娣如此，张爱玲如此，小周如此，后来的范秀美更如此。胡兰成从不愿意为女人负责任。按照他的解释，他是个"有志气的男人"，生来就是要成就雄霸之业的，不以女人为念是自然的，演义小说里多是这种英雄气概。悲哀的是一代才女张爱玲亦竟在此列，古代英雄她喜欢过霸王项羽，霸王与虞姬倒是以两人始以两人终的，遗憾的是胡兰成似乎并不喜欢那样痴情的霸王，他满脑子装的尽是些志贞尼姑会情郎、崔莺莺约张生、白蛇娘娘与许仙这类"艳话"。多的是惊艳、佳话与传奇，少的是平实、认真与负责任。

他一到武汉就想到了小周，有回家的感觉，但并不是说他已爱上了小周。他来武汉，是为将来日本兵败时筹谋所谓"大楚国"做准备的。胸怀"奇志"，他自不会被女人迷住了头脑，他忙里偷闲，把这个过了年才满17岁的小护士诱奸到手，按他想，这气派大概和刘邦临战还要收个如夫人差不了多少。故他一到汉阳，就叫小周来服侍他。他亦不再叫她"小周"，而唤她"训德"，其气派完全是主子使唤自己的堂下女人。他与小周谈论婚事，却又不举行结婚仪式，理由是："我因为与爱玲亦且尚未举行仪式，与小周不可越先。"一妻一妾的顺序他倒是很清白，他似乎是以此表明自己是个很重规矩讲礼仪的男人。但他也知道这其中的虚伪，所以有时想起张爱玲的亮烈，想起她对龌龊世事无所不在的讥讽，也会觉得"此事其实难安排"。然而，他既然是风流名士，自然能够自在、洒脱，婚事拖着就拖着，大事却是不误。

温州，"我将只是萎谢了"

看着他在雨中匆匆而去的背景，她忽地泪流不止。她知道，真正的爱，深彻入骨的爱，对许多人来说，一生中可能只有一次，仅仅只有一次；而她的这一次，已经走到了辛酸的尽头，没有挽回的余地了。以前她总是坐在戏台下品味中国的喧哗与热闹，浮华与虚伪。现在不能了。

但是"大难"突然到了，比胡兰成预计的要快得多。

1945 年 8 月 15 日，慑于苏美两国的强大军事威胁，日本天皇颁布投降诏书。胡兰成在汉口街上猝然听到这一广播消息，魂飞魄散，顿时觉得天崩地陷，大祸临头。但是因为他事先有所准备，不至于坐以待毙，等着重庆方面来收拾他。他马上四处活动，拉拢二十九军军长邹平凡宣布武汉独立，拥兵数万，拒不接受重庆，打算成立独立的武汉军政府（即他的"大楚国"）。国民党方面见此形势就给胡兰成送来了委任状，在豫鄂皖边境活动的共产党将领李先念也派人来劝他弃暗投明与新四军合作，但是这个时候胡兰成自恃手上有军队，又狂妄自大起来，两方面均未答应。他自以为断事如神，天下大事尽在自己运筹帷幄之中，却不料不出几天，二十九军就在重庆的压力下分崩瓦解，大部分归顺了重庆。武汉"独立"仅十三天，就成为泡沫，胡兰成本人似在其中扮演了一个滑稽角色。国民党军队一到，他马上装扮成日本伤兵，搭乘一艘日本伤兵船逃离了武汉。《今生今世》记载他与小周的分别说，"是日半早晨，训德为我烧榨面干，我小时出门母亲每烧给我吃，是像粉丝的米面，浇头只用鸡蛋与笋干，却不知汉阳亦有。我必要训德也吃，她哪里吃得下。我道：'你看我不惜别伤离，因为我有这样的自信，我们必定可以重圆。时光也是糊涂物，古人说三载为千秋，我与你相聚只九个月，但好像自从天地开辟时起已有我们两人，不但今世，前生已经相识了。而别后的岁月，则反会觉得昨日今晨还两人在一起，相隔只如我在楼下房里，你在廊下与人说话儿，焉有个嗟阔伤远的。'训德听我这样说，想要答应，却怕一出声就要泪落"。事实上，小周他是无法顾上了。走之前，他给她留下了几根金条，并许诺一旦有机会，便会想办法和她重聚（后来他确实为此努力过，但未成）。

胡兰成开始了他的逃亡生涯。大限到时各自飞，他对此早有预料。他从武汉乘船到南京，又从南京转到上海，一直在日本人的安排下东躲西藏，惊惧不安，在上海时，临时寄居一日本人家中。池田笃纪带张爱玲去探望过。不久，国民政府开始在全国范围内搜捕汉奸，周佛海、陈公博等"新朝"名流悉数下狱，连鲁迅先生的弟弟、著名散文家周作人都因为附敌而被解押至南京老虎桥监狱……胡兰成担心自己被人发现，又从上海逃往浙江杭州，化名为张嘉仪，隐居下来。离开上海的前夜，他又到张爱玲处住了一宿。

然而这次分别，已经不比以前，因为张爱玲已知他移情小周，心里难以释然，而胡兰成亦在亡命途中，难得温存。以前的那种男欢女爱、执手相悦的情景不觉间成了往事。胡对此次分别在自传里语焉不详，只是含混其词："唯对爱玲我稍觉不安，几乎要惭愧，她是平时亦使我惊。……我当然是个蛮横无理的人，愈是对爱玲如此。"究竟他是怎样的蛮横无理又是因何而惭愧，则不得而知。《小团圆》则对逃亡前的分别做了详尽的记载。在这天夜里，邵之雍终于又向九莉讲起了小康小姐："我临走的时候她一直哭。她哭也很美的。那时候院子里灯光零乱，人来人往的，她一直躺在床上哭。"又道："她说：'他有太太的，我怎么办呢？'"这让九莉非常纠结，"'躺在床上哭'是什么地方的床？护士宿舍的寝室里？他可以进去？内地的事——也许他有地位，就什么地方都去得。从前西方没有沙发的时候，不也通行在床上见客？她又来曲解了，因为不能正视现实。当然是他的床。他临走当然在他房里。躺在他床上哭。他没说有没有发生关系，其实也已经说到了边缘上"。种种纷乱的猜测，使九莉心如刀割，甚至对眼前这个男人感到陌生，感到一丝恨意，甚至想杀了他：

> "刚才你眼睛里有眼泪，"他后来轻声说，"不知道怎么，我也不觉得抱歉。"
>
> 他睡着了。她望着他的脸，黄黯的灯光中，是她不喜欢的正面。
>
> 她有种茫茫无依的感觉，像在黄昏时分出海，路不熟，又远。
>
> 现在在他逃亡的前夜，他睡着了，正好背对着她。
>
> 厨房里有一把斩肉的板刀，太沉重了。还有把切西瓜的长刀，比较伏手。对准了那狭窄的金色背脊一刀。他现在是法外之人了，拖下楼梯往街上一丢。看秀男有什么办法。
>
> 但是她看过侦探小说，知道凶手总是打的如意算盘，永远会有疏忽的地方，或是一个不巧，碰见了人。
>
> "你要为不爱你的人而死？"她对自己说。
>
> 她看见便衣警探一行人在墙根下押着她走。
>
> 为他坐牢丢人出丑都不犯着。
>
> 他好像觉得了什么，立刻翻过身来。似乎没醒，但是她不愿意跟他面对面睡，也跟着翻身。现在就是这样挤，像罐头里的沙丁鱼，一律朝一边躺着。

这是怎样的爱和恨呵。可胡兰成顾不上这些。第二天一早，他就匆匆离开了上海。他先到杭州。杭州是最接近胡兰成家乡浙江嵊县的都市。他在这里上过惠兰中学，也做过邮务生，有不少同学与朋友，其中有一个惠兰中学的同学叫斯颂德，两人私交较好。胡兰成到达杭州以后，悄悄地与斯颂德取得联系。由斯颂德安排，他又取道绍兴，逃到诸暨斯家老宅。

诸暨斯家胡兰成很熟悉。斯颂德的父亲曾经是辛亥革命起义时发迹的豪杰，出任过浙江军械局局长。斯家家中有兄妹六人，斯颂德排行老大。十几年前胡兰成决意离开杭州北上打拼天下时，就无所事事地在斯家住过一年。不过那次借住闹出了一场尴尬。原来胡兰成没有住住就罢了，他还看上了同学丰姿绰约的妹妹，不断施展挑逗功夫，斯家人没有办法，只好为他设馔饯行，算是请他出门。此事胡兰成倒不以为耻，记了下来："但是我偏要来出毛病。彼时雅珊官才十六岁，在一女中读书，性情刚烈，衣着打扮，不染一点女娘气。一旦她在画堂前与我相遇，问我借小说看，我就专为去买了来，交由奶妈拿进去给她，如此者二三次，我仿佛存起坏心思，虽然并未有事。我是在她家这样地彼此相敬，不免想要稍稍叛逆。原来人世的吉祥安稳，倒是因为每每被打破，所以才如天地未济，而不是一件既成的艺术品。果然忽一日颂德从光华大学来信，只得短短的一句，要我离开他家。当下我只觉得自己真是不好，而且一时未有去处，但亦人世于善恶之外，乃至于窘境之外，别有豁然。我只得辞归胡村，斯伯母倒是什么亦不说穿，还为我设馔饯行，赠我五元为路费。"（胡兰成：《今生今世》）现在十数年过去，胡兰成又落难而来，斯家人不计前嫌，依然待之如故。但是斯家此时只有老四斯君在，其他兄弟皆在大后方，或在政府军中任职，或在求学读书。家中虽然没有什么人，但是斯家仍然对胡兰成尽到了很大的帮助之力。然而，因为江浙一带日寇盘踞时间非常之久，政府清查汉奸的力度也大于其他地区，胡兰成过得非常紧张，东躲西藏，一会儿要跟着斯君去学校留宿，一会儿要避到外村亲戚家，一会儿又要去学生家，一会儿要去昔日奶妈家，躲躲闪闪，提心吊胆。

更糟糕的是，不久后，斯家宅院突然驻进了国民党军的一个团部。胡兰成慌忙逃窜。一个人藏匿在深山中，孤零零地挨到初冬。独处时望见木落山空，乌桕子如雪一般地白成一片一片，不禁很是伤感。他决定离开诸暨去金华。谁知道到金华刚刚落脚，又差点碰上蓝衣社的人，吓得胡兰成又一次魂飞魄散，觉得金华不可留，又考虑他去。陪同他到金华的有两个人，一个是斯君，一个是斯家的姨太太，叫范秀美。范秀美见胡兰成不愿待在金华，便建议他去温州暂避一下，因斯君的丈人家和范秀美的母家皆在温州，照应起来就比较方便。胡兰成同意如此，即由范秀美陪同上路，斯君则有事取道回了诸暨。

范秀美长得美而丰满，皮肤保养也很好，比胡兰成长两岁。她是斯颂德父亲的姨太太，与斯老太爷生育过一个女儿，此时正在后方西南联合大学读书。范秀美18岁时斯老太爷就去世了，她因此又去读了蚕桑学校，毕业后到蚕桑场做了技师，是个本分贤惠的妇人。两人去温州途中，范对胡兰成比较尊重，因为她看他是斯家少爷同窗，又是一个斯文的有学问的人，而自己原本是苦家出身，所以称他为胡先生；再加上胡兰成在南京做官的时候，也在经济上帮助过斯家，范心里也是感激他的，更添了一份敬重之情。

然而胡兰成却并不像她想的那样儒雅稳重，小周不在身边，张爱玲也不在身边，他很有点不安分。而接连几个月的逃窜，更使他对女人的需要特别强烈，即使是前途未卜的重重忧虑，也未能压住他的想入非非的念头。十几年前他就注意到了这位美貌的姨太太："内院内室我从不进去，太太只是经过前厅时看见了向我带笑招呼，我亦只叫她一声斯伯母。姨奶奶亦如此，只出入时遇见叫我一声胡先生，我却因她年轻，生得明眸皓齿，雪肤花貌，说话的声音娇亮使人惊，每回倒是不好意思也叫她。"（胡兰成：《今生今世》）何况现在？望着一袭银紫绸旗袍、明眸皓齿、成熟迷人的范秀美，胡兰成又施展出他使用过无数次的风月伎俩，时不时地以言语挑逗。范秀美与张爱玲、小周不同，她本来就是过来人，一点即明，所以还未等到达温州，两个人便已经做成了"夫妻"，一路赏山玩水，同行同宿。等到达温州时，他已自称是范秀美的丈夫了，全然忘记了张爱玲和小周。

他曾经多次说过自己与张爱玲是"同住同修，同缘同相，同见同知"，"天下人要像我这样欢喜她，我亦没有见过"；在武汉与周训德分别时，他也说过："古人说三载为千秋，我与你相聚只九个月，但好像自从天地开辟时起已有我们两人，不但今世，前世已经相识。而别后的岁月，则反会觉得昨日今晨还两人在一起，相隔只如我在楼下房里，你在廊下与人说话儿，焉有个嗟阔伤远的。"他当然不"嗟阔伤远"，他在任何一个地方都会去创造机会，兴致益然地寻找新的女人。仅仅隔了几个月，他在心里连小周也抛开了，更别提并不以姿色出众的张爱玲。不过对于自己与范秀美的关系，胡兰成自己是有解释的。他说，是因为感激，男女感激，至终唯有以身相许。这种解释多少有些不伦不类。倒是他的另外一番说法透露了他的一些真实考虑："我在忧患惊险中，与秀美结为夫妇，不是没有利用之意。要利用人，可见我不老实。"这却是实情。范秀美其实是一个美而善良的女人，胡兰成也在她身上看出了可以利用的价值。他到达温州后，先是在斯君岳父家住了一月有余，随后便搬到了范秀美娘家。范家此时已凋败无人，范秀美有一个兄弟，刚刚死于日军轰炸，全家就住在余家台门的柴间里，胡与范同居，对外谎称是夫妻。胡显然是有利用范来掩护自己的意图。但利用就利用呗，胡兰成又要强调感情的作用："但我每利用人，必定弄假成真，一分情还他两分，忠实与机智为一。"刚刚离开张、周，转身就把范弄到了手，胡却一时一刻也忘不了强调他的"忠实"，他的爱。这也是中国文化人的一个特色，明明是虚伪，可偏偏要用"诚"来做说词。

由这里也可看出，在胡兰成的词典里，爱与张爱玲的爱是绝不相同的。张爱玲的爱，基本上是《诗经》里说的"死生契阔，与子成说。执子之手，与子偕老"，是重在两人的相知相恋，重在相互的责任，重在地久天长，重在它的唯一性，重在刻骨铭心。她后来对待胡兰成的态度，就是她对自己爱的一个证明。而胡兰成的爱，似乎不甚相同，更重在相知，重在男欢女悦，重在喜欢与欣赏。传统中国文人对妇女的赏玩心理在他身上体现得很明显，张爱玲的聪慧异禀，小周的天真单纯，范秀美的美而贤淑，他都喜欢，都是"好"，凡"好"的自然都该要。胡兰成不但对自己的女人抱着赏玩的心理，对于其他女人，他的眼光也是如此。比如对苏青，他曾经写过一篇《谈谈苏青》的文章，赞叹她长得结实利落，俊眉秀眼，有一种男孩子的俊俏，"面部的线条虽不硬而有一种硬的感觉。倒是在看书写字的时候，在没有罩子的台灯的生冷的光里，侧面暗着一半，她的美得到一种新的圆熟与完成，是那样的幽沉的热闹，有如守岁烛旁天竹子的红珠"。赏玩怜惜之态跃然纸上。

仅仅是以喜欢、欣赏甚至戏赏的态度对待女人，难怪胡兰成的"风流佳话"总是难得有个收尾。既然每一个都爱，足见他对每一个都不甚爱。事实也确实如此。他不想这些，与范秀美在一起男欢女爱，他又可以乐以忘忧了。

然而，已有半年不曾谋面的张爱玲却忽然出现在温州，出现在他面前。时间为1946年的2月，正值江南春寒料峭的时候。她为什么要来呢，《小团圆》可做参考："郁先生（以斯君为原型）又到上海来了。提起之雍，她竟又流下泪来。郁先生轻声道：'想念得很吗？可以去看他一次。'她淡笑着摇摇头。谈到别处去了。再提起他的时候，郁先生忽然不经意似的说：'听他说话，倒是想小康的时候多。'九莉低声带笑'哦'了一声，没说什么。她从来没问小康小姐有没有消息。但是她要当面问之雍到底预备怎样。这不确定，忽然一刻也不能再忍耐下去了。写信没用，他现在总是玄乎其玄的。"张爱玲是准备来找他讨个最终答案的。于是她千里迢迢找寻到温州来。

上次上海一别，两人心中虽然已有芥蒂，但张爱玲还是以理性的态度接受了这一事实。前事可以不咎，但此后却当有个明白了断。她虽然不向胡兰成提及小周，但并不等于她已经放下这件事情。她这次寻来温州，也是希望胡兰成能与她尽释前嫌，抛开其他一切，两人重回从前那种恩爱欢悦的时光。胡兰成现在虽然是在战乱流离之中，但她并未有嫌于他。他是她一生中爱过的唯一的男人呀，又是她的丈夫，她能怎样呢？她虽然有诸多不满意于他的地方，但一想到他是在逃亡受难，她心里又是牵挂不止，她不知道他会遭遇到什么样的苦难，所以一路赶来，心情很是急迫，但她万万没有料到的是，胡兰成身边又多了一个叫范秀美的女人。

胡兰成一见张爱玲，心里一惊，马上就不高兴了，几乎要粗声粗气地骂她："你来做什么？还不快回去！"弄得张爱玲一腔柔情顿作委屈。胡的解释是："我因是男人，不欲拖累妻子，爱玲如此为我，我只觉不敢当。"（胡兰成：《今生今世》）这大致是诡辞。其实胡兰成更真实的想法可能是他此时并不想见到张，他与范秀美避居乡下，恩爱有甚于初与张时，他不需要她，也不思念她，她张爱玲来了，除了添乱还有什么用？现时是危急时期，他亦无闲心逸情再与她论诗谈文、杯盏相乐。她的小说，她的高贵，她的轰轰烈烈，一切一切于流亡中的他而言，都已成为奢侈。他与范秀美就这样同居也是很好。范出身低微，非常善于理家过苦日子，已经把他服侍得舒舒贴贴。他并不需要张爱玲。

胡兰成自然是很少为张爱玲考虑。她的相思，她的愁煎，他一概想不到。张爱玲来后，胡把她安顿在城中公园旁边的一家小旅馆。他只是在白天才过去陪她，解释说怕警察查夜，不敢留宿。这倒不完全是虚辞。《小团圆》记载："有一次他在旅馆房间里高谈阔论，隔着板壁忽然听见两个男子好奇地说：'隔壁是什么人？''听口音是外路人……'有点神秘感似的，没说下去。九莉突然紧张起来。之雍也寂然了。"胡这次没有把他与范秀美同居的事情如实相告（范倒是知道张爱玲、小周两人的情况，胡早就向她炫耀过），两人在温州仿佛又重新回到昔日的平静时光，这使刚刚受到委屈的张爱玲又多少有了些许安慰，觉得她千里寻夫的举动并非不值得，只要有爱在，一切牺牲都是值得的。两个人一道在温州街上闲走，逛店铺，看庙戏，仍然如同在上海时的习惯。张爱玲心里止不住地欢喜，尽管也有隐隐的心事放不下去。

白天两个人大多是待在旅馆的房间里。相别时间久了，不免要亲热，然而双方又各自有些心事，亲热里又有些生分，弄得反如宾客相处。不过千里而来，最终见到牵挂的人，张爱玲心底里仍有着喜悦与新鲜，"有时……两人脸凑脸四目相视，她眼睛里都是笑，面庞像大朵牡丹花开得满满的，一点没有保留"。旅馆的窗外有牛叫，张爱玲听了，忽然诧异发笑。胡于是说牛叫好听，张就很有兴致地说起这次与斯君夫妇同来，斯夫人婉芬抱着孩子光含坐在轿笼里，路旁正好有牛，婉芬就教孩子学语："牛，我光含。"张爱玲说着说着，又诧异地好笑起来。牛使她感觉新鲜，孩子也使她新鲜，这两样她都缺少经验。她兴致勃勃，又说："牛叫是好听。马叫也好听，马叫像风。"又听得乌鸦叫，胡兰成说："我在逃难路上总遇见乌鸦当头叫，但新近看到书上说唐朝的人以乌啼为吉，主赦。"张爱玲说："今晨你尚未来，我一人在房里，来了只乌鸦停在窗口，我心里念诵，你只管停着，我是不迷信的，但后来见它飞走了，我又很开心。"说着又笑了起来。两人也谈别的事，实际上也都是些琐细小事。但张爱玲的到来与谈笑确实也让胡兰成放松了很多。

时局变化迅速，国民党政府清捕汉奸的工作还未做完，便又忙着和急剧增加的共产党军队争夺天下，双方各几百万的军队已在东北、华北出现紧张对峙的状态了。战争在继续，政局仍在波荡中，自己身家性命究会如何，实在很难预料。胡兰成不愿意过多地考虑这些，所以愿意张爱玲多给他讲一些西洋的新鲜事。他在温州，消息封闭，很久没有听到各种时行的趣闻与消息了。

张爱玲说美国新出了一部电影，叫作《颜色的爆炸》，想单用颜色来构想作剧，很新奇的，还有人构想以各种香气来作剧，没有人物，单是气味，多刺激的设想！但是这种东西，到底没有性情，风行过了必要厌的；又说美国最近流行神怪，有一本杂志上画一妇人坐在公园椅子上，旁边一只椅子，空着无人，她背后挂下一条蛇，那妇人没有回头看，只唤着"亨利"，真是恐怖。胡兰成听了，真的觉惊怕，问那亨利是给蛇吃了吗？张答"是啊"。她于是又给他讲了劳伦斯的小说《查泰莱夫人的情人》，哲学也深，文辞也美，但是不好——她马上又向他抱歉。在上海时她也这样，讲了西洋某作家的好处后总不忍不指出他的局限来，指出后又怕亵渎胡的视听似的，抱歉不迭。胡兰成听她兴致勃勃地讲这些，不免也勾起了两年多前在上海的往事，但是他心里很静，不起什么激动。

张爱玲平素外出，很少随身带书，而胡兰成逃到温州以后，也只买到了一部《清嘉录》和一部《圣经》。于是他就把《圣经》留给她在旅馆里看。第二天他去得稍迟了一些，张爱玲已把《旧约》看完一半，叹息道："以色列这个民族真是伟大。"于是她便挑了一节念给他听：当下众人杀了王后耶洗别，把她丢在路上践踏成了肉酱，更使人们见了不知道这就是耶洗别。念到末一句，张爱玲单是笑笑，胡兰成才懂得了这些文字中间有着"一种幼稚的滑稽的好"。又有一节是祭司骑驴出城去，被狮子咬死，狮子立在驴子旁边，人死在驴子脚边，从人进城去报告，于是许多人赶到那里，于是看哪，狮子立在驴子旁边，人死在驴子脚边。那狮子怎么会不走开？实在有一种静物画般的可爱。又看到参孙的故事，参孙在宴会上让妻族的人猜谜语，"吃的从吃者出来，甜的从强者出来"，隐着他来时在路上看见死狮子腹中蜜蜂做窠之事，这叫人如何猜得着？后来是他的妻子漏言，让族人猜着了，他却击杀了这些人，而且抢了许诺给妻子族人的衣物，真是"元气满满的蛮不讲理"，叫你拿他没有办法。以色列的悲壮与伟大，说起来让张爱玲兴致益然。

胡兰成亦自听得叹服。他专门研读过考茨基的《基督教的起源》，但印象竟不及张爱玲的随便说笑来得有趣。但说到底，他对以色列人没有多大兴趣，他更感兴趣的是看着张爱玲乐滋滋的神态，颇觉可以赏玩，"这般可喜娘罕曾见"，他想。张的"可喜"，约略让他想起两人同在赫德路公寓里的情趣。张爱玲看完了《旧约》，就叫胡兰成拿回去，连台子上也不留放。这使胡又想起了她的处事与性格，她与人来往向来干净利落，明明白白。

他们一起到温州街上走。小街里有一家作坊机器在锯木，响声很大，尖锐刺耳，张爱玲立在那儿看了一回新鲜。她是上海人，对这类民间作坊并不熟悉。又走过几家铺面，看见一家木匠室里两个木匠在拉锯，也在锯板，一拉一送，门前日色悠悠，好像与邻坊的机器锯板毫不相干，也彼此无碍。胡兰成笑道："这倒像《士师记》里的各人任意而行，也拜上帝，也拜偶像。"张爱玲也觉得滑稽可爱。

两人边散步边说话，张爱玲说起她来温州路上的心情："我从诸暨丽水来，路上想着这里是你走过的。及在船上望得见温州城了，想你就在那里，这温州城就像含有宝珠在放光。"胡兰成听了，心下默然。张爱玲对他的情义虽然经过了这样的大难与分离，仍然没有改变，但他自己的心境却已经是大大有隔于从前在美丽园居住的那段时间。初遇小周后即已起了变化，现在他又与范秀美在一起，如胶似漆，所以再回头看才女张爱玲，虽欣赏之情仍在，但毕竟已经似隔了遥遥的一段距离。但是他没有办法把这些变化直接地告诉她。

胡兰成既然不接言，张爱玲也就没有办法把这个话题继续下去。张到达温州这几天，他们似乎都在敏感地回避着什么。他们继续走，经过木器店，就进去看旧式床柜的雕刻，走过寺观，就进去看神像。民间的许多工艺，胡兰成向来以为许多是不值一顾的，但听到张爱玲一谈论，又觉得好得不得了。这也是他认识她以后养成的新习惯。比如伏魔大帝面前有两排文武站班，其中一尊像门神的白面将军，胡不觉得有什么好，张爱玲一见却诧异道："怎么可以是这样？他明明知道自己是在做戏！"又如张住的小旅馆房间门口有个财神龛，张说那财神雕得好，他跟着去看时，是一尊小小的红脸的神，可一细看，又哪里是神，分明是个走码头、做南货店经理或轮船里做大班的宁波人，浑身酒色财气，煞是有趣！张爱玲看东西，真是有如开天眼，常常让胡意想不到。《史记》里写贾谊谪长沙，数年后宣帝又召他论鬼神之事，论毕宣帝叹道，没想经此数年贾生才调更是无伦，自己仍是不及呀。现在胡兰成犹有同感，他总是及不上她。他们又到一座和尚寺，胡忖想佛像也许比道士观里的塑像在艺术上的地位更尊，不料张爱玲却是不喜欢，那些罗汉，有的似含讽刺之意，有的似在冥想，其中有一尊，面貌虽无怪异，但不知因为什么，那眉目神情分明是要杀绝文明，张爱玲一看即惊骇不已，说："啊！怎么这么可怕，简直是个超自然的力量！"叹息不已。

有时候范秀美也到旅馆这边来，三人或一起坐在房里说话，或一道去街上走走。至于范的身份，胡兰成并未明说，但张爱玲并非没有猜疑，没有一点感觉。《小团圆》记述道："当然郁先生早就提起过，他父亲从前有个姨太太，父亲故后她很能干，在乡下办过蚕桑学校，大家称她辛先生。她就是这小城的人，所以由她送了之雍来，一男一女，她又是本地人，路上不会引起疑心。九莉听了心里一动，想道：'来了。'但是还是不信。刚到那天，她跟着郁先生走进他姨父家这间昏暗的大房间，人很多，但是随即看见一个淡白的静静窥伺的脸，很俊秀，依傍着一个女眷坐在一边，中等身材，朴素的旗袍上穿件深色绒线衫，没烫头发，大概总有三十几岁，但是看上去年轻得多。她一看见就猜着是巧玉，也就明白了。"但是张爱玲并不问。作为一个女人，她自有她的矜持，她的宽人处。但是，有一天清晨在旅馆里，胡兰成倚在床上跟张爱玲说话说了很久，隐隐腹痛，他未跟张爱玲说起，过一阵范秀美一来，他马上就跟她说自己不舒服，范问痛得怎样，说等一会儿泡一杯午时茶喝就会好的。张爱玲当下就满腹惆怅酸楚，分明对于胡兰成来说，她这个妻子已经不如这个温州女人亲切了，胡兰成好像是更拿范秀美当知心人，而把她当成了局外人。

张爱玲强压下心头的酸楚，反而去夸奖范秀美，说："范先生真是生得美的，她的脸好像中亚细亚人的脸，是汉民族西来的本色的美。"当下她又提起兴致要给范画像。范于是端坐着，让张爱玲照着画。胡兰成站在一边看，只见张爱玲轻轻几笔即勾出了脸庞，画出了眉眼鼻子，正待要画嘴角时，她却忽然停笔不画了。范秀美走后，胡问她缘故，她回答道："我画着画着，只觉得她的眉眼神情，她的嘴，越来越像你，心里好不惊动，一阵难受，就再也画不下去了，你还只管问我为何不画下去！"言下不胜委屈。

但是胡兰成对此却并不在意。按照他的想法，"因为都是好人的世界"，大家不应当相互猜忌。但是他没有替张爱玲去想。张爱玲是一个现代的女子，她要求的是爱，是情感，而不仅仅是名分。在这一点上，她不同于范秀美，更不同于小周。她这次寻来温州，一是来探望久别的胡兰成，二是来向他讨问一个明白，她希望得到的是一份完整的爱，是一份彼此相等、彼此平衡的爱。来之前她自然没料想到范秀美的存在，她想的是她和小周之间，胡兰成得有一个抉择，得有一个明白的说法。她要的不是妻妾之分，而是他究竟爱谁。到了温州之后，她很快又发现了胡兰成与范秀美之间的暧昧，让她心痛不已，但是她也明白，胡兰成对范秀美与对她、对小周的态度还是有区别的，范秀美虽然也漂亮、成熟，但毕竟青春已过，胡兰成不会真的恋顾于她，而只是借她暂避一时祸难而已，祸事一消，他自然会离开温州，所以他要面临的选择，仍然是在她和小周之间。张爱玲不愿这样不明不白下去。从胡兰成去武汉又纠缠上小周之后，她心里一直就未平静过，痛苦日夜啮咬着她，她虽然不与人讲（即便是与姑姑也少露心迹），不向人倾诉那些压抑着的痛苦，但是她的承受力也是有限度的。她不是那个被生活压倒了的白流苏，会去伤害自己的自尊心，以容纳范柳原的"坏"，"她（流苏）为什么要戳穿他？人生在世，还不就是那么一回事？归根究底，什么是真的，什么是假的？"张爱玲做不到这一点。她想清楚了，一切总得有个了断，恩怨分明，是自己的她想永远留住，不是自己的她也不会死死抓住不松手。有几次她都试着跟胡兰成提起这个话头，但胡心里很敏感，碰到这个话题即不多言。弄得她又不忍心提出来讲。

　　张爱玲待在温州，一晃就是二十多天。尽管她深知"生在这世上，没有一样感情不是千疮百孔的"（张爱玲：《留情》），但她最终还是决心正式地与胡兰成讨论这个问题。一天两个人又一同出街，行到曲曲折折的小巷深处，张爱玲看着前后无人，就停住脚步，提起将来的事，提起小周，"我和小周之间，你究竟怎样选择？"她语气平淡，但又分明含着力量。胡兰成料到她终究会提出这样的问题，但是他自己并不愿意谈这件事，能拖就拖。这倒不是说他对自己的将来没有一定的打算。不，他有计划也有安排，只是在这计划安排里他没有考虑过这几个女人的问题。女人不重要，也不值得考虑，不管是那个小周，还是眼前的这个张爱玲或范秀美。但是，他的这种想法又怎能向张爱玲说明呢？他只能向她搪塞了，以他最擅长的美丽诱人的词句来避开她的诘问：

> 我待你，天上地上，无有得比较，若选择，不但于你是委屈，亦对不起小周。人世迢迢如岁月，但是无嫌猜，按不上取舍的话。而昔人说修边幅，人生的烂漫而庄严，实在是连修边幅这样的余事末节，亦一般如天命不可移易。

胡兰成拒绝谈这个问题，在他看来，就是目前这种状况也是很好的，妻妾共处，彼此相亲无间，有什么不好？但是张爱玲是那样一个清高孤傲的才女，断不会接受他这样的安排，所以他也只好把问题尽量往"虚"的一边引。但是，张爱玲考虑这件事情已非一日两日，而且又是千里迢迢来到温州，自然不愿意接受这样一套堂皇之辞，仍然紧逼着他问："美国的画报上有一群孩子围坐吃牛奶苹果，你要这个，便得选择美国社会，是也叫人看了心里难受。你说最好的东西是不可选择的，我完全懂得。但这件事还是要请你选择，说我无理也罢。"胡兰成无语，张爱玲又说："你与我结婚时，婚帖上写现世安稳，你不给我安稳？"她又问他。几年来，她第一次这样问他。她的失望明明白白地显露在他面前了。她是一个倾城又倾国的女作家，但她更是一个有血有肉、渴望人世温情、渴望爱与抚慰的女人呀。她原来所感受到的那种飞扬的世界开始动摇了。

胡兰成辩解道，而今世界荒芜，其实他与小周有无见面之日也未可知。然而张爱玲不相信他，"不，我相信你有这样的本领"。胡兰成见她如此不肯饶过，又是缄默不语。张爱玲沉默许久，缓缓地说，"你是到底不肯。我想过，我倘使不得不离开你，亦不致寻短见，亦不能再爱别人，我将只是萎谢了"。

以上是胡兰成在《今生今世》中的记载。张爱玲在《小团圆》中的记载大有不同，可做参考，但胡兰成拒绝做实质性的选择是一致的：

城外菜花正开着，最鲜明的正黄色，直伸展到天边。因为地势扁平，望过去并不很广阔，而是一条黄带子，没有尽头。晴天，相形之下天色也给逼成了极淡的浅蓝。她对色彩无餍的欲望这才满足了，比香港满山的杜鹃花映着碧蓝的海还要广大，也更"照眼明"。连偶然飘来的粪味都不难闻，不然还当是狂想。

走着看着，惊笑着，九莉终于微笑道："你决定怎么样，要是不能放弃小康小姐，我可以走开。"

巧玉是他的保护色，又是他现在唯一的一点安慰，所以根本不提她。

他显然很感到意外，略顿了顿便微笑道："好的牙齿为什么要拔掉？要选择就是不好……"

为什么"要选择就是不好"？她听了半天听不懂，觉得不是诡辩，是疯人的逻辑。

…………

她临走那天，他没等她说出来，便微笑道："不要问我了好不好？"她也就微笑着没再问他。

她竟会不知道他已经答复了她。直到回去了两三星期后才回过味来。

等有一天他能出头露面了，等他回来三美团圆？

有句英文谚语："灵魂过了铁。"她这才知道是说什么。一直因为没尝过那滋味，甚至于不确定做何解释，也许应当译作"铁进入了灵魂"，是说灵魂坚强起来了。

还有"灵魂的黑夜"，这些套语忽然都震心起来。

《小团圆》未记载"我将只是萎谢了"一类的话，但估计当时是说了，只是晚年重忆旧事，未必愿意再提起。但张爱玲还是做出了最后的决定，只是在来温州之前，她并没有料想到会有这样的结果。胡兰成毕竟是爱过她的呀，他们一起又有过那么多的欢乐与默契，而他们结婚才不过一年时间呀。人世的男女，她本来是冷眼看尽了的，但她万没有想到有那么一天，那些浮华与虚伪、冷酷与残忍会落到她这个旁观者头上。整部《诗经》里那一句"死生契阔，与子成说。执子之手，与子偕老"令她最为喜爱，初遇胡兰成确实激起过她类似的憧憬，何况她所求不多，她是个独立自给的女人，她不仰求于男人什么，她要求的仅仅是爱。在与胡兰成最初相识的日子里，她确信自己是找到了这种爱。但是生活似乎并没有因为她的真纯之爱而善待她。得知胡兰成与小周有染，已使她从云端里往下掉了一截，如今她千里寻夫，得到的竟是这样的虚与委蛇的回答，她是完全栽到冰冷的地面上来了。纵使她是个隐忍的女人，是个不轻易表露自己心迹的女人，但是她很难不拿自己和她两年多前写出的小说《沉香屑·第一炉香》中的女主角葛薇龙相比。葛薇龙爱上了那个英俊倜傥的男子乔琪乔，但是乔琪乔却对她说，他既不能和她结婚，也不能给她爱，但他可以给她快乐，"这和薇龙原来的期望相差太远了，她仿佛一连向后猛跌了十来丈远，人有点眩晕"。她张爱玲此刻间和葛薇龙又有什么区别呢？她自己此时也多少是沦为"怨女"了。是呀，她曾说过：

> 生命是残酷的。看到我们缩小又缩小的，怯怯的愿望，我总觉得有无限的惨伤。

她最终还是留恋胡兰成的，尽管她心里已经明了结局的残酷。在离开温州的前一个晚上，她去了胡兰成与范秀美同居的地方，这是她在温州二十余天里唯一去过的一次。三个人同在房中，胡兰成坐床上，张爱玲、范秀美各端一把椅子坐在床前，一直到深夜，张爱玲都舍不得走。在她心里，这个稍略带点寒气的晚上差不多算是她与胡兰成的最后一晚了。她如何舍得离开那柴屋一样的房间呢！那里面的那个男人，曾经让她撕心裂肺，曾经让她刻骨铭心。她的橙红色的初恋岁月，她的飞飞扬扬的青春时代，都留在那个人那里了。一旦她推开眼前这扇门走出去，她也就从自己的过去里走出去了，她舍不得呀！

第二天，张爱玲登船离开温州，春雨绵绵，不时有腥凉的雨丝掠过脸颊，张爱玲满怀酸楚，一个人撑在伞立在船舷。看着胡兰成匆匆离去的背影，她忽地禁不住，泪流不止。她知道，真正的爱，深彻入骨的爱，对于许多人来说，一生中可能只有一次，仅仅只有一次，而她的这一次，已经走到了辛酸的尽头，没有任何挽回的余地了。

彻底破裂

　　她和他这一场乱世之恋终于辛酸地谢幕了。它给她究竟留下了怎样的伤痛？她一生著述，从未对此提过只言片语。自此以后，她变成了一个孤独而缄默的女人：飞扬恣肆的年代在她面前缓缓坠落，纯粹内心的美丽从她身后无声地升起。

　　在这以后八九个月时间里，两个人还偶或通信。胡兰成在乡下撰写他的《武汉记》，记叙他与小周的那场惊心动魄的爱情。张爱玲则在上海忍受着百般煎熬，"她没当着楚娣哭，但是楚娣当然也知道，这一天见她又忙忙地把一份碗筷收了去，免得看见一碗饭没动，便笑道：'你这样"食少事繁，吾其不久矣！"'"（张爱玲：《小团圆》）有很多事，对炎樱不便讲了，对姑姑其实也未必方便讲。"没有一个男人值得这样。"姑姑只冷冷地轻声说了这么一声。但张爱玲不是姑姑，更不是久经情场的母亲。她深陷在痛苦中。也许，在这时代的剧烈动荡中，她还能记起自己两年前写的《倾城之恋》中的范柳原的话：

　　　　柳原看着她道："这堵墙，不知为什么使我想起地老天荒那一类的话。……有一天，我们的文明整个的毁掉了，什么都完了——烧完了，炸完了，坍完了，也许还剩下这堵墙。流苏，如果我们那时候在这墙根底下遇见了……流苏，也许你会对我有一点真心，也许我会对你有一点真心。"

胡兰成甚至不能与机诈轻俏的范柳原相比。想起来多么让人心酸。但是两个人的联系仍维持着一种表面的稳定。胡兰成多半是在有人去上海时，顺便捎个字条，张爱玲则是在信之外还寄些现金捎些衣物，担心他在流亡之中受苦。有一次，张爱玲在信中还称胡兰成之居温州犹如玉宝钏守寒窑，不过虽然是在寒窑，但日子过得仍如宝石的川流，有不绝的惬意。信中眷眷，显见得张爱玲还是挂念他的，但往昔的飞扬恣意、青春流彩的感觉已零落殆尽，残存于两人之间的情缘已是不多。胡兰成也知道张爱玲最是亮烈难犯而又柔肠欲绝，但是对她的坚决果绝，还是有始料未及的地方。

张爱玲越来越反感胡兰成以及和他有关的一切。这些张爱玲只是偶尔透露，但《小团圆》所载九莉对邵之雍的态度，颇可以参考："郁先生来了。在那小城里有过一番虚惊，他含糊地告诉她——是因为接连收到那些长信？——所以又搬回乡下去了。谈了一会儿，他皱眉笑道：'他要把小康接来。这怎么行？她一口外乡话，在乡下太引人注意了。一定要我去接她来。'郁先生是真急了。有点负担不起，当然希望九莉拿出钱来。郁先生发现只有提起小康小姐能刺激她。她只微笑听着，想道：'接她会去吗？不大能想象。团圆的时候还没到，这是接她去过地下生活。'九莉忽道：'他对女人不大实际。'她总觉得他如果真跟小康小姐发生了关系，不会把她这样理想化。郁先生怔了一怔道：'很实际的哦！'轮到九莉怔了怔。两人都没往下说。"九莉为什么认为"不大实际"，乃是觉得小康不会跟他亡命天涯。郁先生觉得"很实际"，则是因为小康年轻美貌，又兼温顺，邵之雍肯定觉得她比辛巧玉、九莉都更适合留在身边。不能不说郁先生的判断更有男人的立场。九莉不能反驳他，当然更不会出这样一笔钱。但邵之雍仍把一件匪夷所思的出钱的事推到她这儿来了：辛巧玉怀孕了，来上海做手术，邵之雍写来便条要九莉"资助一点"，"巧玉过境，秀男陪着她来了。也许因为九莉没问她有几天耽搁，显然不预备留她住，秀男只说过一会儿就来接她。现在当然知道了巧玉'千里送京娘'路上已经成其好事，但是见了面也都没想起这些，泡了杯茶笑着端了来，便去帮着楚娣做饭。楚娣轻声道：'要不要添两样菜？''算了，不然还当我们过得很好。'在饭桌上看见巧玉食不下咽的样子，她从心底里厌烦出来"（张爱玲：《小团圆》）。但九莉还是拿出一只金手镯做了手术费。

终于两人发生了直接冲突。过了一段时间，即张爱玲离开温州返回上海后不久，胡兰成因为躲避温州的户口检查，再次躲藏到诸暨斯家，挨了几个月才再过温州去。他回温州时取道上海，因为必须在上海待一天，他便去了张爱玲的公寓。这次见面是两人一生中的最后一面，只是胡兰成当时还没有这样想。这次胡兰成由诸暨到上海，是由斯君送的，所以斯君就随着胡兰成到张处待了一会儿。一送走斯君，胡兰成就责怪张爱玲不会招待客人，连午饭都不晓得留人家吃。张爱玲一听便生气，她本来是不曾受人指责的，何况两人的感情正在飞速地下滑，她当即就反驳说："我是招待不来客人的，你本来也原谅，但我亦不以为有哪桩事是错了。"（胡兰成：《今生今世》）但是这场争吵比上次在温州时的诘问更暴露出两人婚姻交错而过的实质。从根本上看，或者从世俗的标准来看，张爱玲并不是一个好的妻子，她好强凌人而又不善于操持家务，胡兰成对这一点很清楚。他本来也没有与她结婚的打算，但英娣同他离婚不自然地把他与张爱玲推向了现实的婚姻。他心中其实一直是拿她当情人看的，要找贤惠持家的妻子，他不会选择张爱玲，他宁愿选择小周或选择范秀美。以前他在广西时，就曾经有一个叫李文源的女人爱上他，他也比较喜欢，但因为同事说那女人不宜于室，他便放弃了，转娶了全慧文。张爱玲显然亦是不宜于室的，他之娶她，只是做着数美并陈的好梦而已。正如佟振保的理想——理想中的女人与世俗中的女人他都拥有，而又彼此不相犯，陶陶然有名士之乐。张爱玲自然是"红玫瑰"，而小周才是"白玫瑰"。两个人不好比较，上次他即对张爱玲说过她们两人"无有得比较"，倒不完全是搪塞之辞。只是张爱玲肯定不接受"一双两好"之类的无聊佳话。她虽然极度重视爱，但并不是一个把自己的价值与人生紧紧依附于男性的传统女性。以前，她曾经讥讽过，"女人……女人一辈子讲的是男人，念的是男人，怨的是男人，永远永远"（张爱玲：《有女同车》）。她可怜那种精神状态下的男男女女。多年以后，她还曾专门写过一篇名为《五四遗事》的小说，讽刺一个男人和他三个妻子的事情。她对胡兰成式理想的接受程度可想而知。从这方面讲，他们之间的冲突不可避免。

但是胡兰成还不明了分裂已在眼前。那天晚上，他还大做数美并陈的美梦，他不但将他与范秀美同居的事实如实说出，还叫张爱玲看他新写的《武汉记》，上面大量记述他与小周之间的艳事与佳话。张爱玲一时气愤不语，反复压制的绝望终于完全笼罩了她。胡兰成却没有察觉到她这种心理的变化，当然也有可能是故意不察觉，继续告诉她以便让她在委屈之后接受这个事实。张爱玲愣坐了好一会儿，不发一言，也不看他的《武汉记》。胡兰成还以为她是故意要小性子，于是想和她开个玩笑，拿手去打她手背，谁知张爱玲震怒异常。

当晚两人分居就寝，各怀心事。张爱玲细想从前，满腹悲怨，心里努力做好了斩尽情缘的打算。胡兰成则仍然以为她是暂时的发发脾气，出出闷气，天一亮就过去了。第二天天尚未亮时，胡兰成起身到张爱玲房中，到床前俯下身去亲她。张爱玲从被子里伸出双手紧紧抱着他，忽然泪流满面，只从肺腑里叫了一声："兰成！"哽咽失声，再也说不出别的话。人世苍凉，一个女子爱错了人，可她并没有过错！她所渴望的，她曾经拥有的完美的世界也在这一句摧心裂肺的叫声中画上了句号。在这个荒乱的世界里，舍开自己去向他人、他事求取完美或许是一个错误。

天亮后，胡兰成即乘船回了温州。若小说所记属实的话，那么临别之前张爱玲还将他以前存放在她那儿的几笔钱（合二两金子）还给了他，"还没来得及吃早饭，秀男已经来了。九莉把预备好的二两金子拿了出来，笑着交给秀男。之雍在旁边看着，也声色不动"（张爱玲：《小团圆》）。两人从此再也没有谋面。胡回到温州后，两人仍继续有书信来往，张爱玲仍然是寄钱过去，胡兰成则不时写些周围趣事寄过来，甚至邻妇有来灯下闲坐的事，他也当作炫资写给张爱玲。《小团圆》记载道："她早已不写长信了，只隔些时写张机械性的便条。之雍以为她没事了，又来信道：'昨天巧玉睡了午觉之后来看我，脸上有衰老，我更爱她了。有一次夜里同睡，她醒来发现胸前的纽扣都解开了，说："能有五年在一起，就死也甘心了。"我的毛病是永远沾沾自喜，有点什么就要告诉你，但是我觉得她其实也非常好，你也要妒忌妒忌她才好。不过你真要是妒忌起来，我又吃不消了。'她有情书错投之感，又好气又好笑。"

这样又过了两三个月，捕抓汉奸的紧张空气渐渐过去。胡兰成觑准时机，又开始做起"复出中原"的美梦。避居期间，他已大致写完一部取名《山河岁月》的书，颇为自得，此时见风头渐过，便化名将书稿寄予当时文化名宿、两度亲赴延安与毛泽东做国事长谈的梁漱溟先生看："之雍化名写了封信与一个著名的学者讨论佛学，由九莉转寄，收到回信她也代转了去，觉得这人的态度十分谦和，不过说他的信长，'亦不能尽解'。之雍下一封信竟说他'自取其辱'，愧对她。九莉想道：'怎么这么脆弱？名人给读者回信，能这样已经不容易了。人家知道你是谁？知道了还许不理你。他太不耐寂寞：心智在崩溃。'"（张爱玲：《小团圆》）实则梁漱溟还是比较热情的，在信里还邀请他北上议事。但胡兰成考虑到身份可能败露，最终还是不敢北上，仍然待在温州。好在此时，他在温州自称是张佩纶后人，颇以"家学"自炫，因而结交上词学名家夏承焘教授，又经温州名耆刘景晨先生推荐到温州中学任教，处境渐渐好了起来。他把这些情况都写信告诉了张爱玲。到1947年6月，张爱玲知道胡兰成已完全脱离险境，终于写来了一封绝情信：

> 我已经不喜欢你了，你是早已不喜欢我了的。这次的决心，我是经过一年半的长时间考虑的，彼important此唯以小吉故，不欲增加你的困难。你不要来寻我，即或写信来，我亦是不看的了。

信中的"小吉"，是小劫的隐语。女子爱人，往往爱得彻底，即使已知所爱非人，也仍然会为爱而不吝付出。张爱玲就是这样。她已明知胡兰成风流成性，见异思迁，但是为了那一份爱，仍然努力地去做。胡兰成逃难期间，一直都是她接济的，这次又随信附了30万元给胡兰成，是她最近写的两部电影剧本（《不了情》和《太太万岁》）的报酬。她之做人，向来恩怨分明，讲个清楚明白。过去，她该做的都已做了，对于未来，该了断的亦都会有个了断。这一封信及那30万元钱，都算是她对自己对爱的一份了断。

这就是张爱玲处理感情的方式。在以前，她的确没有料到有一天自己会沦落到白流苏、葛薇龙一类"怨女"的位置。她向来抱着一副讥诮的态度去看待她们的；然而一旦自己真的下坠到这样的位置，她到底也不会像那些可怜的女人那样，死死抓住"爱情"不放。她自有她的处理方式。这一点，她很像她曾经描述过的高更《永远不再》中的那个"想必曾结结实实恋爱过"的女人。在一篇文章中，张爱玲曾拿那个女人和现世中的"怨女"做过理智的对照：

> 在我们的社会里，年纪大一点的女人，如果与情爱无缘了还要想到爱，一定要碰到无数小小的不如意，龊龊的刺恼，把自尊心弄得千疮百孔，她这里的却是没有一点渣滓的悲哀，因为明净，是心平气和的，那木木的棕黄脸上还带着点不相干的微笑。（《忘不了的画》）

另外一种女人她也不欣赏，"他还记得冯碧落么？记也许记得，可是他是见多识广的男子，一生的恋爱并不止这一次，而碧落只爱过他一个人……从前的女人，一点点小事便放在心上辗转，辗转，辗转思想着，在黄昏的窗前，在雨夜，在惨淡的黎明。呵，从前的人，……"（张爱玲：《茉莉香片》）张爱玲既不想把自己的自尊心弄得千疮百孔，也不愿成为冯碧落那样的女人。在一定程度上她也曾经委曲求全，但是那种委屈得有一个前提，她要求得到一份完整的爱，爱若已逝，她也就不会再委屈自己了。所以她在信中说："我已经不喜欢你了，你是早已不喜欢我了的。"说到底，她是个天才的女子，她不会和那些洋场男女一样。

胡兰成曾说过张爱玲是"亮烈难犯"的，爱则柔肠百结，不爱则干脆果断，断难回头，所以一接到张爱玲的断情信，胡就知道她是下定了决心。他也知道她如此做的缘故，"我想着爱玲的清坚决绝真的非常好。她是不能忍受自己落到雾数，所以要自卫了"。但是他仍是不甘就此了断，过了两天就写了一封信给炎樱，信中用语柔靡绮丽："爱玲是美貌佳人红灯坐，而你如映在她窗纸上的梅花，我今唯托梅花以陈辞。佛经里有阿修罗，采四天下花，于海酿酒不成，我有时亦如此惊怅自失。又聊斋里香玉泫然曰：妾昔花之神，故凝，今是花之魂，故虚，君日以一杯水溉其根株，妾当得活，明年此时报君恩。年来我变得不像经常，亦唯冀爱玲日以一杯溉其根株耳，然又如何可言耶？"引用了这么多才子佳人式的风流艳典，汉字都不识的炎樱哪里看得懂？胡兰成倒是知道这一层，但是他写这信一则是对自己的行为仿佛有个交代，"为敷衍世情，不欲自异于众"，二则也是希望张爱玲自己能看到信，或者情动于中又回到他的数美并陈的美梦中，也未可知。信寄出去了，但最终没有收到回信。张爱玲见到了这些信，但没理会。

自此以后，张爱玲、胡兰成这一场乱世之恋算是辛酸地谢幕了。它留给张爱玲的，究竟是怎样的创痛？张爱玲一生著述，却从未就这场恋情谈过只言片语，她把它彻底地埋葬了。但有一段文字，细心的读者或许能读出几许惊心动魄的痛苦：

阳台上撑出的半截绿竹帘子，一夏天晒下来，已经和秋草一样的黄了。我在阳台上篦头，也像落叶似的掉头发，一阵阵掉下来，在手臂上披披拂拂，如同夜雨。远远近近有许多汽车喇叭仓皇地叫着。逐渐暗下来的天，四面展开如同烟霞万顷的湖面。对过一幢房子最下层有一个窗洞里冒出一缕淡白的炊烟，非常犹疑地上升，仿佛不知道天在何方。露水下来了，头发湿了就更涩，越篦越篦不通，赤着脚踝，风吹上来寒飕飕的，我后来就进去了。(《〈太太万岁〉题记》)

此后的张爱玲不再是以前的张爱玲了，她后来说，"我的人生——如看完了早场电影出来，有静荡荡的一天在面前"(张爱玲等：《张爱玲私语录》)。可能是自感繁华落尽，张爱玲不再寻求飞扬恣肆、轰轰烈烈。或者说，她不再向外界寻求完美，不再向外界寻求青春的诗意。自我以外的一切到底是不可把握的。她决意完全转向内心，转向"心平气和"的宁静与超脱。1947年后，张爱玲变成了一个沉默不语、独自上路的女人，开始了一种"黑夜的旅行"。留在她身后的，是一段闪闪发亮的橙红色的岁月，是一段如歌往事。她固执地转过身，决然地向过去告别了。倒是胡兰成还未能彻底忘怀于她。1949年他取道上海前往香港时，犹豫再三是否去看张爱玲，想去又不想去，去了张爱玲未必肯见他，两人的一段姻缘已经是覆水难收，但是思忖再三，胡兰成最后还是登上了赫德路公寓六楼——他以前到过无数次的地方，然而出来应门的却是一个陌生的女人——张爱玲已经搬走多时了。

滚滚红尘中的一段情缘，就这样随风而逝。

但是还有一段后话。20世纪50年代初期，胡兰成移居日本后，张爱玲也离开内地到了香港。胡得知消息后，即托池田笃纪到香港时去看望张爱玲，结果池田访而未遇。半年后，胡却收到张爱玲的明信片，没有抬头，没有署名，只写"手边若有《战难和亦不易》《文明的传统》等书(《山河岁

月》除外），能否暂借数月做参考？"后面写了她在美国的地址与姓名。胡
兰成见卡大喜，不但以为旧情可复，亦以为张爱玲仍较欣赏自己，因胡兰成
向来以为自己不及张爱玲处甚多，且前段时间有香港小报提到有人曾问张爱
玲对《山河岁月》的评价，张却不置一词，现在张爱玲来信索书，足见张仍
是有所顾念。胡马上按地址回了信，并附上她要的书与最新照片。等到他的
自传《今生今世》上卷出版时，他又寄书过去，写长信，为缠绵之语。张爱
玲一概不回，最后才来一纸短笺：

张爱玲通信手迹

兰成：

　　你的信和书都收到了，非常感谢。我不想写信，请你原谅。我因为实在无法找到你的旧著做参考，所以冒失地向你借，如果使你误会，我是真的觉得抱歉。《今生今世》下卷出版的时候，你若是不感到不快，请寄一本给我。我在这里预先道谢，不另写信了。

爱玲

胡兰成一见，彻底断了念头。

三十年后，张爱玲倒说过一句未必相干的话，"我们是一个爱情荒芜的国家"（《国语〈海上花〉译后记》）。

第六章　悄然出走

　　1946 年至 1952 年间，张爱玲不得不与她一向不喜欢的"历史"发生纠葛。尤其是 1949 年新中国成立后，她的"未变"与时代的"变"之间，明显地出现了某种不协调。同时，作为小说家，张爱玲发现她的"上海"已不复存在。沉默，改变自己，都不是好的办法。无奈之中她选择了离开。

沉默年代

　　她素来不喜欢庄严的"历史"，但"历史"却不愿意忘记她。1946年她选择了沉默，她不需要别人来探看她的内心，仅有的两三部作品，也不再有过去的灵动、飞扬。所谓"结束铅华归少作，摒除丝竹入中年"，大约是近于这种心境的。

　　她素来不喜欢庄严的"历史"，但"历史"却不愿意忘记她。

　　1945年抗日战争的胜利，带给张爱玲的，不是欢乐鼓舞的感奋，而是屡屡预感到而最终降临的黑暗与"破坏"。以前她说过："个人即使等得及，时代是仓促的，已经在破坏中，还有更大的破坏要来。有一天我们的文明，不论是升华还是浮华，都要成为过去。"现在看来，那种"更大的破坏"终于来了，比父母的离异更大，比港战的破坏更大。

　　这"更大的破坏"不仅是指胡兰成的出逃以及随后两人之间感情的破裂，而且也是张爱玲自己在上海生活所感受到的有形无形的压力。因为与她结了婚的胡兰成不是一个平常的居家男子，不是一个与社会政治皆无瓜葛的人物。与张爱玲最初相识的时候，胡兰成刚刚从南京汪伪政权宣传部次长的位置上退下来，但仍然与"朝"中保持着千丝万缕的联系。与张爱玲结婚后，胡兰成更是频繁地与日本军界、政界人物密切往来，他的一些政论文章在日本国内也有不小影响。这样的一个男人，注定要将张爱玲拖进一摊恶水，不管她愿不愿意，不管她料到与否。张子静回忆："我舅舅读了《花凋》，本就很生我姐姐的气。不久，他不知从哪儿听说我姐姐交了一个男朋友，'是个有妇之夫，而且是个汉奸（指胡兰成）'，他更为生气了。"（张子静：《我的姐姐张爱玲》）《小团圆》也记载了周边熟人对九莉这场婚姻的评价："'毛姐有了人家了？'想必是从卞家方面听来的。九莉只得笑道：'不是，因为他本来结了婚的，现在离掉了，不过因为给南京政府做过事，所以只好走了。'碧桃呆着脸听着，忽道：'嗳哟，小姐不要是上了人的当吧？'九莉笑道：'没有没有。'她倒也就信了。"但家族内的人的评价不甚碍事，反正张爱玲也不太在乎。真正给张爱玲带来麻烦的，是公共世界里的"历史"。自 1945 年起，"历史"就开始和张爱玲发生微妙的纠葛。第一次见到胡兰成时，她远未料想到以后。是呀，在这个世界上，到底有着一个什么样的因果逻辑主宰着我们，没有谁说得清楚。所以也没有什么暗示，可以阻挡当时年轻的张爱玲坦然去接受那一份轰轰烈烈的乱世恋情。

　　"历史"总是突如其来地出现在生活的背后。

　　张爱玲最先遭遇的麻烦就是她与胡兰成的婚姻。抗战胜利后，避居重庆的前南京政府重新迁回南京，当即便颁定了《惩办汉奸条例》，在全国范围内缉拿、惩处卖国汉奸。胡兰成既然任过汪伪政府高职，自属"文化汉奸"之列，幸亏他嗅觉敏锐，早早借助日本人的掩护脱逃乡下，只是撇下张爱玲在上海。虽然说张爱玲本人是挨不上"文化汉奸"的哪条哪款，但是舆论压力却是异常之大。在那些"爱国"的人看来，全国四万万人都在忙于抗战，你张爱玲一个人留在"孤岛"上海，本来已有不对，何况还在日本人的铁蹄下红极一时，何况还与"文化汉奸"谈婚论嫁，怎么看都有汉奸嫌疑。多年以后，张爱玲已经誉满海内外，但她的同时代人唐德刚先生仍对她持批评态度，"一个社会，纵在异族和暴君统治之下，也不能无文艺。因此在敌人豢养之下的汉奸报刊崛起之后，另一种作家艺人也就应运而生。这种作家艺人的作品，一定要有个大前提——那就是他们作品的内容和风格一定要为凶残的异族统治者和无耻的本族汉奸所接受。换言之，这是一种'顺民文学''皇民文学'。写得好的，也颇能承继战前'性灵文学'的技巧；写起男情女爱来，也颇能惹出读者一掬眼泪、一声叹息、一丝微笑。不特汉奸编辑许为佳作，敌人暴君特务也将须认可，文化沙漠的沦陷区读者也颇为喜爱。这样他们也就稿费如潮，声誉鹊起了。但是这种作品既不能启发大智慧，也不能培养真性情，兜来转去，只在个人情感小圈圈内，装模作样，惹人怜惜；山鸡野狐，终非上品——这就是张爱玲了。爱玲仗以成名的汉奸小报，当年曾蒙敌人飞机空运，一捆捆地投到重庆。我辈当年亦是手低眼高的文艺青年也。捡而读之，但觉其恶心而已，有什么'文学'呢？爱玲青年期委身嫁作汉奸妇，已不足取。与胡兰成喁喁情话，读来尤其肉麻兮兮。在我民族存亡绝续的年代而能无动于衷，吾终不信作家之无灵魂者而能有文学也"（唐德刚：《最后的光辉——谈谈张爱玲》）。

不能说唐德刚先生的批评毫无道理，但这些情况，张爱玲在与胡兰成结婚后还是考虑到了一些。不过她到底是个性情女子，最看重的仍然是自己的感情，而不愿意太多地计较实际得失。至于抢滩沦陷区文坛、清水浑水难以自辩，她也知道，当初柯灵已经劝过她少与《杂志》《古今》等有日伪背景的刊物往来，她也不是没有虑及这一层。《小团圆》还提及，荀桦（以柯灵为原型）甚至还劝她和当时大多数文人一样，到重庆等大后方去，"'他写过一封信给我，劝我到重庆去，'九莉说，'当然这也不一定就证明他不是共产党。当时我倒是有点感激他肯这么说，因为信上说这话有点危险，尤其是个"文化人"。'她不记得什么时候收到这封信，但是信上有一句'只有白纸上写着黑字是真的'，是说别的什么都是假的，似乎是指之雍。那就是已经传了出去，说她与之雍接近。原来荀桦是第二个警告她的人——还是第一个？还在向璟之前？——说得太斯文隐晦了，她都没看懂，这时候才恍惚想起来"。但她这个人的观念素来是以"飞扬""恣肆"和"完美"至上，"出名要趁早呀"，再晚就来不及了。时代的破坏既然不可理喻，逃避与不逃避其实都是一样，所以她最终还是选择了闪亮耀眼的生活方式。她的婚恋，她的创作，虽皆是在乱世之中生长、发展，但她并不惧畏。乱世中的人，该担承什么便担承什么。然而到1946年，她也明白需要解释的地方也得有一些解释，因为她是上海人，她从来都想着要生活在这个黄浦江边的城市，所以她需要解释。

1946年11月，友人龚之方以"山河图书公司"的名义推出她的小说集《传奇》增订本，除原有的《沉香屑·第一炉香》《沉香屑·第二炉香》《琉璃瓦》《金锁记》《心经》《茉莉香片》等篇目之外，又增加了《留情》等几个短篇，但最引人注意的是它的跋与前言《有几句话同读者说》，都含有自我解释的意思。跋以两首诗加说明的《中国的日夜》代替，诗表明了作者对祖国凡微事物的热爱，与《传奇》集内的小说并无多大共通的经验。选在此处作跋，张爱玲的用心也是无奈得很。在《有几句话同读者说》中，那份辩解的意图更是分明，从中也可看出她在当时文化气氛中感受到的沉重压力，虽然说她素来不屑俗小訾议之言，但风雨欲来她也不得不为自己寻找自卫的理由：

> 我自己从来没想到需要辩白。但是一年来常常被议论到，似乎被列为文化汉奸之一，自己也弄得莫名其妙。我所写的文章从未涉及政治，也没有拿过任何津贴。想想看我唯一的嫌疑么就是所谓的"大东亚文学者大会"第三届曾经叫我参加，报上登出的名单内有我；虽然我写辞函去（那封信我还记得，因为很短，仅只是："承聘第三届大东亚文学者大会代表，谨辞。张爱玲谨上。"），报上仍旧没有把名字去掉。至于还有许多无稽的谩骂，甚而涉及我的私生活，可以辩驳之点本来非常多。而且即使有这种事实，也还牵涉不到我是否有汉奸嫌疑的问题，何况私人的事本来用不着向大众剖白。除了对自己家的家长之外仿佛我没有解

释的义务，所以一直缄默着。同时我也实在不愿意耗费时间与精神去打笔墨官司，徒然搅乱心思，耽误了正当的工作。但一直这样沉默着，始终没有阐明我的地位，给社会上一个错误的印象，我也觉得对不起关心我的前途的人。所以在小说集重印的时候写了这样一段作为序。反正只要读者知道了就是了。

此时正是胡兰成在温州与范秀美同居，张爱玲去看他而后涕泣而返之后半年，两人感情基本上已到尽头。乱世岁月风飘雨打的感觉张爱玲算是渐渐体会到了。她以沉默面对这一切，所有郁闷、忧伤与苍凉她都只是往心里装，往心里埋藏，而很少形之于色。她的为人风格在发生变化。

从1944年底胡兰成前往武汉之后，她心里就开始承受太多太多的东西。爱可以成全一个人，亦可以以无形的剑刃戕伤一个人，张爱玲似乎更属于后者。两三年间她的心态迅速走向悲凉。她原来就不爱多说话，现在更趋于孤独静默（几年后她的唯美追求完全转入内心）。她不似苏青那样对"汉奸"之议大动肝火。苏青在"孤岛"时期风头之健不下于张爱玲，而且的确和日伪有辩白不清的关系，要说"文化汉奸"也不无道理，但是苏青在她的《续结婚十年》卷首《关于我——代序》里仍是振振有词："是的，我在上海沦陷期间卖过文，但那是我'适逢其时'，亦'不得已'耳，不是故意选定这个黄道吉日才动笔的。我没有高喊打倒什么帝国主义，那是我怕进宪兵队受苦刑，而且即使无甚危险，我也向来不高兴喊口号的。我以为我的问题不在于卖文不卖文，而在于所卖的文是否危害民国的。否则正如米商也卖过米，黄包车夫也拉过任何客人一般，假使国家不否认我们在沦陷区的人民也尚有苟延残喘的权利的话，我就是如此苟延残喘下来了，心中并不觉得愧怍。"张爱玲没有苏青这样的激烈，也没有苏青那样的"战斗"的心情，她那时正痛苦着与胡兰成的婚姻。胡兰成蛰居在温州，经常亦有信到，信中掺杂的轻佻戏玩的语气，令她已很难忍受，她仍给他寄衣寄钱，唯一一次在信中对他说"我觉得要渐渐地不认识你了"，流露出她一年多来凄哀低回的心情。尽管是爱错了人，但那到底也是爱呀，即便是凡事要个明白了断的张爱玲，心里在做决定时也未尝不是满布痛楚的。

1946年也是张爱玲差不多完全辍笔的一年。外有舆论的压力，内有婚恋的绝望，对于这一个刚刚从大学毕业两三年的女子，生活中发生的这一切实在是太过匆促、太让她措手不及了。仅仅几年前，她还是一个对云片糕、冰淇淋充满无限怀恋的少女，而现在她忽地又发现，自己再次被摔到赤裸裸的天底下了。她不得不一个人独自承担命运，胡兰成倒是曾经给过她安全感、稳定感，但是现在看来，那不过是一阵短暂的幻影，大难一至，他早逃之夭夭，根本不曾想到要顾及她。乱世情恋，说穿了不过是一些自私的男女偶尔拼凑在一起罢了。她以前在小说里总是这样地叹息白流苏，现在轮到自己头上，却连叹息的精神都振作不起来了。

看透也罢，绝望也罢，生存的现实她总是要面对的。抗战一胜利，心绪寥落的张爱玲渐渐发现自己文章的发表变得困难起来。而她自从最初动笔替英文报刊写《洋人看京戏及其他》等类文章以来，一直以写作谋生。这一发现无疑是一种她十几岁时常体会到的"惘惘的威胁"。抗战胜利后，与日伪有暧昧关系的《杂志》自动停刊，此时在上海代表严肃文学倾向的是《文艺复兴》以及一些左派或亲近左派的刊物。张爱玲一向不喜欢政治，对左派文坛素来敬而远之，少有往来。所以几年来一直用力推介她的《杂志》一停刊，差不多也意味着她与严肃文学界联系的中断。这对她的文学生涯产生了明显的影响。当然，按照常理，以她的才气，她的名气，是不难有杂志、出版社来主动将她罗致门下的，但她既然有所谓"文化汉奸"的嫌疑，一般报纸、杂志还是谨慎地与她保持距离。这一点有苏青的遭遇可作为佐证。苏青在文章里提起，曾经有大报拟请她去编副刊，但是又吞吞吐吐想让她改个笔名，苏青觉得换笔名恰恰是"心虚"的表现，她又有什么可心虚的呢？结果双方没有谈成。依张爱玲之知名度，她可能也有过类似的经验，不过她最终还是选择了沉默。

在这期间，她反复考虑了自己的出路。在内地继续写作，还是重返香港继续学业（港大已来复学通知）？她辗转难定，"蕊秋终于离开了印度，但是似乎并不急于回来，取道马来亚，又住了下来。九莉没回香港读完大学，说她想继续写作，她母亲来信骂她'井底之蛙'。楚娣倒也不主张她读学位。楚娣总说'出去做事另有一功'，言外之意是不犯着再下本钱，她不是这块料，不如干她的本行碰运气。九莉口中不言，总把留学当作最后一条路，不过看英国战后十分狼狈，觉得他们现在自顾不暇，美国她又更没把握。'美国人的事难讲。'楚娣总是说。要稳扎稳打，只好蹲在家里往国外投稿，也始终摸不出门路来"（张爱玲：《小团圆》）。计划中的长篇小说《描金凤》也搁浅了。

这段沉默时间贯穿 1946 年整整一年还有余。直至 1947 年 4 月，她才在文坛上再次露面。这次是在一家通俗文学刊物《大家》上。该杂志主持人龚之方、唐云旌（唐大郎）都是战前鸳鸯蝴蝶派人物，也是张爱玲所结识的少数几个文坛朋友，他们编辑的杂志以小市民趣味为上。这是张爱玲第二次与鸳鸯蝴蝶派合作，龚之方、唐云旌跟早先的周瘦鹃是很相似的人物（不过龚之方暗下里与田汉、夏衍等左翼剧作家也有密切往来），看来张爱玲天性里到底是上海人的趣味多一些。

刊在《大家》上的第一篇作品是《华丽缘——一个行头考究的爱情故事》。题为小说，实则散文，记述的是她在乡间和农人一道在露天里听戏看戏的所见所闻。这可能是对她不久前温州之行的回忆。温州地方流行看戏，她与胡兰成曾经多次去观看庙戏，其情其景，犹在眼前。转眼一年过去，物是人非，她的心境与一年前去温州时已经大不同（胡兰成收到她的绝情信是在 1947 年 6 月 10 日，是《华丽缘》发表两个月以后的事情）。此时的回忆，避重就轻，不写胡兰成，却写那温州地方的俗人凡趣，写绍兴戏，写乡村社会里那平静永远的节奏和气息，然而恍惚之中、平静之中忽然触发的伤感仍是叫人抵挡不住：

> 我注意到那绣着"乐怡剧团"横额的三幅大红幔子，正中的一幅不知什么时候已经撤掉了，露出祠堂里原有的陈设；里面黑洞洞的，却供着孙中山遗像，两边挂着"革命尚未成功，同志仍须努力"的对联。那两句话在这意想不到的地方看到，分外眼明。我从来没知道是这样伟大的话。隔着台前黄龙似的扭着的两个人，我望着那副对联，虽然我是连感慨的资格都没有的，还是一阵心酸，眼泪都要掉下来了。

她是忽然对自己有了悲凉的身世之感：原以为一切都是轰轰烈烈、飞扬恣肆的，如今在绍兴戏平板、漠然的背后，她忽地瞥见了历史的本相：没有什么东西可以是永恒的，没有什么东西可以是永远的，可以是特立独行于时代之上的，伟大之如孙中山，亦不过是做了乡民村夫演戏的黯淡背景。她错了，她以往所理解的一切都错了。

在"心酸"的一刹那，她想到的定然是她的辛酸的爱情，纵使她自己曾经有过欲仙欲死的痴恋，纵使她自己曾经相信那是滚滚红尘间唯一的真实，但她能够摆脱那种悲哀的宿命吗？在绍兴戏那四平八稳、亘古如斯的冷漠唱腔中，布满了一种宿命的无奈，连同那背景里影影绰绰的人群，更透露出一种对于"轰轰烈烈"的嘲讽："周围的男男女女都好得非凡。每人都是几何学上的一个'点'——只有地位，没有长度、宽度与厚度。整个的集会全是一点一点，虚线构成的图画；而我，虽然也和别人一样的在厚棉袍外面罩着蓝布长衫，却是没有地位，只有长度、阔度与厚度的一大块，所以我非常窘，一路跌跌冲冲，踉踉跄跄地走了出去。"她不得不从"人群"中退出来。这"人群"中只有位置，却没有具体的活生生的东西，她的满腔的热恋，她的对于飞扬的向往，在这里皆成了尴尬的存在。

时代缺乏可靠的东西，人能面对的只是自己。

《华丽缘》多少有一些隐蔽的缅怀情感，它仿佛是一个标志，一个张爱玲个人生活的标志：从此她告别了自己的青春时代。她不仅在文字表达上一反过去的洒脱、轻灵与飞扬，在个人生活方面，她也不再奇装炫人，而转为沉默、平实。一个乱世天才女子的时代逝去了，她准备结束这场辛酸的爱情故事，亦不打算再去爱人。爱一次已使她意懒心灰，她不再想对俗世生活抱以热情与幻想。所谓"结束铅华归少作，摒除丝竹入中年"已近于她这种心境。然而令人心酸的是，她到底只有 27 岁呀。玛格丽特·杜拉斯曾经说过，在我很年轻的时候我就已经老了。这是无可挽回的悲哀。

1947 年以后，张爱玲作为一个女作家和一个女人，都开始走向了她人生平静而韵致深涵的阶段，然而这平静里又格外含有几分艰难与苦涩，几分不足为外人道的疲惫。因为张爱玲从 1944 年起，就已经成为一名以写作为生的职业女性，后来终其一生亦如是。她的父亲，她的家庭已经很少再与她发生联系。弟弟张子静偶尔来看一看她，她也没有多少话和他说。母亲流走海外，极少音讯。1946 年倒是突然回来了一次，她和姑姑、表哥去接船，母亲的憔悴与消瘦令她默然。她对母亲的生活方式也多少有些不屑："这天在饭桌上蕊秋忽向楚娣笑道：'我那雷克才好呢，在我箱子里塞了二百叨币。他总是说我需要人照应我。'九莉听了也没什么感觉，除了也许一丝凄凉。她在四面楚歌中需要一点温暖的回忆。那是她的生命。"（张爱玲：《小团圆》）而且，也在这一次，她几乎是公开地表示了与母亲的疏离，那就是她多年来一直想做的：偿还母亲为她花的钱。这件事情对她母亲刺激很大：

> 九莉乘机取出那二两金子来递了过去，低声笑道："那时候二婶为我花了那么些钱，我一直心里过意不去，这是我还二婶的。"
>
> "我不要。"蕊秋坚决地说。
>
> 九莉想道："我从前也不是没说过要还钱，也没说过不要。当然，我那时候是空口说白话，当然不理。"

蕊秋流下泪来。"就算我不过是个待你好过的人，你也不必对我这样。'虎毒不食儿'嗳！"

九莉十分诧异，她母亲引这南京谚语的时候，竟是余妈碧桃的口吻。在沉默中，蕊秋只低着头坐着拭泪。

……她并没想到蕊秋以为她还钱是要跟她断绝关系，但是这样相持下去，她渐渐也有点觉得不拿她的钱是要保留一份感情在这里。

不久母亲又去英国，再也没回来过，后来病死在英国。而她多年不相往来的父亲，此时情况更糟。张子静回忆，他父亲和后母都抽鸦片，"光是这项开销就很可观"，"吃和行的方面，我父亲也极会享受"，"后母的医药费也很惊人"，"如此折腾了几年，到了1942年，我们开始由大房子搬到小房子"，不断地搬，到1948年，父亲卖掉最后一套房，换成金圆券，不想成了废纸，而到1949年新中国成立前夕，就只能搬进张志潜子女名下一间14平方米的房子，"厨厕都需与同楼的十多户人家共用。比我家以前的佣人房还不如"。（张子静：《我的姐姐张爱玲》）《小团圆》也有相关影射，"绪哥哥给楚娣来信，提起乃德翠华（以张爱玲父亲、后母为原型）夫妇：'听说二表叔的太太到他们大房去，跟他侄子说："从前打官司，要不是你二叔站到这边来，你们官司未必打赢。现在你二叔为难，你就给他个房间住，你们也不在乎此。"他侄子就腾出间房来给他们住，已经搬了去了。'九莉想，她父亲会一寒至此。以前一讲起来，楚娣总是悄声道：'他那烟是贵。'物价飞涨，跟鸦片的直线上涨还是不能比，又是两个人对抽。但是后来也都戒了"。张爱玲就这样与她的家庭断了联系，而她所爱的人又仅如幻影，她也就只好一个人在赤裸裸的天底下孤独地生活下去了。既然认定唯有内心才有完美，她对于外部世界的态度也逐渐平和，逐渐少了挑剔与嘲讽，同时世俗常人所谓的幸福离她也是渐行渐远。她也不需要别人来探看她的内心。

作为一个职业作家，张爱玲在《华丽缘》后又接着在《大家》上发表了中篇小说《多少恨》。这是一个浅显的故事，有身份有地位但是对人生已开始产生倦意的中年男子夏宗豫，爱上了一个平民女子虞家茵。家茵的可爱之处不仅在于她的温顺动人，更在于她对现实生活的一种执着不屈的态度，柔顺之下又潜藏着刚强。这或许是张爱玲喜欢欣赏的女人类型，她自己也多少如此。

在这种压抑的局面下，也有少数圈内朋友关心她，帮她寻找出路。《大家》杂志在发表《华丽缘》时，编者唐云旌即在《编后》推荐说：张爱玲小姐这二三年中不曾在任何杂志上发表过作品，《华丽缘》是胜利以后张小姐的"试笔"，值得珍视。小说《多少恨》连续刊载时，唐云旌又在《编后》中说，本期将张爱玲小姐所作《多少恨》小说刊完，占十九面篇幅之多，这是应多数读者的要求，特地烦恳张小姐赶写的。这些勉励性的文字，对孤寂的张爱玲多少是一点点安慰。遗憾的是，由于战时通货膨胀，《大家》很快难以维持，出版三期之后不得不停刊，张爱玲在寂寞中写成的另一篇中篇小说《郁金香》不得不改交一份很不起眼的小报《小日报》连载。

插曲：桑弧与两部电影剧本

听明对方婉转的来意之后，她的反应是略有诧异。她既已无能力也无机会再去爱一个人。此张爱玲已非彼张爱玲，她和她的剧本恰好站在一个世界的两侧：一边是挥而不去的悲凉，一边是凡俗世界的喧哗。

在艰难发表小说的同时，张爱玲也开始尝试撰写电影剧本。之所以有此选择，不仅与当时的政治气氛有关（写剧本较为隐蔽身份），也与她自己对电影的浓厚兴趣有关。她自小就喜欢看电影，看电影对她来说有如浏览时尚日报一样，是她最日常的消遣。很小时候她常常一个人去电影院看电影，散场后就站在马路边，一直等家里来的车夫把她找到（她不记得自己家的车牌号码）。长大后她可以刚到杭州游玩便马上返回上海赶看一部新片子。她也经常"借银灯"，入银宫就学（张爱玲：《银宫就学记》），对电影这种表达方式很有自己的见解。她是影迷，也是一个敏锐的剧评家。在走上职业写作道路之初，她也写过不少很好的英文剧评，但对于编剧，她倒是没有尝试过，然而兴趣却是有的。

首先起念找她写作剧本的是上海文华影业公司。文华影业公司是著名青年导演桑弧与民族资本家吴性栽合办的。吴性栽是一位老电影家，从大中华百合公司、联华公司二厂到大众公司再到文华影业公司，有着数十年的电影事业的经验，不过因为吴性裁不尚名，很少露面，文华影业公司的很多具体业务都由桑弧经手操办。桑弧非常仰慕女作家张爱玲的才气，但又知道她生性孤傲冷人，不敢冒昧登门求稿，所以他和龚之方联系后，又设法取得柯灵的介绍信，才正式登门求见，请张爱玲给文华影业公司写电影剧本。张爱玲虽然对电影有由来已久的兴趣，但真要动笔写电影剧本，她还是觉得缺乏把握。1943年她曾经试着编过一出戏，写一个现代的男"娜拉"，但是演出的前景并不好，"（我）觉得茫然。据说现在闹着严重的剧本荒。也许的确是缺乏剧本——缺乏曹禺来不及写的剧本，无名者的作品恐怕还是多余的。我不相信这里有垄断的情形，但是多少有点壁垒森严"（张爱玲：《走！走到楼上去》）。这次经验，让她对创作剧本抱有一定的顾虑，"写文章是比较简单的事，思想通过铅字，直接与读者接触。编戏就不然了，内中牵涉到无数我所不明白的分歧复杂的力量"（张爱玲：《走！走到楼上去》）。所以，起初她对桑弧的提议有些犹豫，后来她才挺身站起来说："我写。"很快她就完成了一个剧本交给文华影业公司。这个剧本就是文华影业公司的处女作《不了情》，也是张爱玲平生公开演出了的第一个电影剧本。小说《多少恨》是与《不了情》同时写出的，故事相同，表现形式却不同。

电影《不了情》由桑弧执导，饰演夏宗豫的是当时最走红的男星刘琼，饰演虞家茵的是退隐多年东山再起的陈燕燕，扮演虞父和姚妈的亦皆一时之选。编、导、演，阵容都很强大。影片公映后，产生了很大的轰动效应，卖座极佳。张爱玲、桑弧第一次合作，彼此都甚觉愉快，桑弧于是再接再厉，邀请她再替文华影业公司写第二部电影剧本。这次桑弧肚里先已有了一个腹稿，是个喜剧，他先把故事的框架讲给了张爱玲听，张爱玲因《不了情》的成功，也很受鼓舞，当即应允下来。没有多长时间，她就一气呵成地把它写了出来。这个剧本就是文华影业公司的第二部作品——《太太万岁》。导演仍是桑弧，扮演男女主人公以至配角的演员蒋天流、上官云珠、石挥、韩非等，也都是一时的名角。上座效果仍然很好。后来片子放到温州，胡兰成也去看了，在《今生今世》里他还提及此事，说电影院观众反映相当不错。

《太太万岁》是一出轻松的爱情喜剧。张爱玲自己说："出现在《太太万岁》里的一些人物，他们所经历的都是些注定了要被遗忘的泪与笑，连自己都要忘怀的。这悠悠的生之负荷，大家分担着，只这一点，就应当使人与人之间感到亲切的罢？'死亡使一切人都平等'，但是为什么要等到死呢？生命本身不也使一切人都平等么？人之一生，所经过的事，真正使他们惊心动魄的，不都是差不多的几件事么？为什么偏要那样地重视死亡呢？难道就因为死亡比较具有传奇性——而生活却显得琐碎，平凡？"（张爱玲：《〈太太万岁〉题记》）这与《不了情》的幽怨情调完全不同。比较而言，《太太万岁》中更多的是巧合、噱头、误会，以及情节上的突兀跳跃、妙趣横生。电影里吵吵闹闹出现的，都是上海人常见的角色：吃白饭的丈夫、脾气疙瘩的婆婆、老于世故的势利鬼、精明厉害的交际花、坑蒙拐骗的无赖，不一而足。到底是上海人，张爱玲对上海人的观察可谓入木三分，夸张又夸张得恰到好处。以前她就流露出对上海人的欣赏："谁都说上海人坏，可是坏得有分寸。上海人会奉承，会趋炎附势，会混水里摸鱼，然而，因为他们有处世艺术，他们演得不过火。关于'坏'，别的我不知道，只知道一切的小说都离不开坏人。好人爱听坏人的故事，坏人可不爱听好人的故事。"《太太万岁》无疑是一部关于"坏人"的喜剧：小人得到不大不小的报应，势利鬼弄巧成拙，无赖诈人钱财者打算落空，迷惑人的交际花最后现了形。生活中无处不在的闹剧竟能使人品味到另外一种热闹，而热闹有时候可能恰恰是人之用以抵抗命运的一种方式。

但《太太万岁》的命运反而不及《不了情》。《太太万岁》上演后，知名剧作家洪深撰文称赞张爱玲，"她将成为我们这个年代最优秀的 high comedy 作家中的一人"。但这很快引起胡珂的批评："寂寞的文坛上，我们突然听到歇斯底里的绝叫声，原来有人在敌伪时期的行尸走肉上闻到 high comedy 的芳香，跟这样的神奇的嗅觉比起来，那爱吃臭野鸡的西洋食客，那爱闻臭小脚的东亚病夫，又算得什么呢？"（《抒愤》，《时代日报》1947年12月12日）类似文章纷纷而出，洪深不得不改变看法，刊文《恕我不愿领受这番盛情——一个丈夫对〈太太万岁〉的回答》，从三个方面全盘否定《太太万岁》。遭此打击，张爱玲的电影创作也停顿下来，连文华影业公司已做预告的电影《金锁记》也无疾而终。

不过，《不了情》和《太太万岁》还是给张爱玲带来了一笔及时的收入，她把这笔钱寄给了身在温州的胡兰成，并同时寄上那封绝情信。在将近两年的时间里，她一直给他寄钱寄物，而这个临难只顾自己的自私男人，却不愿意在妻子与情人之间做出一个选择。她算是失望到了极点，她对人生一直潜隐着的阴郁的看法无疑更加深了。告别那段恋情，于她而言，也就是告别了那短暂的青春时代，幼稚时候的橙红色的梦幻渐是随风散去。经此变故，张爱玲便成了一个彻底的悲观主义者，同时更是一个绝对的唯美主义者。在凡世的喧哗面前，她悄然退隐，她一天天地远离她的时代，彻底把完美的追求归于内心。

此张爱玲已非彼张爱玲。她和她的剧本恰好站在一个世界的两侧：一边是挥而不去的悲凉，另一边是凡俗世界的喧哗。

但从外表看来，张爱玲似较过去反显得随和了一些。据龚之方回忆："她喜欢与人聊天，对朋友的态度还是热情的，在有许多人在一起的时候，她特别爱听别人的高谈阔论。有的故事很好笑，她也张口大笑。人称'江南第一支笔'的唐大郎，也与她很谈得来。唐大郎平常口没遮拦，善戏谑人，不留余地，张爱玲不嫌弃他，反而常提到他，足见她的性格虽有点固执，但一点没有反常的感觉，要不然，我们与她怎么能有那么一些愉快的合作呢？"

一个人在内心遭受大创之际，反而有可能去凡俗嬉闹中寻求宽解的途径。张爱玲原来一向是封闭拒人的，即便是与胡兰成结婚后，她对胡的怨懑，她对男女间一切浮华的怀疑，也多不向他人言说。她习惯于一个人独守自己的世界。而现在，这世界里既然已经充满令人恐悚的荒凉与黑暗，她也就很难完全拒绝一般常人之所为。虽然依照她的性格，她断难向人倾诉，但与素来远离的外界显示出一种亲近的态度，大抵亦是她希望借喧闹世界里的几许光亮，来抵挡日益扩大的黑暗。

与这帮电影界的朋友在一起，张爱玲有时也充满热情。有一次她跟龚之方说："我要向你学习上海话。"龚很诧异地说："我们日常都不是说的上海话吗？"她说："我对上海话研究过，有的词汇以及它的发声，很有魅力；你的一口上海话接近这个标准。"她的认真又多少带有一些女学生的味道。又有一次，文华影业公司的老板吴性栽请客，大家一起出发到无锡去游览太湖。吴性栽本来好客，但他一般不请张爱玲，可能是因为她不喜欢交际，亦可能是尊重她，但这次是文华影业公司庆祝拍片成功，自然是要邀请编剧张爱玲参加。参加宴请的有吴性栽、龚之方、桑弧、唐大郎及张爱玲等人。大家在太湖里乘一条船，吃当地有名的"船菜"（鱼虾都是在太湖里当场捕捞、当场在船上烹食），言笑甚欢。当天正好又碰见一件巧事：对面驶来一艘游船，亦有人正在吃酒笑谈。吴性栽一听就听清正好是剧作家洪深的声音，吴于是站在船头，等两船靠近时，就请船老大去把洪深接到他们这条船上来。洪深当场答应，马上便跳了过来，和张爱玲他们一起吃船菜。洪深刚刚于无奈之下批评过《太太万岁》，但在船上，与张爱玲便认识了，两人谈了一些文学上的问题，没想到观点很是接近，"前嫌"也就尽释。这次到太湖游船，给张爱玲印象颇深。大约是她很少与众人同游同乐，一旦放开去玩，却也发现人与人之间仍存在较多友爱，即便是在乱世，是在"惘惘的威胁"之下。

就在这些热闹中，张爱玲的生活又旁生枝节，那就是当时上海小报纷纷猜测张爱玲与桑弧之间有男女恋情。桑弧原名李培林，原来在银行里工作，后来与著名导演朱石麟相识，开始尝试创作电影剧本，获得意外成功。不久就索性放弃本行，与吴性栽合办文华影业公司，并任专业编剧。桑弧1949年后成为我国电影史上颇有建树的著名导演，不过在邀请张爱玲为文华影业公司写剧本时正当年轻，比张爱玲略大几岁。张爱玲为文华写第一个电影剧本《不了情》时，因为桑弧是导演，两人要讨论和商量的事情比较多，常常碰面。到张爱玲写第二个剧本时，他们的接触就更频繁。张爱玲与胡兰成结婚一事，当时在演艺圈里知道的人并不太多，一则是因为两人结婚本来就没公开，仅写婚书为凭，再则，两人真正常在一起的时间不过一年有余，所以桑弧等人并不深知内情，更不深知张爱玲在写作剧本时正承受着个人生活的巨大悲凉。两人接触频繁，在周围一般朋友眼中，两人又很般配，张爱玲是知名作家，桑弧虽然年轻，但他与朱石麟合作已经编导过十余部电影，对电影艺术也有非凡才力，又没有结过婚，与锦心绣口的才女张爱玲岂不正好是天生的一对？龚之方对此最为热心。有一次，他去拜见张爱玲，与她聊了一些闲天，就婉转地说明了来意，说了朋友之间认为他们是郎才女貌、佳偶天成一类的话，问张爱玲是否可以考虑她与桑弧之间婚事的可能性。张爱玲的反应是略有诧异，据龚之方回忆：

> 她的回答不是语言，只对我摇头、再摇头和三摇头，意思是叫我不要再说下去了。（《离沪之前》）

为什么会这样呢？在《小团圆》出版之前，我们只能猜测：的确，一年前她已对胡兰成说过："我想过，我倘使不得不离开你，亦不致寻短见，亦不能再爱别人，我将只是萎谢了。"是不是张爱玲为了遵守自己的"诺言"而拒绝朋友的提议？或者是此张爱玲已非彼张爱玲，她已不能再爱了，是她已对爱失了热情，失去了幻想与憧憬？这都不免令人费解。而且，20世纪90年代桑弧面对采访时也"以'因为几十年没通音信了，我很难发表意见，我不准备谈'轻轻带过"（蔡登山：《传奇未完：张爱玲》）。但《小团圆》关于九莉与燕山（以桑弧为原型）的交往的描写，虽然是小说之言，但对读者深入了解现实中张爱玲与桑弧的交往，仍然具有不可或缺的参考价值。在小说中，九莉与燕山之间有一段令九莉颇感仓皇的恋情。这段恋情起于燕山的主动追求。他们很快同居。九莉甚至感到初恋的快乐，"他把头枕在她腿上，她抚摸着他的脸，不知道怎么悲从中来，觉得'掬水月在手'，已经在指缝间流掉了。他的眼睛有无限的深邃。但是她又想，也许爱一个人的时候，总觉得他神秘有深度"，"她对他是初恋的心情，从前错过了的，等到了手已经境况全非，更觉得凄迷留恋，恨不得永远逗留在这阶段"（张爱玲：《小团圆》）。然而，燕山尽管也考虑过与九莉的婚姻，但到底有许多顾忌。顾忌她的汉奸妻的名声，不愿对外人谈起这场恋爱，"其实他们也从来没提过要守秘密的话，但是九莉当然知道他也是因为她的骂名出去了，连骂了几年了，正愁没新资料，一传出去势必又沸沸扬扬起来，带累了他。他有两个朋友知道的，大概也都不赞成，代为隐瞒"，还顾忌到她与邵之雍的性史。她与燕山在一起，本以为怀了孕，谁知一检查，孕倒没有，但有子宫颈折断的旧伤，"燕山次日来听信，她本来想只告诉他是一场虚惊，不提什么子宫颈折断的话，但是他认识那医生，迟早会听见她说，只得了了，心里想使他觉得她不但是败柳残花，还给蹂躏得成了残废。他听了脸上毫无表情"。这样一个被人抛弃的女子，在众多中国男性眼中，可谓"声名狼藉"，只能是最适合的性对象，而未必是婚娶的适宜人选，甚至未必是值得尊敬的对象。九莉母亲蕊秋有一次感叹说，"一个女人年纪大了些，人家对你反正就光是性"。九莉"经历"复杂，在男人眼中，恐怕也是如此。

而且，燕山与邵之雍不同，对九莉的文学才华并没有那么欣赏，相反，这位长期生活在美女丛中的男人，对九莉的容貌有更多的注意：

> 她跟燕山看了电影出来，注意到他脸色很难看。稍后她从皮包里取出小镜子来一照，知道是因为她的面貌变了，在粉与霜膏下沁出油来。
>
> 燕山笑道："我喜欢琴逑罗吉丝毫无诚意的眼睛。"
>
> 不知道怎么，她听了也像针扎了一下，想不出话来说。
>
> 他来找她之前，她不去拿冰箱里的冰块擦脸，使皮肤紧缩，因为怕

楚娣看见，只把浴缸里的冷水龙头大开着，多放一会儿，等水冰冷的时候把脸凑上去，偏又给楚娣撞见了。她们都跟蕊秋同住过，对于女人色衰的过程可以说无所不晓，但是楚娣看见她用冷水冲脸，还是不禁色变。

这样的爱能有怎样的结果，九莉自己当然清楚。这是小说中的描写，它在多大程度上是现实中张爱玲与桑弧关系的写照，局外人很难断定。但读过《小团圆》，无疑有助于了解龚之方上门撮合时张爱玲的态度。她对自己的未来，恐怕不会比小说中的九莉更乐观：在这样一个男权的社会里，作为一个被抛弃的女人，她还能再渴望爱情吗？那未免是太过幼稚了吧。而且，像她这样一类长期生活在极度自我中的女子，轻易不会爱上别人，一旦爱上就会倾尽全部身心、不顾一切地投入进去。以前她曾经写过这样一个令她心醉的场景："小菜场收了摊子，满地的鱼腥和青白色的芦粟的皮与渣。一个小孩骑了自行车冲过来，卖弄本领，大叫一声，放松了扶手，摇摆着，轻情地掠过。在这一刹那，满街的人都充满了不可理喻的景仰之心。"引起她深深感慨的是"人生最可爱的当儿便在那一撒手罢？"是呀，人生有多少漫长的黑暗与磨难，仅靠了那些抛开一切、洒然"撒手"的瞬间，我们才得以感受到生的意趣、活着的可爱。于她自己而言，与那个穿着一袭中式长袍、态度和蔼、气质儒雅的男子的恋爱，大抵也算是她这一生中最令人心醉神迷的"撒手"吧？也许美好的事物之不永存是一种宿命，她无可奈何地接受了这个命运。而开始新的恋情，她也努力去做，但实际上从她这方面而言，也是力不从心的。在小说中，连楚娣都认为，九莉对待燕山，远跟不上她对待邵之雍，九莉听后默然。

但这一切复杂的考虑，张爱玲能够讲给龚之方吗？不能。于是她只能是"摇头、再摇头和三摇头"。龚之方碰了个活生生的软钉子，只好尴尬地告辞。桑弧与张爱玲之事，渐亦在坊间淡落下去。

这是一段仓皇的时期。没有人像胡兰成那样给她痛苦，但也没有人像胡兰成那样给她快乐。而她的小说和电影创作又再度步入停顿。《太太万岁》以后，她再度搁笔，这一搁笔竟是两年有余，1948、1949 两年她没有发表任何作品。这对于一个正处创作旺盛期且又赖稿费为生的女作家而言，是很难想象的。事实上，1947 年以后，张爱玲与姑姑便已不得不搬出设施较为奢侈的赫德路公寓（当年周瘦鹃、胡兰成初登她们姑侄俩的公寓时，都对她们房间里的精致用具、典贵气氛有深刻印象），而辗转搬迁过两处房子，最终在房租较低的卡尔登公寓 301 室定居下来。很明显，在 20 世纪 40 年代后期，张爱玲的经济状况可能已陷入比较拮据的状态。

这是不难解释的。除了舆论不利之外，还有一点就是抗战胜利以后的兵荒马乱。国共两党战火重燃，全国上下陷入一片恐慌荒乱之中。物价飞涨，币值狂贬，恐怖频生，文学在此崩溃氛围中已纯成奢侈之物。文化中人，谋生都来不及，创作更是顾不上了。在国统区，朱自清先生贫病而死，闻一多先生靠与人刻章换得一家粮米，田汉一家更陷入饥饿。推测起来，张爱玲也不会比他们强到哪儿去，时局不靖大概已使她和姑姑两人仅得自保而已，创作实难为继。另外，许多杂志纷纷停刊（包括《大家》）也可能是直接的原因。这次辍笔一辍即到了 1950 年。

1949 的特殊意味

20 世纪 50 年代初期的《十八春》显示了她才智中另一副令人欣喜的笔调。然而历史并不允许"如果"。心境已然苍老的她或许只是想借一种不为人知的形式，在过去的时光遗址间做一次逡巡漫徊。时代巨大的轰响不能抵达那样一个地方。

像所有被裹挟进新时代的作家一样，张爱玲也很快意识到了 1949 年对她个人的特殊意味，尽管她素来对政治缺乏敏感，对于乱世总抱着处变不惊的念头。1949 年将彻底改变她的人生轨迹，但是在当时，她并没有完全明白这一点，她依然努力用一种旁观的态度看待时代翻天覆地的巨变，茫然而又淡漠。曾经，她和苏青谈论过新的时代："关于进取心，她说：'是的，总觉得要向上，向上，虽然很朦胧，究竟怎样是向上，自己也不大知道。……你想，将来到底是不是要有一个理想的国家呢？'我说：'我想是有的。可是最快最快也要许多年。即使我们看得见的话，也享受不到了，是下一代的世界了。'她叹息，说：'那有什么好呢？到那时候已经老了。在太平的世界里，我们变得寄人篱下了吗？'"（张爱玲：《我看苏青》）然而，新的时代比她们想象的来得快得多，她们还没老，但"寄人篱下"似乎成了现实。

1949 年 5 月 27 日，人民解放军攻入上海。这是中国政治角逐中左派力量的胜利。对于政治，张爱玲虽然不热心，但对于文坛上的左翼传统，她向来抱有自己的不满看法："自从一九三几年起看书，就感到左派的压力，虽然本能的起反感，而且像一切潮流一样，我永远是在外面的，但是我知道它的影响不止于像西方的左派只限于 20 世纪 30 年代。"当然，这是她的预感，实际上左翼文学是中国现代文学的重要组成部分，20 世纪 30 年代至 40 年代的绝大多数进步作家，如鲁迅、萧红、茅盾、郭沫若、田汉、洪深，都算是左翼人士，即便巴金、老舍、曹禺等大家，也都有亲左倾向。思想转"左"不仅仅是一时潮流所向，亦是黑暗年代人们寻求解放寻求真理的心理使然。而张爱玲对左派"本能的起反感"则大有深意在，其中原因可能是文坛上流行的某些左翼作品，如蒋光慈的"革命＋恋爱"的普罗小说、郭沫若的一些革命诗歌，依张爱玲的眼光，大约在水准线以下，不太欣赏，连沈从文都批评过左派文学的"抗战八股"，何况锦心绣口、唯美至上的张爱玲呢，她对之鄙薄、不以为然更是自然的了。

但还有另外一个原因，可能是她敏感地觉察到左翼文学的立场作风、情感态度与她格格不入。左翼文学关心的都是底层社会里的不幸人生，或是被撵出门的祥林嫂，或是一辈子都没挣上自己的车子的骆驼祥子，或是工厂里骨瘦如柴的包身工，或是铤而走险的短裤党，都与她惯常熟悉的、表现的人物及生活相差太大，风流机诈的范柳原、在红白玫瑰之间如沐春风的佟振保、败家公子姜季泽、年轻时候用青春去卖钱老了又用钱去买青春的梁太太，与祥林嫂、骆驼祥子之类自然不能相容。再者，张爱玲尽管对她所描绘的洋场世界竭尽嘲讽之能事，但在根底里她又对她的各色人物充满欣赏，什么宁波少奶奶，上海十三点小姑娘，绍兴师爷，白胖热闹的女学生，交际场中满头满脸活泼的太太，这些人合在一起，造就了满世界的喧哗热闹，造就了小市民生气勃勃的智慧，而在左翼文学里，这些人物无疑会被列入需要清除的对象，列为糜烂之渊薮。张爱玲确实很明白她与左派的巨大距离，所以她写小说、发表小说、出版小说集，向来是与小市民趣味较重的杂志、出版公司合作，而与左翼文坛保持着十分明显的距离。这一点上她与苏青、潘柳黛等毫无二致。她们是生长在洋场社会之上的文学之花，她们有自己独特的态度、品位及生存空间，虽然这并不意味着孰是孰非。

尽管张爱玲对左派抱有不亲切的看法，但上海解放后左派人物对她却是非常看重。1949年6月，曾经在20世纪30年代于上海暗中掌握戏剧队伍的中共党员、戏剧家夏衍（"电影小组"负责人），也戴着解放军的臂章回到了上海。他一来即在军管会出任文管会副主任，负责接管上海的国民党文化教育系统。当时时局多舛，上海的十多家小报都已在1949年前夕自动停刊，许多小报的老板及主持人也相继离沪赴港，一时之间，上海成为一座没有小报的城市。夏衍当即找到龚之方，要他和唐大郎组织一个"能力较强、素质较高的小报班子"。夏衍说，新中国并不是不能容许上海小报的存在，但既然是新中国的小报，就应该有新的风格，要健康，要端正风气，要能够给读者提供有益的、多样化的趣味性内容，而不应该再像以前的市民小报那样专事捕风捉影，登些耸人听闻、迎合读者低级趣味的文章。在这样的背景下，《亦报》在当年7月创刊，龚之方任社长，唐大郎任总编辑。与《亦报》同时，另外一家小报也创刊了，是夏衍命原来的《世界晨报》改组而成的，取名《大报》，陈蝶衣、陈之华、姚苏凤等人，都参加了《大报》的发起工作。这两家小报，果然一扫过去上海小报的低级趣味，以清新有趣的形象出现，吸引了一大批著名作家为小报写稿，文界名流丰子恺、周作人（已被新政府特赦出狱）等，也开始在小报上露面。龚之方在这批作家中，自然想起了老朋友、几年前红极一时的张爱玲。

龚之方和唐大郎找到了闭门在家的张爱玲，希望她为《亦报》写一部长篇小说作连载之用。张爱玲过去从来没给小报写过稿，但因为是龚、唐两位熟识登门相求，就答应了。不过她坚持要用一个笔名，龚、唐虽然没有料到，但也只得同意，她素来是固执的，再说换用笔名她可能也有自己不得已的考虑。据龚之方后来推测说，张爱玲决定用笔名，应该是有两个原因，一是以前她在杂志上连载过长篇《连环套》，边登边写，效果不好，遭到过迅雨（她十多年后方知迅雨即傅雷先生）的严厉批评，导致她自己"腰斩"《连环套》，没有连载完，这次再度采用这种形式，她自然是有谨慎的考虑；二是她与胡兰成之事虽然已经过去两三年了，但是她心里仍未完全释然，新中国究竟会怎样看待这段"历史"呢，她心里并无把握，用笔名写作，对她来说，未尝不是权宜之计。

张爱玲承诺的这部长篇小说即后来的《十八春》。这是她的第一部长篇小说，也是她最长的一部小说。小说自 1950—1951 年在《亦报》上连载，全文共 18 章，25 万字。1951 年 11 月由《亦报》出版单行本。连载与单行本皆用笔名梁京。关于这个笔名的出处，海外曾有各种牵强附会的猜测，比如疑"梁京"二字为"凉、惊"二字谐音，暗寓作者对于左派政权既"凉"且"惊"的心态。这种猜疑自是海外现代文学研究的嗜痂之好，不足考虑。其实，借用"玲"的子音，"张"的母音，切为"梁"；借用"张"的子音，"玲"的母音，切为"京"，并无所谓政治隐指，后来张爱玲的好友宋淇曾解释过这一笔名的由来。

龚之方把《十八春》视为《亦报》的重头戏，又兼唐大郎办鸳鸯蝴蝶派杂志多年，深谙千呼万唤之技略。《十八春》还未见报，即已提前三天专做预告，明白告知读者此系"名家之作"，隔一天，报上又有署名"叔红"（即桑弧）的文章推荐《十八春》。小说连载到一半时，唐大郎又抛出一篇署名"传奇"的猜谜文章，称该小说之行笔及文风，断定作者不是徐訏便是张爱玲，而"传奇"之署名又分明在暗示读者，《十八春》正是沪上才女、小说集《传奇》的作者张爱玲的作品。"传奇"时代的张爱玲，于许多上海人而言，其讶异印象不是经过四五年就能磨灭的。

《十八春》讲述的是一个现代的爱情故事。故事的背景是上海和南京。小说主人公顾曼桢，是一个善良、柔顺却又内心深藏着执着的小家之女，她于偶尔的原因结识了世家子弟沈世钧，两人冲破层层观念障碍终至相爱，但生活至此突然发生转折，沈世钧因为父亲的急病赶回南京，曼桢却因为姐姐曼璐为了笼络住姐夫祝鸿才的花心，误落入姐姐设下的残酷圈套，被祝鸿才强奸，随即又被幽闭在姐姐家中直到生下祝鸿才的孩子。其间，沈世钧曾经找到曼璐，曼璐欺骗他，说曼桢已经另嫁他人，请他自重。沈世钧只得怀着绝望离开，后来遵照父亲的要求另娶他人。十八年后，顾曼桢和沈世钧两个人，再次诧然相遇。但是，他们已差不多是隔在两个世界的人，昔日的恋情犹如隔了一层雾似的玻璃，看不清了，但它又如幻烟一般飘而不散。

张爱玲讲了一个带有通俗意味的故事。流行小说，或者说"漫婉，感伤，小市民道德的爱情故事"所有的一切特点，《十八春》都是有的。但小说亦自有张爱玲对于爱情的非常个人化的体验，一个不曾战栗地爱过的人断写不出这样的感觉这样的情境：

> 她（曼桢）说这个话，不能让许太太他们听见，声音自然很低。世钧走过来听，她坐在那里，他站得很近，在那一刹那间，他好像是立在一个美丽深潭的边缘上，有一点心悸，同时心里又感到一阵阵的荡漾。

在曼桢和世钧默然相向的瞬间，有多少电光火石般的东西在两颗美丽的心灵里闪过！有谁可以断定张爱玲写到这里时没有勾起对于往事的深深缅怀？

"往事"，是一个残酷的词汇，它轻轻地就给那梦一般的爱画上了句号。她不愿再想起那个人，自从1946年那个让她五内沸然的早晨之后，她再也没有见过他。四五年的时间慢慢过去，她亦不再恨他，她知道他已经远去日本，并且再也不可能回来，但她终是无法将往事彻底埋葬。世界上任何伟大的事迹皆可磨灭，唯有那些"金粉金沙深埋的宁静"，依然透过时间的灰尘闪闪发亮。或许正因为这样一种缅怀，她写到曼桢与世钧最后的相遇时，笔致是如此地苍凉与婉转："……他们很久很久没有说话。这许多年来使他们觉得困惑与痛苦的那些事情，现在终于知道了内中的真相，但是到了现在这时候，知道与不知道也没有多大分别了。不过……对于他们，还是有很大的分别，至少她现在知道，他那时候是一心一意爱着她的，他也知道她对他是一心一意的，就也感到一种凄凉的满足。"

人世的美好或许仅在于这样一些"凄凉的满足"与温婉的回忆吧。心境已然苍老的张爱玲倒愿意借另一不为人知的形式，在过去时光的遗址间逶巡漫徊，这是一种没有终点的旅行，在这样的旅行中，她可以暂时忘记时代变动巨大的轰响声。这一点信息，也被研究者捕捉到了，"作为一部连载小说，也许它过多地纠缠于情节，有的地方处理得尚不够精微，它写得出色的地方依然是那些被社会所践踏（顾曼璐）、被命运所拨弄（顾曼桢）、被家庭所陷没（石翠芝）的女性。它给人以'逝者如川'的时间感，它以隔数章或数十章重复出现的一些细节，让人体味着星移物换的湍急与苍凉"（杨义：《中国现代小说史》）。

《十八春》一经刊出，立即在上海引出一大批"梁迷"，其情形颇和当年上海滩处处可见的"张迷"仿佛。不少读者天天抢读《亦报》，欲知后事如何，并与小说中的人物悲喜同戚。有个女读者恰好与曼桢有相似的经历，读了《十八春》后不能自抑，跑到报社打听到张爱玲的地址，找上门来，放声大哭，吓得张爱玲躲在楼上不敢出来，最后只得央姑姑出面，将那女人好好劝走。《亦报》编辑部也不断收到读者来信，要求作者让善良而不幸的曼桢"坚强地活下去"。桑弧只得代表作者表示，"作者也没有权利使一个纯良的女性在十八年后的今天的新社会里继续受难"，并提前向读者透露，故事的结果并不是很悲惨。《十八春》甚至还引起了周作人的注意，周作人当时几乎是逐日在《亦报》上化名发表文章，《亦报》他天天看，《十八春》他看得很细致，曾经两次在自己的文章里提及这部小说。小说反响之大，实在出于约稿者之意外。小说单行本发行后，报社还专门组织了一次"与梁京谈《十八春》"座谈会，张爱玲本人到会并做了发言。

《十八春》的成功使得读者和报纸编辑都热切期盼着作者的下一部新作问世。《十八春》还未刊毕，唐大郎已在向张爱玲索要下一部新稿了，但张没有立即答应，因她对《十八春》这种边写边登的方式到底不满意，一旦登出来即便发现有漏洞亦无从弥补，所以她要求下一部小说要等全部写完方可再登。这样到 1951 年 11 月初，《小艾》就在《亦报》上开始连载了。

《小艾》比《十八春》短得多，是一部中篇小说。小说写的要算是"无产阶级的故事"。本来张爱玲对所谓"无产阶级"的故事不太熟稔，以前也曾经有朋友问过她这方面的问题，她回答说不熟悉，"要么只有阿妈她们的事，我稍微知道一点"。小艾基本上是属于这一社会底层的人物，这在张爱玲是初次尝试。但难能可贵的是，她这篇小说完全放弃了过去冷讽式的写作方式，而转向一种同情的立场（这在《十八春》中已有表现）。这是她在创作方面对新的时代所做的调整。小说写了小艾几十年的辛酸经历。小艾几岁时因为家里贫穷被卖到席家当丫头，十几岁的时候又被席家老爷强奸怀孕，接着又惨遭席的姨太太毒打，流产，"冤仇有海洋深"，后来与排字工人金槐相爱结婚，并最终脱离了席家。随后两个人飘零与共，顽强地生存着，终于到了1949 年以后，小艾感到世道真的变了，想着等待她的孩子的"不知道是怎样一个幸福的世界"。底层妇女的生活，不是张爱玲所熟悉的，但凭借着对人性的细微洞察，她对小艾、金槐这对夫妇的平凡生活的描绘仍然具有一种默然动人的力量。比如小艾因为自己不能够生养孩子，对体贴她疼爱她的金槐深感负疚，小说中有一段描写相当细致："楼下孙家有一个小女孩子很是活泼可爱，金槐总喜欢逗着她玩，后来小艾和他说：'你不要去惹她，她娘非常势利，看不起我们这些人的。'金槐听见这话，也就留了个神，不大去逗那孩子玩了。有一天他回家来，却又笑着告诉小艾：'刚才在外头碰见孙家那孩子，弄堂里有个狗，她吓得不敢走过来。我叫她不要怕，我拉着她一起走，我说你看，它不是不咬你么，她说："刚才我要走过来，它在那儿对我喊。"'他觉得非常发噱，她说那狗对她'喊'，告诉了小艾，又去告诉冯老太。又有一次他回来，又告诉她（注：这里指小艾）一个笑话，他们弄堂口有一个擦皮鞋摊子，那擦皮鞋的跟她闹着玩，问她鞋子要擦吧，她把脖子一扭，脸一扬，说：'棉鞋怎么好擦呢？'金槐仿佛认为她对答得非常聪明。小艾看他那样子，心里却是很惆怅，她因为自己不能生小孩，总觉得对不起他。"张爱玲以前的小说，很少有写平凡男女朴素真挚的情感，要么是有情人无端错过、怅惘不已（《十八春》），要么是彻底的人性悲剧（《金锁记》），像《倾城之恋》《红玫瑰与白玫瑰》亦不过是一副副"空心"男女的浮世绘，到了《小艾》，张爱玲显示了她才华中的另外一面，另外一副笔调。

当然，尤其给评论家印象深刻的是，张爱玲接纳了不少革命文学的话语："金槐听着，也沉默了一会儿，因道：'其实我想也不能怪你的父母，他们一定也是给逼迫得实在没有办法，也难怪你，你在他们这种人家长大的，乡下那种情形你当然是不知道。'他就讲给她听种田的人怎样被剥削，就连收成好的时候自己都吃不饱，遇到年成不好的时候，交不出租子，拖欠下来，就被人家重利盘剥，逼得无路可走，只好卖儿卖女来抵偿。譬如他自己家里，还算是好的，种的是自己的田，本来有十一亩，也是因为捐税太重，负担不起，后来连典带卖的，只剩下二亩地，现在他母亲他哥嫂还有两个弟弟在乡下，一年忙到头，也还不够吃的，还要靠他这里每月寄钱回去。"不但批评旧的社会，也还展现新的社会气象，"小艾起初只是觉得那程医生人真好，三等病房那两个看护也特别好，后来才发现那原来是个普遍的现象。她出院以后，天天去打营养针，不由得感到医院里的空气真是和从前不同了，现在是真的为人民服务了"（张爱玲：《小艾》）。

她的这种才情，置之刚刚解放的新中国，可谓甚为难得。如果她当时能够或愿意按照这种途径再探索下去，或许会另成一种张爱玲式的风格。

然而历史并不允许"如果"。

伤心离别

"命运"这种说法永远只是针对个人才有意义。一到会场她便发觉时代变了，只有她自己未变，这"变"与"未变"之间明显地有了某种距离。作为小说家，她的"上海"陷落了。

没有"如果"。

张爱玲也明白这一点。在发表《十八春》《小艾》之前，她已经在酝酿另一项秘密的计划。这计划几乎无人知晓，即便是她的弟弟也毫不知情。1951 年，也就是《十八春》连载完、《小艾》正在写作的那段时间，有一次张子静去看望她，问她对未来有何打算，她默然良久，没有回答弟弟。张子静回忆说，"她的眼睛望着我，又望望白色的墙壁。她的眼光不是淡漠，而是深沉的。我觉得她似乎看向一个很遥远的地方，那地方是神秘而且秘密的，她只能以默然良久作为回答"。她是在想从此离开她生于斯长于斯的上海了。然而她又是喜欢上海的，一想到要离开，她心里无法不陷入深深的伤感。到底她以前从未预料到会有这样一天，然而她又没法跟别人讲，她个人的事情不喜欢有别人介入。

张爱玲的离沪出走至今仍是一个谜。不管今天人们如何去看待这件事情，至少在当时她的出走是令熟悉她的和不熟悉她的人都很为诧然。不仅仅是诧然，而且还有着深深的遗憾。为她而遗憾的，有她多年的相知柯灵，也有她不曾谋面却对她异常看重的中共文坛元老级人物夏衍。这也算是朋友，另外一种意义上的朋友。

夏衍几年前就已经知道张爱玲的非凡才华。抗战胜利以后，他由重庆回到上海，当时就听说上海出了个才女张爱玲，于是把她的作品都找来读了，对她的才华留下了深刻的印象。张爱玲化名梁京在《亦报》上连载《十八春》不久，也引起了夏衍的注意。有一次，他把龚之方找去，向他打听梁京这个作者的背景。龚只好告诉他，梁京就是张爱玲。夏衍一听非常高兴，说这是个值得重视的人才。论理，夏衍是左翼文坛的领袖人物之一，他自己的作品也是多以反映底层黑暗为主，他应该对张爱玲比较反感才是（她写的东西皆是"上海的风花雪月"，绝不符合左翼革命文学的宗旨），但是夏衍并不如此偏狭，或许正是常言所谓惺惺惜惺惺，他非常爱惜张爱玲的才华。而依他作为上海文艺界第一号人物，他也有扶掖张爱玲的打算。1950年7月24日，上海召开第一届文艺代表大会，夏衍以上海市委常委、宣传部部长等要职而兼任大会主席，梅兰芳、冯雪峰等担任副主席，周信芳（艺名麒麟童）任执行副主席，陈白尘任秘书长，与会人士来自文学、美术、音乐、舞蹈、戏剧、电影、翻译等各个领域，达500余人，盛况空前。夏衍亲自点名，张爱玲也接到了与会通知。

这次张爱玲倒没有像上次"第三届大东亚文学者大会"那样去函"谨辞"，而是欣然赴会。但是，这次会议在某种意义上反而促使了张爱玲的出走。她很重视这次会议，并且不忘记用心修饰一番。上海解放后，一种新的秩序、新的空气正在迅速形成，她也希望自己能适应新的环境。

但是一到会场，她就发觉时代变了，而只有她自己未变，这"变"与"未变"之间分明有了某种距离。这种距离与不协调就连旁人也敏感地意识到了。柯灵回忆说：

季节是夏天，会场在一个电影院里，记不清是不是有冷气，她坐在后排，旗袍外面罩了件网眼的白绒线衫，使人想起她引用过的苏东坡词句"高处不胜寒"。那时全国最时髦的装束，是男女一律的蓝布和灰布中山装，后来因此在西方博得"蓝蚂蚁"的徽号。张爱玲的打扮，尽管由绚烂归于平淡，比较之下，还是显得很突出（我也不敢想张爱玲会穿中山装，穿上了又是什么样子）。（《遥寄张爱玲》）

不知道张爱玲自己对这种距离是怎样感受，会议一直开了六天，至 7 月 29 日结束。六天下来，她也没有去赶换一件中山装，以使自己消失在灰的蓝的海洋里，她仍然是她的打扮，她当然不会因别人都穿什么她也就去忙着穿什么。不过，她也知道改换装束的意味并不仅限于装束本身。在《十八春》里，少奶奶翠芝（沈世钧的妻子）决定投身革命时，她的第一个举动就是改装易服，"穿上了列宁服，头发也剪短了"。服装，在一个新旧更易的革命时代，不是没有象征意味的，"其实同是剪发，电烫的头发不过稍微长些，但是对于一个时髦人，剪掉这么两三寸长的发梢简直就跟带发修行一样，是心理上的严重的关口，很难度过的"，然而翠芝最终"毅然"下定决心，是因为她"现在的眼光有点改变了"。一个人"眼光"改变了，无疑是好的，但"眼光"自己并不能证明自己，它需要一系列其他行为来做证明、来做象征，比如服装。翠芝换下少奶奶的旗袍，穿上列宁服，具有强烈的象征意味：她以此宣布了与自己以往生活世界的决裂，而投入到了革命的世界。

张爱玲自然懂得新的革命时代的规则。她也不是完全没尝试过改变。参加上海文代会后，她也用配给布给自己做了一件单衫和一条裤子。到弄堂口排队登记户口时，她就穿着这新衣服，结果很有效果：

街边人行道上搁着一张弄堂小学课室里的黄漆小书桌。穿草黄制服的大汉佝偻着伏在桌上写字，西北口音，似是老八路提干。轮到我，他

一抬头见是个老乡妇女，便道："认识字吗？"我笑着咕哝了一声"认识"，心里惊喜交集。（《对照记》）

　　但是，张爱玲更明白，穿不穿旗袍，罩不罩网眼的白绒线衫，并非普通的小事，而是一种事关重大的姿态问题，立场问题。所以尽管懂得，尽管也准备努力适应新环境，但张爱玲最后到底没有彻底向列宁装投降。她生来就是个上海女人，上海的女人是要穿旗袍的，她不可能因为性情以外的理由而改变。她虽然已经过了奇装炫人的年代，但她喜爱的东西很难更改。

　　是呀，张爱玲是一个永远的上海人。她对新的生活难以习惯。第一次文艺代表大会的宗旨是"在广泛团结的基础上，总结过去，制订任务，建立统一的领导和组织，更为彻底地贯彻毛泽东的文艺思想"，还有一部分来自国统区的作家"做了坦诚的检讨"，表示洗心革面投入新生活的决心。她怎样投入新生活呢？坐在会场后排的张爱玲怎样想的，已经没有人知道。龚之方说，"张爱玲当时坐在会场看眼前的光景，心里想的是什么，没有人知道。不过她参加共产党主办的大会，总算有这么一次了"。

　　《十八春》和《小艾》显示出张爱玲努力靠近新生活的调整，不但小艾、金槐是"无产阶级的故事"中人物，就是在《十八春》这类"小资产阶级的爱情"中，另外一位主人公，沈世钧的同窗好友许叔惠就屡屡表示过对旧社会、对国民党政府的不满，后来还去了延安一趟，回来后人"更精神了"，而且一改过去顾影自怜的毛病。到故事结尾，他又申请到东北解放区，参加热气腾腾的国家建设。

　　然而，依当时评论界的眼光看，《十八春》《小艾》并非多么优秀的作品，尽管它们拥有了数量众多的读者。张爱玲的写法在新时代的面前毕竟是显得"落伍"了。20世纪50年代初期，文学界的风向普遍发生了转变。赵树理的《小二黑结婚》《李有才板话》、贺敬之等集体创作的歌剧《白毛女》迅速取代鲁迅、曹禺、沈从文而一跃成为文坛的正宗，张爱玲的文风不同于自鲁迅以来的"新文艺腔"，也不同于带有热辣辣泥土气息的解放区文学。从欣赏角度，她倒是挺喜爱赵树理、孔厥等人活泼泼的民间语言，她甚至向弟弟推荐过电影《小二黑结婚》和小说《新儿女英雄传》。然而要按照"赵树理方向"写作，就实在是勉为她难了。写作《小艾》时，她已经意识到这个问题。当时，流传全国的作品是《太阳照在桑干河上》《暴风骤雨》《王贵与李香香》（自然也包括赵树理的作品），正在酝酿的作品是《三里湾》《青春之歌》《红岩》《红旗谱》。很明显，文坛上再也难有她的位置，也再难有她的朋友苏青，她最喜爱的张恨水的位置。作为从上海滩成长起来的职业作家，这样一个朝气蓬勃的时代于她而言，却恰恰是一个更大的"乱世"，她的趣味、她的读者、她的阵地都很快被灰的蓝的海洋所淹没。以前她想过，"时代是仓促的，已经在破坏中，还有更大的破坏要来"，如今看来这"更大的破坏"，切切地就在眼前。

所以说，"命运"这种说法永远只是针对个人才能发生意义。轰轰烈烈的大时代来了，于千万人言是迎来了翻身与解放，但于张爱玲个人而言，带来的却是"破坏"与"威胁"，却是命运的"悲哀"与"无常"。究根本而言，张爱玲毕竟出身世族大家，家世的高贵与遗产的丰厚使她自小就不曾品尝过被仆役的屈辱与悲怆，成年后她虽然未沾上祖上半分遗产，但是她写作的收入仍然能够使她大体上保持着中产阶层的优裕，所以新的时代给予众多底层民众的喜悦感，她的确很难体会到。这并没有什么错，问题只是在于，她作为一个天生的小说家，她的兴趣，她的表达，都需要有一个有闲男女上演浮世悲欢的舞台。有了这样一个可供佟振保、范柳原、白流苏之类活跃的舞台，她才可能作为一个观察者、一个嘲讽者、一个天才女子而存在。舍掉了这个舞台，她亦大约是要丧失自己的。但是，在一片灰的蓝的海洋中，这种前景已分明在望。

作为小说家，她的"上海"陷落了。

她的朋友苏青比她聪明，早早加入了"集体"，用"集体"作为自己的护身符。上海解放不久，苏青即设法进了尹桂芳的芳华越剧团当编剧，随团去了福建，一别上海，形同隐姓埋名。苏青以此换得了平安无事。后来，她还参与该团编演的历史剧《屈原》，甚至还得到了政府的嘉奖。苏青的灵巧方式对张爱玲可能是个暗示，她该何去何从，是个不得不考虑的问题。这不仅是性情原则的问题，也是个衣食钱资的问题。她以写作谋生，没有写作，她什么都不是，无论是李鸿章还是张佩纶，再煊赫的祖上也帮不了她。她已经有十二年没有与父亲往来了（其中仅有的一次见面还是当年她希望父亲帮助她支付转读圣约翰大学的学费，在那里前后也不过十分钟左右），而即使有往来亦已毫无用处。她的父亲现在落魄至极。她与父亲形同陌路，用张子静的话说是，"姐姐对父亲的落魄从不关心，认为他自食其果"（张子静：《我的姐姐张爱玲》）。在她自己，则只能是一个人考虑问题。

还有一个因素是她不能不考虑的，那就是内地日益浓厚的政治气氛。这是张爱玲此前未曾经历过的。新中国成立后一个接一个的政治运动，已经在此时悄然酝酿。作为远世之人，她已经历过香港沦陷，上海沦陷，抗战胜利以及全国解放。"破坏"一个接一个地旋踵而至，她对时局已养成了一种直觉。20世纪50年代初，山雨欲来风满楼的氛围使她有强烈的预感。在一个由陌生的人群（工农大众）建立起来的陌生的秩序（无产阶级专政）下面，她对自己的前途很难抱有太大的信心。1950年七八月间，她曾由夏衍安排下乡参加过土改，但也仅此而已。她始终没有正式工作。而在1949年后的中国，开始实行全国性的计划经济，一个文人若无单位，那基本生存都会出现问题。这可能也是她出走的重要原因。对此，冯祖贻也注意到了："张爱玲在1949年后显然没有得到安排，今日看来算是个文艺个体户。在今天和1949年前都是平常事，但在1949年后一个很长时期内却是一件大事。政府没有安排工作，必然说明存在一些问题，是会被人另眼看待的。没有工作也就没有单位，就等同于里弄居民大嫂，要外出（离开上海市）就必须到派出所开证明（当时无身份证），也就是张爱玲所说的路条，平日也要参加里弄的学习，这对一向自傲敏感的张爱玲来说，更增加了她的疑虑和不安。"（冯祖贻：《张爱玲》）柯灵后来也表示："以她的出身、所受的教育和她的经历，她离开祖国是必然的，不可勉强的……试想，如果她不离开，在后来的'文化大革命'中，一百个张爱玲也被压碎了。但是，再大的天才离开自己的土地，必然要枯萎。张爱玲的光辉耀眼而短暂。张爱玲的悲剧也可以说是时代的悲剧。"（江迅：《柯灵追忆张爱玲》）然而人生哪能样样事情都能预料好呢？

她的出走，最终成了仔细权衡后的无奈结果，同时，也在她的生命历程中再次划出一个转折，一个并不欢悦的转折。

1952 年 11 月，张爱玲乘车离开了自己生活了近三十年的上海。她对上海出现的新秩序、新空气确是感到惧疑、不安，但是对于上海，她的感受是复杂的。她讽刺上海人，但更喜欢上海人，"谁都说上海人坏，可是坏得有分寸。上海人会奉承，会趋炎附势，会混水里摸鱼，然而，因为他们有处世艺术，他们演得不过火"（张爱玲：《到底是上海人》）。她还是如此地热爱着上海的气味与情调，"隔壁的西洋茶食店每晚机器轧轧，灯火辉煌，制造糕饼糖果。鸡蛋与香草精的气味，氤氲至天明不散"，而招人喜爱的"牛肉庄"，永远雪白干净，"瓷砖墙上丁字式贴着'汤肉××元，腓利××元'的深桃红纸条。屋顶上，球形的大白灯上罩着防空的黑布套，衬着大红里子，明朗得很。白外套的伙计们个个都是红润肥胖，笑嘻嘻的，一只脚踏着板凳，立着看小报。他们的茄子特别大，他们的洋葱特别香，他们的猪特别的该杀"。现在，这一切不但遥远，而且也将永远地成为过去。它们载着她忧伤而温暖的回忆，纷纷地向后退去。

张爱玲这次离沪出走的目的地是香港，她是以向香港大学申请复学的名义出境的。20 世纪 50 年代初，国家对出境审查并不像后来那样严格，张爱玲比较容易地就获得了批准。但是，她自己心里老是紧张、担心。她从上海乘车到达广州，又从广州乘火车经深圳到达香港。深圳的罗湖桥海关是她此

张爱玲离开内地的护照照片（1927）

次出走最后需要接受检查的一个关口，她不由得很是紧张，和一大堆等待检查的中国人挤在桥头的栅栏旁，焦急地等待。检查很缓慢，张爱玲他们站在烈日下暴晒，一晒就是一个多小时，守在桥这边的一位解放军战士，穿着一件皱巴巴胖鼓鼓的制服，看样子是北方农村来的小伙子。那战士见张爱玲他们傻等挨晒，就说："这些人！大热天把你们搁在这儿，不如到背阳处去站着吧。"边说边示意让他们退到阴凉的地方，但挨晒的人全都客客气气地笑了，没有一个人愿意采纳他好心的建议，包括张爱玲在内，大家都依旧紧紧地贴在栅栏上，担心在另一端检查时掉了队。虽然没有领那小伙子的情，但张爱玲仍是在离开内地的最后一刻，感受到了来自同胞的温暖。

终于过了罗湖桥，张爱玲不禁好一阵激动。关于这一瞬的激动，在她不久后的一篇小说《浮花浪蕊》中有细致入微的表现，其中女主人公洛贞的感受可做张爱玲当时感受的参考："桥堍有一群挑夫守候着。过了桥就是出境了，但是她那脚夫显然认为还不够安全，忽然撒腿飞奔起来，倒吓了她（洛贞）一大跳，以为碰上了路劫，也只好跟着跑，紧追不舍。""是个小老头子，竟一手提着两只箱子，一手携着扁担，狂奔穿过一大片野地，半秃的绿茵起伏，露出香港的干红土来，一直跑到小坡上两棵大树下，方放下箱子坐在地下歇脚，笑道：'好了！这不要紧了。'……（洛贞）跑累了也便坐下来，在树荫下休息，眺望着来路微笑，满耳蝉声，十分兴奋喜悦。"一面是低回不已的留恋，一面是唯恐不能离开的恐惧，两种很不相协调的情感同时交织于张爱玲内心，她也未见得能分辨得十分清白。不过，她再也写不出"我真快乐，我是走在中国的太阳底下……即使忧愁沉淀下去，也是中国的泥沙。总之，到底是中国"的句子了，她将开始的，会是一种什么样的生活呢？

张爱玲的出走，朋友们事先都毫不知情，消息传出，柯灵不禁扼腕叹息。因为当时夏衍刚成立上海人民剧院，又创立了一个上海电影剧本创作所，夏衍自己兼任所长，柯灵任副所长，夏衍一开始就想安排张爱玲去那里担任编剧，但因为有些人对她的背景仍然持否定态度，夏衍只好暂时搁了一些时候。等他觉得时机成熟再去通知张爱玲时，却得到她已经出走的消息。据柯灵回忆说，夏衍闻听此消息后，"一片惋惜之情，却不置一词"。后来，夏衍还托人带信给张的姑姑，希望张爱玲能为《大公报》《文汇报》写点稿子。姑姑表示"无从通知"。再后来，夏衍调到文化部当副部长，柯灵还在上海书店的旧书库里，买了《传奇》和《流言》，寄到北京去送给他。

张爱玲走时，知情者唯有姑姑一人，但是走的时候她们又约定互不通信，致使她一去之后，便杳如黄鹤，全无消息。世事变幻，她之生死存亡，全是茫茫的了，她的姑姑、弟弟，直到20世纪80年代才又和她取得通信联系，知道她还活在人世。而那时候，曾经"风华绝代"的张爱玲已经成为一满头银丝的老妪……

苍凉的月光，咿呀咿呀的胡琴声，那个曾经沉醉于橙红色梦想的女子又将在什么地方徘徊呢？

第七章　在美国，被遗忘的岁月

张爱玲 1952 年离开内地以后的生活，尤其是在美国的四十年漫长岁月，长期以来鲜为人知。她自己也疑心自己已被人们遗忘。前二十年里，张爱玲经历了一次平实的婚姻与无数次谋生的艰难。生活的重压极大限制了她唯美主义的人生追求。

从香港到美国

上海她是回不去了，在香港和台湾她的影响又很有限，她只有一个人孤零零地往前走，往前走，而当维多利亚海湾熟悉的景物渐渐消退时，她又不禁哭了起来……

这是张爱玲第二次来到香港。以前她来香港大学念过三年的书，掐指一算已经是十三年前的事情。那时候的香港给她印象最深的是它的热带地貌及殖民统治情调，两者都使她感到刺激和兴奋，但这一次已是大不相同。在港大念书时，上海是遥远的可以想象的家，经济上有母亲的支持，平时交游则有幸结识了炎樱这样一个疯疯癫癫活泼泼的锡兰女子，但这次一来，是再也回不去了，成了完完全全的一个孤单的人。少年时候她曾担心的"惘惘的威胁"，如今着实是来了。只身在香港，她不得不首先考虑谋生的事情。香港是个熙熙攘攘富有活力的城市，同时也是个残酷的城市，即便张爱玲曾经是煊赫门族的子弟，到了这个金钱主义的城市，也只能和当时从内地涌来的所有民众一样，只身在"赤裸裸的天底下"求生存。

张爱玲本是以申请到香港大学复学的名义来的，来了以后她也确实到港大登记了，但到底还是由于没有生活来源而辍学了。好在她在八九年前即已在上海成为知名作家，出版过销量可观的小说集，在港期间，她仍然从事翻译和创作工作。先后翻译过海明威的名著《老人与海》，以及华盛顿·欧文的《睡谷故事》、爱默生的《爱默生选集》。几种作品之中，除海明威的作品尚可习惯之外，另外两部作品很不合她的口味，但是为了谋生，她仍坚持译完了。她说："我逼着自己译爱默生，实在是没办法。即使是关于牙医的书，我也照样会硬着头皮去做的。"至于译欧文的感受，她说："好像同自己不喜欢的人谈话，无可奈何地，逃又逃不掉。"此外，她还撰写了两部有争议的长篇小说《秧歌》与《赤地之恋》。不过，对这两部作品，她自己并不太满意，20世纪60年代末香港皇冠出版社重印她的作品时，她拒绝将《赤地之恋》列入出版计划。她很清楚很明白。

在香港的最大收获是认识了宋淇（林以亮）、邝文美夫妇，并与他们结下终生之谊。宋淇原来是一个文学评论家，后来转而从事《红楼梦》研究，成为较有影响的"红学"专家。宋淇夫妇早在20世纪40年代就对张爱玲的《传奇》《流言》羡叹不已，现在在香港偶得相识，自然是鼎力相助，对她的创作鼓励不已。张爱玲初到香港，形单影只，有了宋太太往来，颇有温暖之感。张爱玲最早是住在女青年会（YWCA），但是自从她发表翻译作品之后，就不时有不速之客光顾她的家，吓得她很是紧张。宋太太于是四处联系，在他们公寓附近替她找到一个房间，张爱玲就在那儿写完《秧歌》与《赤地之恋》。因为住得很近，宋太太就经常抽空去看望她，张爱玲一般很难跟人接近，没想与宋太太竟是意外的投缘，一说起来便有无穷无尽的话题。不过，张爱玲考虑却很细致，每到8点钟，就一定催宋太太回家，以免影响了她与家人的天伦之乐。时间久了，她索性赠给宋太太一个雅号"My eight o'clock Cinderella"（我的8点钟的灰姑娘）。

当时宋淇在电影界从事剧本审查工作，很想借工作之便，为张爱玲物色一些写剧本赚钱的机会，张爱玲自己在1947年前后写过比较成功的剧本（《不了情》《太太万岁》），在市民剧的写作方面积累了不少经验。恰好，当年上海的头号女明星李丽华此时亦在香港发展，自己组建了丽华影业公司。李丽华以前即已闻张爱玲大名，并和她有过一面之缘，她当年在上海主演的轰动一时的《假凤虚凰》也是桑弧、吴性栽所办的文华影业公司出品，论说起来两人还是"同事"。现在李丽华得知张爱玲已到香港，就几次三番地托宋淇向张爱玲致意，问她有否可能为丽华公司创作剧本。张爱玲虽愿意计较生计，但她孤傲冷淡，决不愿见生客的脾性并没有什么大的改变。宋淇也知道她的性格，所以煞费功夫，婉转说项，张爱玲终于同意和李丽华一见，谈些合作方面的情况。

约见的那天下午，李丽华特地从九龙过海来到宋淇家，打扮得非常漂亮，说话也特别斯文，而在平时，她却是坦率风趣，说话刮辣松脆，有时三字经都会出口。李丽华按照约定时间准时到达，张爱玲却迟到了。张爱玲本来就是深度近视，在公众场合又不肯戴眼镜，估计李丽华在她眼中不过一片华丽的光影。她们谈了没有多大一会儿，张爱玲对李的构想没有兴趣，就提前告退，连宋淇夫妇特备的茶点都没有吃。李丽华遗憾不已。次日，张爱玲再与宋淇夫妇见面时，只字未提剧本的事情，却对李丽华的美艳印象深刻，说，"现在李丽华渐渐变成立体了，好像一朵花，简直活色生香。以前只是图书中的美人儿，还没有这么有意思"。后来宋淇将这话讲给李丽华的弟弟听，他摇头不止，"究竟是书呆子！她要是看见我姐姐早上刚起床时的清水面孔，就不会这样说了"。然而这到底是张爱玲的可爱处，她永远是不能忘怀美。

这次见面未能如李丽华之愿，与张爱玲对丽华公司的定位兴趣不够有关，也可能与她当时正忙于《赤地之恋》的创作有关。对于《赤地之恋》，虽然是"受命"之作，她也还是希望作品能在香港获得成功，她对小说看得比剧本重要。这是有严肃追求的作家的普遍看法。《赤地之恋》不久后即完稿，却反响平平，香港读者对之比较冷漠。1954年香港天风出版社推出《张爱玲短篇小说集》，同样效果一般。由于这种结果，张爱玲意识到她这一类的艺术家在香港其实没有前途，再加上她刚从内地过来，对香港这个受殖民统治城市的政治前景也很没把握，心有隐忧，所以她又有了移民美国的打算。

张爱玲在香港（1954）

　　正好 1953 年美国新出台了一个法令，允许少数学有所长的外国人迁居美国，成为美国的永久居民，将来可再申请为美国公民。在整个远东地区，三年中一共有 5000 人的名额，3000 个给予香港本地人，2000 个给外地人，张爱玲是上海人，自然属于后者。这对她是个绝好的机会。1955 年，她利用这个法令向美国方面提出了入境申请。因为她为美新署做过翻译等工作，又是 20 世纪 40 年代中国颇为走红的女作家，她的申请没费多大力气就给批准了。不过，在此期间，张爱玲似乎还去过日本。她在晚年所撰文章《谈吃与画饼充饥》中说，"出来之后到日本去……十天的航程里连吃了十天，也吃不厌。三四个船员从泰国经香港赴日，还不止十天，看来也并没吃倒胃口"。而小说《浮花浪蕊》也写有类似情节。若去日本，多少应该和时在日本的胡兰成有关，但胡兰成在《今生今世》中却未提及。故此节还有待考证。估计张爱玲确实到过日本寻找机会，但未遂此愿只好又折回香港，最终还是决定去她此前并不多么向往的美国。

　　1955年11月，张爱玲乘上克利夫兰总统号去往美国，只有宋淇夫妇前往码头送行。这一离别，又引起她无限的伤感。十三年前她离开香港，是回上海，后来又在上海开创了她的辉煌的文学事业，也度过她一生中短暂明亮的橙红色的时期。现在她离开香港，却是驶向一个陌生的国度，一个无法预测的前程。上海她是回不去了，在香港和台湾她的影响亦很有限，她只有一个人孤零零地向前走。在香港三年写作的收入，除维持基本生计以外，她并没有什么积余。与宋淇夫妇告别时，她心情很不好，而当维多利亚海湾那熟悉的景物渐渐从视野中消退，轮船驶进黑暗而寒冷的大海时，她不禁哭了起来。她也不知道命运将把她带向何方，她也不知道自己是否能够顽强地承担住未来的一切。

张爱玲离港前留影（1955）

这一年，她35岁，离她的"传奇"时代已是整整十年。

不过，仍有一事可以附记一笔。数年前，著名学者林岗先生偶言一事，说他有一香港商界朋友回忆，20世纪80年代曾有一自称张爱玲女儿的年轻女子到他公司求职，他当时未在意，待后来张爱玲成为海峡两岸暨香港公认的"天才女作家"时，他才忆起旧事。那么，此事是否属实呢？据目前所有可见的与张爱玲有关的史料，皆无此方面的任何蛛丝马迹。不过，从1952年11月到1955年11月，张爱玲在港生活恰为三年，年龄在32—35岁之间，在理论上是存在与人同居生育的可能的。而在现实中，这世界上有太多真相是不可言说的。所以，尽管张爱玲自己、与张爱玲过往甚密的宋淇夫妇都未言及此事，但对此最为合宜的态度是不做证据不足的有无之推断，而是留待来日。

对于张爱玲来说，香港是告一段落了。到纽约后，张爱玲首先和早已在美国从事房地产生意的炎樱联系。听了炎樱的一个熟人的介绍，搬到一个女子职业宿舍去住。这处宿舍是"救世军"组织专门为穷人开办的，设施寒碜简陋，费用很低廉，带有济贫的性质，前来投住的也大多是贫寒无依的人。不但外人看不起这个地方，就连住在那里的女孩子也羞于向人提起，怕人知道。张爱玲既然经济紧张，也就住了进来。不过，她并不以住所的陋俗为意，安之如素。

到纽约不久，她就约炎樱一起，前去拜访了五四新文化运动的领袖人物之一胡适先生。这在她来说是件大事，不可不详细提起。赴美之前，张爱玲就和这位前辈人物胡适有过交往。胡适是现代中国杰出的学者，"五四"时代叱咤风云，早在张爱玲成名之前即已是众望所归的学界领袖人物，张爱玲从少年时代起就对他敬仰有加。1954年《秧歌》出版不久，她从香港寄了一本给身在美国的胡适先生，同时还附了一封短信，说她希望这本书能有一点"平淡而近自然"（胡适给《海上花列传》所下考语）的味道。几个月后，胡适回了一封让张爱玲喜不自禁的信。胡适说，"你这本《秧歌》，我仔细看了两遍，我很高兴能看到这本很有文学价值的作品。你自己说的'有一点接近平淡而近自然的境界'，我认为你在这个方面已做到了很成功的地步！这本小说，从头到尾，写的是'饥饿'，——也许你曾想到用《饿》做书名，写得真好，真有'平淡而近自然'的细致功夫。……我真很感觉高兴！如果我提倡这两部小说（指《醒世姻缘》和《海上花列传》）的效果单止产生了你这一本《秧歌》，我也应该十分满意了"。胡适把他读过两遍的《秧歌》又寄还给了张爱玲，只见上面通篇浓圈密点，扉页上还有题字，一切都使张爱玲激动不安。胡适是中国现代思想史上的大人物，而她自己不过是晚一辈的年轻作家，受到他这样的褒奖与鼓励，她心里不禁有很深很深的感激与崇敬。

所以一到纽约，她就与炎樱一道去拜访胡适先生。她这人一向怯于在庄重场合说话，拉上快言利语的炎樱，也是她以前在上海出席各种茶话会、纳

张爱玲致胡适信（1954）

凉会养成的习惯，现在去见她敬仰不已的胡适博士，她自然又要拉上炎樱，以免怯场。胡适此时在美国属于闲居状态，他的杜威式的自由主义在台湾不受蒋氏父子的欢迎，在大陆更被批得体无完肤，此时蜗居美国，基本上算是过了气的旧人物，但是张爱玲仍然对他敬如神明，总是紧张。她不善于谈吐，胡适与她谈文学，她不知怎么回应，因此胡适只得与她说些旧事。原来他们两家还有些旧谊，胡适的父亲认识她的祖父，还求他帮过一点忙，而张的母亲与姑姑还与胡适同桌打过牌。张爱玲还记得，有一次，她姑姑在报上看见胡适回国笑容可掬走下飞机的照片，笑道："胡适之这样年轻！"但那天回来后，炎樱去打听了来，对她说："喂，你那位胡博士不大有人知道，没有林语堂出名。"这不免令张爱玲大起感叹："我屡次发现外国人不了解现代中国的时候，往往是因为不知道五四运动的影响。因为五四运动是对内的，对外只限于输入。我觉得不但我们这一代与上一代，就连大陆上的下一代，尽管反胡适的时候许多青年已经不知道在反些什么，我想只要有心理学家荣格（Jung）所谓民族回忆这样东西，像'五四'这样的经验是忘不了的，无论湮没多久也还是在思想背景里。"（张爱玲：《忆胡适之》）

　　张爱玲不善与人应酬，但胡适却对她这个晚辈很关心。因为担心张爱玲孤身一人在外寂寞，感恩节的时候还特地邀请她去中国馆子吃菜。还有一次亲自到女子职业宿舍去看望她，对她能够吃苦颇为赞赏。前辈的关心使张爱玲久久不能忘怀。多年以后，胡适猝然病逝于台湾，她回忆这次胡适亲自去看她的情景说，"我送到大门外，在台阶上站着说话。天冷，风大，隔着条街从赫贞江上吹来。适之先生望着街口露出的一角空蒙的灰色河面，河上有雾，不知道怎么笑眯眯的老是望着，看怔住了。……我也跟着向河上望过去微笑着，可是仿佛有一阵悲风，隔着十万八千里从时代的深处吹出来，吹得眼睛都睁不开。那是我最后一次看见适之先生"。文字平淡却有感人的力量。张爱玲于晚年落寞的胡适而言，也多少算是一个解人。张爱玲懂得末路英雄的孤独，这种"懂得"更使她珍惜他对《秧歌》的评价，亦更使她感激他早年的小说考证对她后来人生道路的影响，所以胡适在台湾去世的消息传来，很使她感到一种悲伤。

到了 1956 年，按照规定，张爱玲在女子职业宿舍住不下去了，但是在这个英语国家里，她还没有办法弄到固定收入。她的小说《秧歌》虽然由纽约司克利卜纳出版社出版了，但是因为销路一般，出版社亦无再版的意思，她于不得已之中，只好向一个专门为有前途的作家提供写作环境的基金会请求帮助。2 月 13 日，她向位于新罕布什尔州的麦克道威尔文艺营寄了一封申请书。她是这样写的："亲爱的先生／夫人：我是一个来自香港的作家，根据 1953 年颁发的难民法令，移居来此。我在去年 10 月份来到这个国家。除了写作所得之外别无其他收入来源。目前的经济压力逼使我向文艺营申请免费栖身，俾能让我完成已经动手在写的小说。我不揣冒昧，要求从 3 月 13 日到 6 月 30 日期间允许我居住在文艺营，希望在冬季结束的 5 月 15 日之后能继续留在贵营。张爱玲敬启。"她请女子职业宿舍的玛莉·勒德尔和司克利卜纳出版社的主编哈利·布莱格和著名小说家 J. P. 马昆德为她作保，事情果然获得成功。3 月 2 日，文艺营即写信同意接纳她。3 月中旬，她结清了女子职业宿舍的账目，从纽约乘火车到达波士顿，又转乘巴士来到风景优美的新罕布什尔。最后赶到位于郊外的麦克道威尔文艺营时，天色已暗，柔和温暖的灯光从文艺营宽大的窗子里面汩汩淌出，而四围树林里的残雪，仍然闪着暗暗的蓝光。在路上接连奔波了六七个小时的张爱玲，终于找到了一个临时的避难所。

麦克道威尔文艺营是一处远离尘嚣的僻静庄园，经常有作家僻居于此专事写作。张爱玲提交的计划是写一部长篇小说，她把它命名为《粉泪》（Pink Tears），计划在小说《金锁记》的基础上展开来写。同时，这部小说她打算用英文来写（后遭出版社退稿后修改为《北地胭脂》，中译版即《怨女》）。她对《金锁记》很有信心，希望借此在美国开创出自己的写作事业。她少年时候崇仰的林语堂此时也在美国从事英文写作，他的英文小说《京华烟云》甚至获得了诺贝尔文学奖提名。林语堂是她的榜样。

第二次婚姻

与赖雅（Ferdinand Reyher）的这次婚姻，虽说多少是合乎了她从前"现世安稳"的平实愿望，但同时也把她带入了更为艰辛的谋生之路。她在什么地方寄存她的传奇，她的完美？没有人知道它们的存在，她也从未对人提起过。

在麦克道威尔文艺营期间，她遇上了美国作家费迪南·赖雅，由此开始了她的第二次婚姻。不过这是一场平实无奇的婚姻，既没有前一次婚姻的伤痛，也没有前一次的轰轰烈烈。

费迪南·赖雅1891年出生于美国费城，父母均为德国移民。此人完全在一个德国式的家庭中长大，溺爱他的母亲任他淘气，而他的父亲活像一个波斯专制君王，对他管制极其严厉。17岁时他进入宾州大学，攻读文学专业。在年轻时候，赖雅不失为一个有才华的文学青年。20岁的时候，他就已写出不少诗歌作品，以及一部名为《莎乐美》的诗剧。1912年秋天，赖雅进入哈佛大学，攻读文艺学硕士学位。在这里他得以崭露才华，以一部《青春欲舞》的剧本被吸收到著名的戏剧研究组中去，这个剧本后来还在麦克道威尔戏剧节中被选中上演。著名学者威廉·尼尔逊教授很欣赏他，替他在麻省理工学院谋到一个教授英文的教师职位，1913年至1914年间，他就在那里教书。然而他天性是一个好动而且兴趣广泛的人，做事常常是浅尝辄止。在文学和教书之外，他又着迷于棒球与摄影。1914年，赖雅离开麻省理工学院，到《波士顿邮报》报社，并谋到记者一职，然后前往欧洲，报道第一次世界大战。战后回到纽约，住在格林威治村，开始了他作为自由撰稿人的变幻不定的生活，他的余生大致就是这样度过的。1917年他与吕蓓卡·郝理琪结婚，但是他的随意性格并不宜于家庭生活，一种安安稳稳的循规蹈矩的生活对他缺乏吸引力，他对家庭的照顾非常糟糕，常常自己一个人在各个城市和国家之间游历。而且，他还热爱享受豪华的生活，比如结婚时他父亲送他一笔钱做贺礼，他却到纽约最豪华的饭店花掉了，以至于父母要来看望他的时候，他又不得先把其他东西典当来租家具。他把自由看得比婚姻更为重要。他的妻子吕蓓卡，则是个活跃的女权主义者，16岁时曾经加入为争取妇女投票权而进行的示威游行，还积极反对美国卷入第一次世界大战。结婚后，她也是不改初衷，照样追求她的主义。故而两人虽然结婚，但共同生活的时候其实并不多，感情很不稳定。1926年，两人协议离婚。

赖雅作为自由撰稿人，写过各种类型的文章，常在《新共和国》《哈泼氏》《星期六晚邮报》等杂志上发表，内容则从诗歌到烹饪，无所不包。1920年他在《麦克劳氏杂志》上连载了一篇《人·虎·蛇》的中篇小说，获得两千美元的报酬。他利用这笔钱，再次游历欧洲，结交了文学界的许多重要人物，如诗人庞德、小说家詹姆斯·乔伊斯和康拉德等。1926年与吕蓓卡离婚后，他更觉自由，把时间分成了两大块，一块是住在纽约，一块是周游世界各国。1931年他应一个朋友的邀请为好莱坞写作电影剧本，这是个赚钱的极佳机会。他为好莱坞连续写了十二年，从1931年到1942年，长期的写作使他具备了一个优秀电影剧作家应该有的一切素质：以最快的速度写出动人的作品、深谙对白的妙用、对快速移动情节的敏锐感受等等。然而，他从来没有成为一个一流的剧作家。这或许是因为他经常从这个公司游荡到那个公司，例如辗转于雷电华（RKO）、派拉蒙、哥伦比亚以及米高梅公司等等，或许是因为他根本没有做第一流剧作家的宏愿。不过，他的才能倒是公认的，美国著名作家华莱士·史蒂文斯、辛克莱·刘易斯都对他的天资评价甚高。

20世纪30年代中期，赖雅又转向了马克思主义，不过他从来没有加入共产党。他从前的岳父是一位革命家，曾经被流放到西伯利亚，他从岳父那里接触到了马克思主义学说与各种形式的社会主义，并迅速转向"左倾"。在30年代的世界性经济大萧条中，他曾经在劳工辩论中作为工人的代表与哥伦比亚公司进行过斗争。

赖雅为人幽默而有风趣，而且又极为慷慨。他曾经帮助过许多名气不及他的作家，其中包括成名以前的德国流亡戏剧作家布莱希特。1927年赖雅游历德国时与他相识，布莱希特在美国未出名之前，赖雅早已在替他宣传。后来，布莱希特从纳粹德国逃亡到美国，赖雅曾经资助过他，并将他的家眷设法移民到美国。布莱希特在美国的朋友很少，赖雅是其中之一。两人还在一起合作过电影剧本，赖雅对布莱希特的几部戏剧在写作过程中和随后使作品问世方面都做过重要帮助，而布莱希特在理解马克思主义理论方面，又是赖雅的老师。1947年，布莱希特返回德国后，曾经让赖雅作为他在美国的代理人。但随着20世纪40年代后期布莱希特名气急升，两人友谊也趋于破裂。

到了20世纪50年代初期，赖雅患上了轻度中风，忽然发现自己已经不再年轻，最好的岁月都留给了好莱坞与世界各地的奇异风情，而并无一部真正有影响的作品留给自己。他的旧友，诺贝尔文学奖获得者辛克莱·刘易斯曾经预言他会一夜成名，现在看来不可能了。他倒写过一部长篇小说《我听到你们歌唱》、一部戏剧《以色列城堡》，也曾被个别专家誉为杰作，但是并未得到文学界的公认。或许是希望重振雄风，1955年他也取得麦克道威尔文艺营的入营机会，计划在这里休养生息，重新积聚力量，以完成一个写作计划，其中包括一部历史传记、两部戏剧和两部小说。计划还没有实施，他便遇见了刚从中国来的张爱玲。

文艺营中的日常活动大致是有规律的：早晨，各位作家集中在一起共进早餐，过后各人回到各自的工作室，互不干扰，各自创作；午餐则由工作人员送到工作室入口，任作家们自取所需；下午四时以前，不允许集会，到四时以后，作家、艺术家们又可以重新相聚，或娱乐，或谈笑，或喝酒；晚餐则集中在文艺营大厅中进行。

张爱玲到达麦克道威尔之后，住在女子宿舍。在这里她既不认识人，也有些不适应北美寒冷的气候。这里气温常在零下，冬季最寒冷的夜晚，气温甚至会降到零下34℃，如此的寒冷气候，出生在上海的张爱玲之前未经历过。她费了好大力气，才逐渐适应，同时也开始着手她的《粉泪》的写作。

3月13日，她第一次遇见赖雅，赖雅的幽默给她留下一些印象。到第二天，两人又见到了，随便小谈了片刻，赖雅由此了解到张爱玲从香港到美国才六个月，并一直住在纽约，而张爱玲也感觉到了赖雅的随和、诙谐、知识丰富。两天后，有一场猛烈的暴风雪袭击了这一地区，皑皑白雪封锁了文艺营，艺术家们于是都挤在大厅中聚谈，张爱玲与赖雅则踅到回廊上，谈了较久的时间。自此之后，他们的交往就逐渐深入了。到了3月底，他们已经常相互到对方的工作室做客。4月1日，他们则开始并肩坐在大厅里共同进餐。张爱玲本来不轻易相信人，这次她却觉得赖雅可以信任，就将她的前作英文版的《秧歌》拿给赖雅看了。赖雅读了以后，大赞她文笔优美。随即，赖雅又给她讲了他自己生活中的许多奇闻故事、冒险经历，张爱玲很感兴趣。不久后，他们便开始完全单独往来，谈话中心也渐渐转到中国方面，诸如中国的书法艺术、中国的政治著作，甚至共产主义和反共产主义的敏感话题他们也屡屡提到。张爱玲虽然写过"反共"小说，但那中间谋生的考虑大于政治的立场，她对政治很是淡漠，现在听"左倾"的赖雅谈共产主义，她并不觉得有什么抵触，而只是觉得他的经验见识与随意性格能给人不少快乐，能帮助她纾解心头之郁。这期间，赖雅还就《粉泪》的结构向她提过建议。

到5月初，他们的关系开始非同一般。赖雅在5月12日的日记中记道："去房中有同房之好。"这是张爱玲在胡兰成之后，再一次接纳一个新的男人。然而赖雅尽管也幽默风趣，但到底已经是 60 多岁，相较胡兰成自然不如，她为什么愿意接纳这样一个年迈朽老的男人呢？

关于这件事情，张爱玲在当年 8 月 19 日与邝文美的通信中是这样说的："Ferd 离过一次婚，有一个女儿已经结了婚了。他以前在欧洲做 foreign correspondent（国外通讯记者），后来在好莱坞混了许多年 doctoring scripts（修改剧本），但近年来穷途潦倒，和我一样 penniless（身无分文），而年纪比我大得多，似乎比我更没有前途。除了他在哈佛得过 doctor & master degree（博士与硕士学位）这一点想必 approved by（见赏于）吴太太之流，此外实在是 nothing to write home about（乏善可陈）。Fatima（炎樱）刚回来的时候我在电话上告诉她，说：'This is not a sensible marriage, but it's not without passion.（这婚姻说不上明智，但充满热情）'……我很快乐和满意"。（张爱玲等：《张爱玲私语录》）不过这段解释涉及更多的是张爱玲最后对于这场婚姻的态度，并不代表她的初衷。从旁观者的未必正确的眼光看，这其中实有张爱玲的难言之隐。最大的原因，可能在于经济。张爱玲会在短时间内爱上 60 多岁的赖雅吗？这不太可能。赖雅的才力在张爱玲之下，她自然谈不上欣赏，赖雅的悟性较之胡兰成也是差得甚远，再说，张爱玲经过情感的剧痛，赖雅即使有胡之悟性恐怕张爱玲也不会有多大兴趣。关键问题在于经济。司马新即如是观："最令她焦躁不安的是她的经济状况……面临多方面的窘迫，她选择了赖雅作为依靠。"（司马新：《张爱玲在美国》）《倾城之恋》里徐太太说，"找事，都是假的，还是找个人是真的"，她是多么讥诮这样的人生啊，而现在，她不能不调整自己。以前在上海时，她是曾经当红的女作家，她有足够的信心发展自己的创作并以之取得稳定收入，她未必要那么急着嫁人。现在只身到了美国，没有任何人知道她、认可她，她的创作的前景并不如意，她也很明白自己恰如无根之萍，没有什么可以依靠，文艺营的免费居住也有期限，冬季为四个月，夏季则更短，到 6 月底，她就得离开这里。在美国，她全无收入，新小说尚未写出，一旦离开文艺营，她就会陷入异常困窘的经济状况。因为这种考虑，她可能是选择赖雅做了经济的依靠。赖雅虽然年岁偏老，但心理倒还年轻，而且对她既热情又关心，这使离国万里、孤身在外的张爱玲不能不感到一种慰藉。她到底还是需要一个安稳温暖的家，没有人天生即愿与孤独为伍。

然而，命运似乎是在捉弄困窘中的张爱玲，赖雅并不能在经济上为她提供多少庇护。他年轻时候既喜欢豪华，又为人慷慨大方，即使是在为好莱坞写作剧本收入甚佳的时候，也很少想到积蓄，有多少花多少，十足的酒脱。到了老来，精力再不及以前，却发觉自己还未为已经到来的老年储备下足够的资财。这或许是自由生活方式的必定结果。与张爱玲初相识时，他也在为自己未卜的前途而挣扎着，只是他还未将这些告诉张爱玲。他在麦克道威尔文艺营的期限是 5 月 14 日，虽然这个时候他又获准在耶多（Yaddo，纽约州北部的另一个文艺营）逗留六个星期，但是期满后，他也将面临居无定所的困窘。

对这些，张爱玲并不清楚。在赖雅前往耶多的时候，张爱玲送他到了车站。分别时，张爱玲向他倾诉了自己的感情，以及她的代理人、出版商、美国市场以及经济上的诸种困难。赖雅也将自己的经济情况如实相告。不知道张爱玲当时反应、感受如何，但不管怎样，她最终接受了这样一个可能令她意想不到的事实。作为一个东方女人，她并不随便。所以，尽管如此，她还是反过来送了赖雅一些现款，作为礼物让他带到耶多去。这是一份感情的许诺。从旁观者立场看，这份许诺后来把她拖进了更为艰难的境况。

到达耶多后，赖雅开始与张爱玲通信。张爱玲同时也在为申请延期而努力，因为她的限期是 6 月 30 日，夏季一到，她就没有了着落。她于 4 月初提出了延期的要求，但是因为名额已事先分配完，她只有等到九十月份才能重新入住。恰巧这时有一位营友答应张爱玲夏季可以到她在纽约市的第 99 街空着的公寓去住，总算把问题解决了。

等张爱玲一搬到纽约，她就惊讶地发觉自己怀孕了。这让她又惊又怕，她马上写信告诉赖雅，不及等到他回信，她又坐火车赶到赖雅所在的小镇萨拉托卡泉（他在耶多文艺营期限满后搬到此处）。到达后，两人一同到餐馆用餐，赖雅当面向她求婚，并且要求她在有必要的时候去做人工流产，并表示到时他会和她在一起的，帮助她消除恐惧。对此事，司马新记载说："赖雅喝了点酒，他们认真地谈了一次话，赖雅当面再次向张爱玲求婚，但是，他对孩子的看法非常明确，他坚持不要孩子。他称孩子为'东西'（The Thing）。出于这一看法，他催张爱玲到纽约的西奈（Sinai）医院再做一次检查，并将检查结果写信告诉他。也因出于这一看法，他让张爱玲确信无疑在必要做人工流产的时候，他会和她在一起，以消除她的恐惧。"（司马新：《张爱玲在美国》）此后几天，她即做了流产手术。关于此事，后来与张爱玲交厚的夏志清对赖雅很为不满，"这个穷得淌淌滴的赖雅，一定要张爱玲去流产！孩子对于女人就像生命一样重要啊，张爱玲流产后真正是枯萎了！如果她有个一男半女，在以后寡居的几十年中会给她带来多大的欣慰和快乐啊！"（周励：《张爱玲在美国的凄凉岁月》）从公开材料看，张爱玲此前虽与胡兰成结婚，但并无怀孕经验，此番怀孕并流产，无疑给她极深的体验，可能因此，在《小团圆》中，她专门写到了九莉打胎的令人惊骇的细节。

第二天，赖雅陪她游览萨拉托卡泉镇。这是一座很古老的小镇，街钟和路灯古色古香，张爱玲甚是留恋，到晚上，两人又愉快地谈起了他们下一步的文学计划，张爱玲打算创作两篇古典故事：《僵尸车夫》和《孝桥》。赖雅则计划与她合作翻译中国诗集。第二天离开之际，张爱玲又留给赖雅一张300美元的支票，作为她来小镇后的开支。其实她住旅馆两晚仅花10美元，这笔钱完全是她对赖雅的经济支援。事实上，300美元对于拮据的张爱玲来说也不是一个小数目，但因为她内心里有着很传统的中国式贤淑美德，她既对他倾身相许，就自然觉得应该与对方同甘共苦。至于"甘""苦"各皆如何，她一时还不及理会，但共同对付生活，在她却是明确的。十年前胡兰成在难中时，她也是一次一次将自己的稿费寄过去，然而胡兰成却总是毫不顾惜地背叛她。而今的赖雅不是胡兰成，说起来，这个年迈的美国男人，倒确实是张爱玲一生中唯一爱过她、关心过她的男人。她的残暴的父亲，她仰爱着的胡兰成，都没有始终如一地爱过她。而能享受一种永久的始终不渝的爱，是一个人真正的财富。张爱玲经过十多年的坎坷遭际，懂得这一点。她说"我很快乐和满意"，当非虚言。

8月14日，张爱玲与赖雅在纽约举行了婚礼。张爱玲邀请了炎樱来参加，当年她与胡兰成订婚时，炎樱是旁证，现在她与赖雅结婚，炎樱仍然是旁证。不过此婚姻不再同于彼婚姻，胡兰成追求张爱玲基本上是为了满足他占有各式女人的癖好和一时的热情，是从来没为她考虑的，现在赖雅对她的爱心与关怀，确实让她着着实实感受到了人与人之间的温暖。唯一遗憾的是，赖雅毕竟已65岁，不但没有机会重振他的文学事业，而且在随后几年里身体也渐渐不及从前。所以说，这一次的婚姻虽然说多少是合乎了张爱玲以前的"现世安稳"的平实愿望，却同时也把她带入了更为艰难辛苦的谋生之路，使她自此以后的生活总不免有一种风雨飘零的感觉。少年时候她逃离父亲的家所体会到的"惘惘的威胁"，也因此无时不在地光临着她在美国的生活岁月。

婚礼之后，张爱玲和赖雅在纽约一直待到10月，遍览了纽约风光。张爱玲十分高兴，她喜欢大城市，在大城市里她才感觉像真正在家里一样。10月过后，他们又一起返回了麦克道威尔文艺营，他们都再次获准到那里居住。

但刚刚回营地，赖雅就发生了一次中风，这对张爱玲是个不小的打击。她本来把不少新生活的希望寄托在他身上的，现在他却还未开始就倒下了，张爱玲简直没办法摆脱自己的沮丧情绪。幸而到10月底，赖雅又基本康复，可以到营地中的大片林地散步了。然而，到了12月，他的病又一次复发，几乎失音。等到出院时，正好是圣诞节。赖雅试图以节日的欢乐来消除张爱玲的忧虑，但并未奏效，新婚的欢乐短暂得如一阵风，转眼即消失了。

1957年3月，张爱玲完成了《赤地之恋》的英文译本。13日，她将打印稿寄往纽约。一周后，她与赖雅抵达纽约，张爱玲去找她已联系好的戴尔（Dell）出版公司面谈这部书稿的有关出版事宜。但是面谈时，张爱玲才知道，戴尔公司对她的这部书信心不大，不能很快决定，只是表示两周后再通知她。这令她大失所望。赖雅带她到一家自助饮食店吃了一顿美味的晚餐，然后在绵绵细雨中回到旅馆。

第二天，张爱玲又找到哥伦比亚广播公司，签好了一份出版合同，由该公司将《秧歌》改写成剧本。回旅馆后，她又乘出租车去找了炎樱，回来后又与赖雅同去用餐。次日，他们即返回麦尔道威尔文艺营。不久，他们收到哥伦比亚公司寄来的信，告知协议顺利，并付给她稿酬1350美元，另加90美元作为支付该小说的翻译权。

到了1957年4月，他们在文艺营的住期又将满，而再次申请已经没有可能，于是他们就近在彼得堡镇的松树街找到了一家略有家具设备的公寓。公寓是一幢三层楼房，坐落在一条狭窄的坡形街道上，比较方便，然而公寓的租金每月61美元，电费还不在内。但是，他们目前并没有固定收入，这笔房租就不能不说是一笔不小的负担，而且他们还必须添置床单、窗帘及各种用具，又得花一大笔钱。这使他们在搬家的前两天焦躁不安。4月13日，他们搬到了松树街公寓。因为手头拮据，赖雅每周两三次到附近的庭院摊上去，希望找到些便宜的生活用品，比如面包烘炉、三夹板桌子、木制小床等等，有时张爱玲也跟着一起去碰碰运气，一次她看见有几件漂亮的绒衫与一件浴袍完好无损，加在一起才3美元多，大喜过望，全买了下来，回去一试穿，竟然也很合身，高兴了好一阵子。他们在彼得堡镇的生活比较简单，赖雅每天起床很早，起来后就到杂货店去购物，或去银行，去邮局做些必要的事务，有时也在张爱玲的指导下做些简单的饭菜，如鸡肉馅饼、炖牛肉之类。张爱玲自小在江边长大，喜爱吃鱼，有时候赖雅就学着做鱼。张爱玲则习惯于夜间工作，白天休息。日子平静无声，两人都努力地写作，希望能改善一下困窘的局面。

5月初，张爱玲又得知一个不幸消息，司克利卜纳公司不拟选用她的第二部小说，即《粉泪》，这是她在文艺营费尽半年时间才写出来的，她一直对它寄予厚望。这对她是个不小的打击，她沮丧至极，骤然病倒，几天都卧床不起，很长时间以来一直支撑着她的信心受到很大影响。为什么她一生最重要的作品以英文重写后会在美国遭到冷遇？研究者意见纷纭。王拓认为，改写本身比较失败，"《金锁记》中母女之间、婆媳之间的冲突和紧张关系，以及小说人物七巧疯狂可怕的行为给我们的震撼力量，都是《怨女》所不能达到的效果。《金锁记》中的七巧比《怨女》中的银娣似乎更彻底得多，也就是说七巧性格、情感和心理都比银娣来得绝，来得'非人'一点，……所以我认为一个短篇的故事，我们如果不能给它更深、更广、更复杂的因素和意义时，实在没有必要把它改写成长篇"（王拓：《〈怨女〉和〈金锁记〉的比较》）。周芬伶则认为与当时美国的冷战环境有关："这跟当时出版社的立场有关，有些出版社会从政治立场来考量。张爱玲暴露中国民族心灵的黑暗面，竟被认为卑劣下流，而旧时代人物的负面描写，就成为肯定共产党为民族救星的喉舌，Knoft 出版社的反共立场很明显，Noton 也差不多。如果要迎合当时的纽约出版社品味，她再写类似《秧歌》《赤地之恋》的作品可能较受欢迎。但她似乎一踏上美国土地，就想忠于自己的品味。《粉泪》的故事根据《金锁记》改写，政治意识非常淡薄，还是免不了政治偏见的检验。她描写的中国人显然不合出版商心目中的中国人形象。"（周芬伶：《艳异：张爱玲与中国文学》）这后一种看法，实际上也是张爱玲自己的意见。她在给夏志清的一封信上说："……正如你所说，我一向有个感觉，对东方特别喜爱的人，他们所喜欢的往往正是我想拆穿的。"（夏志清：《张爱玲给我的信件》）不管怎么说，此事对张爱玲有巨大的打击。

她沉默憔悴，一直拖到6月，才渐渐恢复过来。幸好司克利卜纳公司仍然付给她《秧歌》一书的版税，约300美元。张爱玲稍微振作，又着手写了一篇名为《上海游闲人》的新故事，并与宋淇夫妇联系，重新为香港的电影公司写稿。这个尝试后来很大程度上缓解了他们的经济压力，她每篇稿子可获800—1000美元，这样的稿酬在香港是极高的，当然，其中多有宋淇热心推荐的原因。

到了8月中下旬，张爱玲从伦敦得到消息，说她的母亲病得很重，必须做手术。张爱玲马上写了一封信，并附了100美元的支票过去。不久母亲便去世了，张爱玲闻讯后很是伤心，母亲是她在海外的唯一亲人，而国内的亲人又不敢联系。现在母亲故去，她在海外就完全成了漂泊的浮萍。母亲去世后，给她留下一只箱子。箱子不久运达彼得堡镇，里面都是她母亲早年带往海外的古董，她母亲多年来一直靠卖古董度日，没卖完的便留给了女儿。这对张爱玲来说，无疑是雪中送炭。后来他们也逐渐变卖这些古董贴补家用。

1958年春，张爱玲决定离开彼得堡镇，迁居到较大的城市里去。赖雅虽然很留恋彼得堡镇的平和与宁静，但是考虑张爱玲将来的文学发展，也同意了她的这项计划。所以，他们一起向亨顿·哈特福基金会提出申请，那里也有一个和麦克道威尔类似的文艺营，张爱玲还单独向哥根哈姆基金会申请奖金。到7月份，哥根哈姆事情未获成功，亨顿·哈特福基金会却来了通知，允许他们11月8日以后搬到那里去住。张爱玲非常高兴，因为下一个暑期她就可以在旧金山度假了。8月份，宋淇发来一份海外电报，要她在8月15日前提供一份剧稿，张爱玲立即回电，应允此事，并积极苦干，8月6日即全部完成。

然而，此时张爱玲心中另外一层苦恼也在日渐加深，那就是她的文学才能始终未得圈内人士承认。写剧本这类行为，在她本只是糊口之计，她的才力远在创作这类商业剧本之上，但是离开上海四五年来，她始终没能出版自己新的有价值的小说。对此，夏志清认为因于她的封闭，"我有时想，如果她生活在纽约，可以写写第五大道、时代广场、林肯中心这些有血有肉真实的美国大都市生活。可她来美后一直在小地方生活，孤陋寡闻，拒交朋友，总是独自埋头写些三四十年代旧上海的东西，虽然她英文好，但美国人是不要看的呀！张爱玲对现实的社会和人失去了兴趣，这是她的致命伤"（柴胡：《张爱玲在美国的艰难岁月》）。此说也太没道理，张爱玲怎么可能去写什么林肯中心，她对那些有什么感情？张爱玲肯定无此兴趣，但她的上海故事也确实引不起美国人的兴趣。一念及此，她就不免黯然神伤。有天夜里，她甚至梦见了一个杰出的中国作家取得了很大成就，而自己却一无所成。第二天她把这个梦讲给赖雅听，同时泪流满面。对于一个自少年时候起即自视极高的才女来说，陷于庸碎的生计一事无成，那种感觉会有多么的焦灼和痛苦。赖雅用心安慰，他知道她是在这种贫困和籍籍无名的状态中忍耐太久了。但是，他的安慰能够起到多大的作用呢。

这一年的 10 月 1 日，是张爱玲 38 岁的生日。赖雅首先细心弄清了中国农历与公历的关系，确定了 10 月 1 日正是她的农历生日。晚上，特意请了她去看电影，片名是《刻不容缓》（*No Time for Sergeants*），由艾迪·格里菲斯主演，剧情极为诙谐幽默，张爱玲看得纵情大笑，眼泪都出来了。看完电影，赖雅又陪着她一起沿着安静的街道慢慢散步回家。因为一整天赖雅都在庆祝她的生日，张爱玲告诉赖雅说，这是她有生以来最快乐的生日。赖雅听后甚是宽慰，这也是他们结婚以来张爱玲难得的忘却沉重的一次。

10 月下旬，他们收拾行李准备出发到洛杉矶，到亨顿·哈特福基金会报到。11 月 13 日，他们到达目的地，基金会分配给他们一处居处。这个基金会坐落在洛杉矶的黄金区域，风景幽美，终年生长着热带花卉和植物，浩渺无际的太平洋即在眼底，临窗远眺，有心怡神醉之感。张爱玲非常喜欢。他们的住所离洛杉矶市区不远，购物很方便，张爱玲一到洛杉矶，就觉得目不暇接，兴致勃勃。他们的日常生活也和在彼得堡时相比发生了改变。因为这一处文艺营气氛比较轻松，赖雅常常到公共大厅中间游赏、谈天或玩小赌注的扑克牌，而张爱玲除了用餐时间来到大厅外，一般多是在自己房里，很少参加艺术家们的派对。她多少又恢复了过去独来独往的习惯。

他们新买了一台电视机，没事的时候两个人就待在房中看电视。因为附近很少有电影院，他们看电影的次数也较以前减少。为解寂寞，他们甚至还养了一只猫逗乐。张爱玲偶尔也心血来潮，来点新花样，比如，她有次通过宋淇夫妇从香港买回衣料，做了几件衣服，然后围上从前她母亲用的极美的长围巾，兴冲冲地赶到摄影家雪尔维亚·史蒂文森那里拍了几张艺术照片。不过，这段时间她更多的是赶写新的作品，通过宋淇夫妇不断延揽新的稿约。这使她一段时间内的收入得到了一定的保证。

1959年4月，他们在亨顿·哈特福基金会期限到了，他们便按照原计划到达旧金山，租了布什街645号住了下来，月租70美元，另加水电费。到后不久，赖雅又到几条街外的鲍斯脱街为自己找了一间小小的办公室，每天都去工作一段时间，继续他的《克利丝汀》及另外一部戏剧剧本的写作。同时，他还帮助马克·休勒撰写关于辛克莱·刘易斯的传记，因为赖雅与刘易斯原本即是好朋友，由他撰写刘易斯的传记被认为是非常合适的人选。张爱玲这时候则接到了把以前她翻译的《荻村传》分别改写成中英文两个版本的剧本的任务，时间非常紧张。同时，她还通过宋淇夫妇的关系，继续做一些翻译工作。这段时间是他们生活中较为平稳的时期，比起最初那种漂泊窘迫的状态，稍有改观。

他们生活变得很有规律。赖雅通常早上8点左右起床，用罢早餐，就步行到鲍斯脱街他的小办公室去工作，晚上熬过夜的张爱玲则整个上午都睡觉。到了中午，两人一起共进午餐，下午则各自继续工作。有时候，他们也相伴出去购物。张爱玲还弄到附近唐人街图书馆的一张图书卡，到那里借中文书籍回来看，这实在是意外之喜。赖雅时常陪张爱玲到唐人街去，见到满街的中国儿童，赖雅惊讶不已，张爱玲则多少勾起了一些亲切的上海记忆。旧金山还是文化汇融的城市。在这里，中国、日本、印度的节日是经常有的，他们也乐于参与。这段时间是他们难得的平静时期，张爱玲在给朱西宁的信中说："Ferdinand Reyher 不是画家，是文人，也有人认为他好。譬如美国出版《秧歌》的那家公司，给我预支一千元版税，同一时期给他一部未完的小说预支三千。我不看他写的东西，他总是说：'I am good company.'因为Joyce等我也不看。他是粗线条的人，爱交朋友，不像我，但是我们很接近，一句话还没说完，已经觉得多余。"

这段时间，张爱玲新结识了一位从事绘画的美国女子爱丽斯·琵瑟尔，因为她过去也很喜欢绘画，所以现在对爱丽斯的画作很感兴趣。两人言谈投

张爱玲赠给爱丽斯的中国菜谱

合，常常到唐人街和意大利区交界处的华盛顿公园促膝而谈。宽阔的草坪，散落着巨大的树木，而黄昏则从林中冉冉升起。和爱丽斯谈画，时时会使张爱玲回忆起上海往事，那段生活，隔着十多年的烟雾，真有恍如隔世之感。有时，两位好朋友也会一起去唐人街都板路的点心店去，啜茶细谈，或者回到布什街公寓，吃赖雅准备好的红洋葱的色拉与主菜。张爱玲甚至有一次送了几张中文菜谱给爱丽斯，爱丽斯当然不懂，但在张爱玲，却是要表达一种情意。这张菜谱爱丽斯一直珍藏多年。在她眼里，张爱玲自然不能算是一个出色的小说家，但是她的友谊弥足珍贵。

到了这年的 8 月 14 日，是张爱玲与赖雅结婚三周年的纪念日。三年来，他们相濡以沫，终于度过了最艰难的日子。他们决定小小地庆祝一番。这天下午，他们先散步到唐人街张爱玲喜爱的点心店买小吃，随后，又到意大利区买了奶酪和咖啡。回家后，两人吃了一次灯光晚餐。晚上，则去看了詹姆斯·史都华和李丽美主演的一部新片《桃色凶案》。进场时电影已放了近一半，他们毫不为意，又兴致勃勃地从头看了一遍。看罢电影，两人又到附近的托尼氏餐馆买来咖啡和热蛋糕以纪念这一天。这一天相当愉快。

这一年稍后不久，张爱玲正式加入美国国籍，成为她从前想都没想到过的移民。

岁月无痕，它悄无声地覆盖了张爱玲，包括她的传奇，她的梦想。在美国，没有多少人知道她的过去，她的内心。她也很少对人提起过。

花莲、香港与迈阿密

　　1945 年后的二十年里，她几乎有点怀疑自己已被时代遗忘，但 20 世纪 60 年代初期台湾兴起的"张爱玲热"令她感到莫大欣慰。她在花莲看阿美族的丰年祭，为山地姑娘的美丽惊叹不已。迈阿密大学称她是"一流的中国女作家"。

　　张爱玲和赖雅在旧金山一住就是两年。在这两年里，张爱玲开始对她的英文写作失去信心。虽然她深信自己的实力，创作不辍，但她这些年在美国写作的英文小说，几乎全遭失败。看来，美国到底是英语世界，张爱玲真要在这个异域的国度赢得文学声誉，并不是太容易的事情。事实上，她与赖雅这些年的收入仍主要是来自香港宋淇夫妇提供的写作任务，以及麦加锡提供的翻译工作，至于赖雅每月可得的 50 多美元社会保险金，那数量是不济于事的。所以，张爱玲迫切感到有必要重新回到香港，去开发更多的经济渠道。因而到 1961 年，她便暗自计划着准备去香港一趟。去香港的中途，顺便去一下台湾。因为她当时计划写作一部长篇小说《少帅》，需要到台湾去收集资料，计划中的《少帅》，写的就是当年"少帅"张学良兵谏蒋介石的西安事变，而张学良本人此时正被蒋介石幽禁在台湾。张爱玲希望能找到机会见一见张学良本人。

然而，她的这种想法一开始并未告诉赖雅，早在 1959 年 12 月她就曾悄悄地到英国海外航空公司打听到了飞往香港的费用，是 1000 美元。现在过了将近两年，张爱玲基本上已将费用筹齐，觉得时机也比较成熟，她就向赖雅提起这个计划。赖雅听了以后，大为震惊，恰如张爱玲所担心的一样。因为从赖雅这方面讲，他与张爱玲结婚后，年老多病，基本上没有经济收入，事实上一直是靠张爱玲供养着他，平时两人生活平静的时候，他犹有不安，现在张爱玲突然提出要去香港、台湾，不能不让他敏感、多疑。他感觉张爱玲是因为已经适应了美国的生活，不再愿意与他这个年近古稀的人为伴。赖雅情绪很低落。所以，当张爱玲劝他仍旧留在旧金山，与他们的新朋友约·培根及爱丽斯·琵瑟尔在一起时，他不愿意听。为了自尊，他很快写信给他与前妻吕蓓卡所生的一个女儿霏丝，问是否可以把自己的东西托运到她那儿去。霏丝定居在华盛顿，曾经到洛杉矶来看望过她的父亲，与张爱玲也见过几次面。赖雅把信给张爱玲看了，同时又再次向亨顿·哈特福基金会申请居住。在他这方面，既然觉得张爱玲已经有了弃他而去之意，自己也就不得不准备下一步的生计。他用美国人的方式理解张爱玲了，张爱玲的解释也不能起什么作用。这对于漂泊浪荡了大半生的赖雅实在是悲伤的。

　　10 月初，张爱玲从旧金山飞往台北，准备在台北稍做逗留，然后再飞往香港与宋淇夫妇会面。

　　当然，张爱玲飞往台北，除了要为写作《少帅》收集资料之外，也是因为她自己对台湾本身突然产生了兴趣，希望借此出去转转，缓解一下在美国六年来苦于生计的压力。而她为什么对台湾产生兴趣，有一定的文学背景。在二十世纪五六十年代，台湾渐渐掀起了"张爱玲热"，她的名字与她的作品在台湾逐渐为人所知，并开始受到文学圈的较大推崇。这是她 1945 年以后第一次感到她的文学事业与个人天才得到正式的承认，而这中间已经有十五年的时间过去了。十五年间，她几乎有点要怀疑自己会被时代遗忘。这对自小即立志成名的她来说，是很值得忧虑的事情。

这里有必要介绍张爱玲的作品在中国本土的影响。自从 1952 年张爱玲出走香港、美国，时间一晃已经接近十年了。在此期间，张爱玲自己一直疲于生计，做翻译，"制作"反共宣传小说，为电影公司写商业剧本。从文学事业上讲，她离严肃文学的距离事实上越来越远，仅有的几部严肃作品在美国不被赏识，难以出版，这使她在 1945 年以后的中国文坛上的影响渐趋渐弱，几近于消失。在中国内地，由于政治意识形态方面的原因，她发表在 20 世纪 40 年代的作品不仅没有再版的机会，甚至她的名字也不再为文学史家所提及——仿佛文学史上从来不曾有过这样一位作家，在 20 世纪 50 至 70 年代，作为一位政治上不受欢迎的作家，她被彻底地"遗忘"了。在香港，虽然她在 20 世纪 50 年代初曾经在那里出版过《秧歌》与《赤地之恋》，但是当时的香港，基本上是"文化沙漠"，仅有商业文学可以存在，严肃文学则很难生根并产生影响。倒是在国民党统治下的台湾，她的《秧歌》《赤地之恋》因为具有鲜明的"反共"立场，赢得了官方评论家的齐声喝彩。但是，政治评价本身却无法在文学上站住脚跟。直到 20 世纪 50 年代末期，台湾新起的一代青年作家标举严肃文学的旗帜，发起现代主义运动的时候，张爱玲及其作品才开始得到真正的关注。

张爱玲本人的漂泊与出走多少为这种关注创造了机会。1949 年国民党政权退出大陆后，第一流的新文学作家几乎全部选择留在大陆，而 50 年代初期的台湾文化当局特别强调政治分别，凡是大陆作家的作品，多半被划入"封杀"之列。张爱玲因为出走，成为特有的例外，台湾当局算是放过了她的作品。结果，她的《传奇》与《流言》作为新文学难得的代表，在台湾文学青年中逐渐流传开来，为后来的"张爱玲热"的出现提供了客观条件。

但是，最直接起推动作用的是身居美国的现代中国文学史家夏志清。夏志清在 20 世纪 50 年代着力编著一部现代中国文学史，他从宋淇手上获得了《传奇》和《流言》的香港盗印本，一读之下，大为惊异，视张爱玲为罕见的现代女作家。因此，他在自己英文专著《中国现代小说史》中，不仅以专章讨论张爱玲，甚至还给她比其他作家（包括著名的鲁迅）都大得多的篇幅。在评价上也异乎寻常地高。在该书第13章《抗战期间及胜利以后的中国文学》，夏志清的结论令人惊讶："在上海出现的最有天才的作家是后来写《秧歌》的张爱玲，她可能是五四运动以来最有才华的中国作家。"在第15章《张爱玲》，他又明确表示："对于一个研究现代中国文学的人来说，张爱玲该是今日中国最优秀最重要的作家。"对于中篇小说《金锁记》，他则赞誉说，"这是中国自古以来最伟大的中篇小说"。甚至对《秧歌》这样的"授权"之作，他也认为在"中国小说史上已经是本不朽之作"，"我初读《传奇》《流言》时，全身为之震惊，想不到中国文坛会出这样一个奇才，以'质'而言，实在可同西洋现代极少数第一流作家相比而无愧色。隔两年读了《秧歌》《赤地之恋》……更使我深信张爱玲是当代最重要的作家，也是'五四'以来最优秀的作家。别的作家产量多，写了不少有份量的作品，也自有其贡献，但他们在文字上，在意象的运用上，在人生观察透彻和深刻方面，实在都不能同张爱玲相比"（夏志清：《〈张爱玲的小说艺术〉序》）。

夏志清的这些认识与评价当然值得商榷，他对于中共的极端反感与成见无疑限制了他的文学趣味与鉴赏力。但是，作为权威的现代文学史家，夏志清的文章对于台湾文学界的震动异常之大。这些文章以论文的形式先行刊在台北的《文学》杂志上，如《张爱玲的短篇小说》《评〈秧歌〉》，都得与台湾文学青年见面。论文的翻译者是夏济安，即夏志清的哥哥。夏济安是台湾大学外文系的教授，白先勇、王文兴、欧阳子、陈若曦等新起作家都是他的学生。这帮学生是台湾现代文学运动的主要鼓吹者与发动者，他们对夏志清的文章印象深刻，进而对于张爱玲也开始加以仔细研究。此时，张爱玲的短篇小说《五四遗事》也在台湾的《文学》杂志上首次发表。到20世纪50年代末期，张爱玲在台湾已开始具有一定的名声，甚至出现了最早期的"张迷"。台湾作家彭歌回忆自己初接触张爱玲作品的情形说，"初到台湾那两年，张爱玲的作品市面上没有，顶多辗转看到些散篇"，"台北有一家中兴

夏志清《中国现代小说史》台湾译本

图书馆，藏书有限，但有些是当时的'禁书'，无意中借到了张爱玲的《流言》，十分欢喜。那年月还没有复印机，我就自己动手抄写，选了几篇在我主编的《自由谈》月刊上转载了，并没有想到什么智慧财产权问题，也没有想到请教原作者"。（彭歌：《苍凉》）而到白先勇、王文兴这帮文学青年发起现代主义文学运动时，张爱玲则几乎成了近于神明的人物。

有了这样的一个受欢迎的文学背景，张爱玲自然乐意有一次台湾之行，何况她曾经读过台湾大学学生王祯和的一篇小说《鬼·北风·人》，对花莲的地方人情很感兴趣。所以，她最终还是不顾赖雅的不满，只身来到台北。她这次到台湾的行程，由她的美国朋友麦加锡具体安排，因为她生性不喜欢在大众场合出现，再加上当时台湾的传媒也不发达，所以，她悄然而来又悄然而去，知道的人并不多。她收集到了一些《少帅》的资料，但见少帅本人的要求却被拒绝，蒋氏父子并不希望外界对张学良有过多关注。所以，张爱玲在台期间的活动并不多，唯一的一次社交活动，就是与白先勇等《现代文学》的青年作家吃饭见面。这次活动也是麦加锡联系的。麦加锡本人喜欢文学，与台湾现代文学界有较多联系，《现代文学》出版时他一次就订下 700 本作为支持。他还曾经将白先勇、王文兴、欧阳子、王祯和等青年作家的小说翻译为英文，发表在美国的文学杂志上。张爱玲来到台湾，他自然是希望她能与那些崇拜她的人见见面，谈谈文学，增加一些写作上的交流。聚会时，张爱玲却是少言寡语，与几位大学生作家谈得不多，但是即便如此，已经使这些崇拜者感到莫大的兴奋与满足了。她的沉默恰好加深了他们想象中的神秘，觉得不可企及。

张爱玲在聚会的第二天，出发到花莲去游玩。《鬼·北风·人》的作者王祯和，主动给她做导游。王祯和自己就是花莲人，对花莲的地理、人情与历史都非常熟悉。到花莲后，他带着张爱玲游览花莲市，大街侧巷，曲里拐弯的里弄，处处张爱玲都很有兴致，"花莲的庙比台北还更家庭风味，神案前倚着一辆单车，花瓶里插着鸡毛掸帚。装置得高高的转播无线电放送着流行音乐。后院红砖阑干砌出工字式空花格子，衬着芭蕉，灯影里偶有一片半片蕉叶碧绿。后面厨房里昏黄的灯下，墙上挂着一串玲珑的竹片锁链，蒸馒头用的。我不能想象在蒸笼里怎么用，恨不得带回去拿到高级时装公司去推销，用作腰带。纯棉的瑞士花布如果乱红如雨中有一抹竹青，响应竹制衣带，该多新妍可喜！"（张爱玲:《重访边城》）她甚至还要王祯和带她去游览"大观园"。"大观园"用的是《红楼梦》里的名字，但是实际上是花莲甲级妓女户的名称，是妓女的集中营业区。张爱玲在"大观园"看妓女，妓女们坐在嫖客腿上看她，互相观察，各有所得，皆大欢喜。她看妓女跳曼波，觉得好有趣，妓女们看她的装扮，简单，时髦，而且又是从美国来的，妓女们对她比对嫖客还要有兴趣。

张爱玲在花莲游玩时，穿的衣服比较随意，一般是穿很舒服的衬衫，她又习惯于衣服上第一个、第二个扣子松开不扣。这对于当时衣装还相当保守的台湾来说，是特别的。王祯和的舅舅见了以后，即用闽南语对王说："伊像美国人，很美国派。"

张爱玲在花莲也去过当地乡下。给她印象很深的是上花冈山看阿美族的丰年祭。跳祭舞的一位山地姑娘，身段丰饶，侧面更是美得惊人，张爱玲赞叹说：她可以选为最佳侧面奖。看到姑娘们的山地头饰，她又告诉王祯和，说那种头饰在美国叫 Bolero。看歌舞的时候，他们坐在前排草坪，当地县长一听说张爱玲是美国来的，便马上热情地邀请她到贵宾席去坐。她笑而未去。接着有台北来的舞蹈家，自动地跑来跟他们谈天，递名片，然后批评说：这些舞，不好！如果给他编的话，可以更好。他一走，张爱玲即讥讽道："山地舞要他来编干吗？"她对台湾乡土各种风俗人情的兴致非常高。在《重访边城》中她还记叙了见到原住民的情景：

> 一下乡，台湾就褪了皮半卷着，露出下面较古老的地层。长途公共汽车上似乎全都是本省人。一个老妇人扎着地中海风味的黑布头巾、穿着肥大的清装袄裤、戴着灰白色的玉镯——台玉？我也算是还乡的复杂的心情变成了纯粹的观光客的游兴。
>
> 替我做向导的青年不时用肘弯推推我，急促地低声说："山地山地！"
>
> 我只匆匆一瞥，看到一个纤瘦的灰色女鬼，颊上刺青，刻出蓝色胡须根根上翘，翘得老高，背上背着孩子，在公路旁一爿店前流连。
>
> "山地山地！"
>
> 吉卜西人似的儿童，穿着破旧的 T 恤，西式裙子，抱着更小的孩子。
>
> "有日本电影放映的时候，他们都上城来了。"他说。
>
> "哦？他们懂日文？"
>
> "说得非常好。"

在花莲期间，张爱玲就住在王祯和家。王家打扫了楼下的一个干净房间给她暂住。她每天都和王祯和一同出入，王家的邻居都很好奇，以为是王祯和带了女朋友回花莲。张爱玲那时虽然已经41岁，但是模样很年轻，人又清盈，在外人眼里，他们确实像一对小情人。王祯和当时在台湾大学二年级念书，听到别人这样议论他与张爱玲，心里喜滋滋的。

花莲之行使张爱玲感觉到很轻松、愉快。于是，他们计划再从花莲前往台东、屏东，赶去参加屏东的矮人节，而后取道高雄再返回台北。可是他们刚刚到达台东，就有人打电话找到张爱玲，告诉她赖雅再次中风，急于与她联系。张爱玲当下"very upset"（王祯和语）。她很快就与麦加锡取得联系，临时取消了旅行计划，改从台东到高雄，又从高雄赶回台北，在台北她与王祯和分手。

张爱玲与赖雅的女儿霏丝取得联系，询问了赖雅发病的详细情况。原来张爱玲还没有动身去台湾时，赖雅就已经先把行李托运到华盛顿叫霏丝保管，然后，在张爱玲离开后的一个星期，他也动身前往华盛顿。然而，不幸的是，他在经过宾夕法尼亚的比佛瀑布市的路上又得了严重中风，在当地的一家医院昏迷过去。霏丝接到消息后，匆忙赶到比佛瀑布市，把父亲接到华盛顿她家附近的医院去住。在这中间，她把这不幸的消息通知了麦加锡，请她转告正在台湾旅行的张爱玲。张爱玲明白情况后怅然若失，赖雅的中风对她又是一次沉重的打击。这两年，他们的生活刚刚转顺一点，却马上遭到这种不幸的袭击。这个消息使她悲伤而疲惫，她准备即刻返回美国。她知道赖雅的心境不佳，但是当时从台湾回到美国的机票相当昂贵，她身上所剩的钱已经不够购买一张机票，而且，即使回到了美国，她已经无力去支付赖雅的医疗费用。这使她心乱如麻，但是她不轻易开口求人。于是，她决定仍然按照原计划前去香港，快速赶写一批新剧本，以应付目前的燃眉之需。

赖雅这次中风，比以前要严重得多，已经是瘫痪不起。好在经过一段时间的治疗以后，病情渐渐稳定了。张爱玲接到确实消息以后，遂于11月从台北飞到香港。香港较之六年前她在的时候，又发生了很大的改变，摩天大楼四处耸起，而且从内地来的人数量剧增（该年恰是三年自然灾害过后的一年），房价较低的房间顿时紧张。张爱玲来了以后，先在宋淇夫妇的公寓住了一段时日，然后在附近找了一个小房间住了下来，而来自上海的女房东仍然絮絮叨叨地说，如果不是要往上海寄衣服和食品，断不会把这样的房子租出去。

张爱玲在香港总共停留了五个多月，情况很不如意。她本来是因为宋淇替她预约的《红楼梦》剧本而来的，谈好的稿酬是1600—2000美元。然而，等她真的一到香港，她发现情况比她想象的要复杂得多。以前，她在上海的时候，她替电影公司写剧本，都是电影公司上门求她，求上门来还要付给她高稿酬，但是现在在香港，她发现自己的分量并不重，新起的年轻导演并没有把她看作是多么有分量的剧作家。这令她不免灰心。不巧这段时间，她的眼睛又溃疡出血，不得不每天去找医生打针，同时又为了不耽误剧本以便早点回到美国，每天又拼命写作，从上午10点一口气写到凌晨1点，简直把自己当成了写作机器。这使她的眼疾更加恶化。而且，她的两腿因为从旧金山出发到台湾的飞机座位狭窄而引起了肿胀，至今没有消去，因此她需要一双稍大一些的鞋子，但是她没有余钱去买，只好默默忍耐着。

然而，《红楼梦》剧本不是十天半月就能够完成的，稿酬一时又拿不到，这使张爱玲很快陷入窘境。起初，她找宋淇夫妇借钱周转，到后来这也不能成为办法了。宋淇就建议她另外再写一部剧本，稿酬为800美元。她答应了，虽然增写一部剧本必定会影响她返美的日程，但一想到800美元可以支持她与赖雅在旧金山四个月的费用，她也就没有犹豫。

张爱玲到香港的时候正好是冬天，她需要添加一件冬装和一件长袍，可是没有足够的现钞，因为她不得不预留出回去的飞机票款。这笔款目前还不够，她打算用一张被她取消的旧金山船票作为贴补。这笔退款眼下正由库克旅行社办理，需要再过一些时候才能拿到手。

转眼又到了中国的春节，张爱玲总算熬出了第二部剧本，并经电影公司审批通过。但是，这个时候报上又风传，她所服务的电懋公司的主要竞争对手邵氏电影公司将要开机拍摄《红楼梦》，要抢在电懋前面。这个传言对张爱玲又是一个打击。如果传言属实的话，电懋公司势必放弃拍摄《红楼梦》的计划，而电懋公司若一放弃，她写到半途的《红楼梦》剧本也必然随之作废，那么她这一次香港之行的希望就会完全落空，完全无改于她的经济窘境，那么她与赖雅在美国的生活又会很快陷入朝不保夕的状况。

这一年41岁的张爱玲为这件事开始连夜失眠，心事重重，眼睛又开始出血。到了元宵节的前夜，她一个人上到公寓的楼顶，望着九龙远近公寓明灭闪烁的万家灯火，不禁潸然泪下。自从1945年那场战争结束以来，她就似乎卷入了连绵不断的灾难之中，感情的失败，谋生的艰难，使她不断地陷入困苦无依的状态。回想家世，她也是一代名臣李鸿章的曾外孙女，也有张佩纶这样声重一时的祖父，可是人世沧桑，她竟然遭到了先人们做梦也想象不到的窘境。现在连去买一副眼镜，她都难以支付！想一想她那煊赫的家世，又有谁能够相信呢。

痛苦包围了张爱玲，她似沉入无边无际的黑暗。她半年以前的香港之梦现在完全破灭了。

这时候，已经康复出院的赖雅来信催她尽快返回美国，并且寄来了他在女儿寓所附近找到的一所小公寓的蓝图，房租并不算贵。张爱玲在香港未能如愿，只好考虑返美的事情。她写信告诉赖雅，要他多加节省，少买家具，食品当然例外。到次年2月，她又写信告诉赖雅，她将在3月16日返回美国。

赖雅高兴异常，提议自己在纽约迎接她，并陪她在那儿游玩几天，就如他们当初结婚时一样。张爱玲没有同意，她不敢为游玩而花钱，因为他们的拮据状况并未显出明显改善的希望。

3月16日，张爱玲乘飞机离开了香港。这是她最后一次来到香港，后来虽说她仍然为电影公司写作剧本，但是再也没亲身到过香港。3月18日，赖雅和霏丝到华盛顿机场去迎接张爱玲。看到张爱玲走下飞机，他激动异常。

他们乘车回到市内，赖雅首先带张爱玲去参观了位于第六街的皇家庭院，果然是所幽静朴素的公寓套间。张爱玲相当满意。

张爱玲回来后没几天，赖雅又接连住了几次医院。她只得和霏丝两人轮流照顾他。在繁忙之中，张爱玲仍然忙着给香港电影公司写稿。赖雅出院以后，他们的生活又逐渐恢复了常规。赖雅照常早起，用完早餐后即到图书馆去办公，或与张爱玲一起去市中心的超市购买一周所需的物品，张爱玲则更多的时候是在家中写作。他们还保留了一同去剧院的爱好。当年的奥斯卡获奖片《画眉鸟之死》，马龙·白兰度主演的《丑陋的美国人》，都是他们喜爱的片子。他们还看了影星费雯丽主演的电影，费雯丽的美丽仪态令赖雅赞不绝口。他们也欣赏布莱希特的名剧《三便士歌剧》，赖雅向张爱玲介绍了布莱希特的政治态度和剧本，提到他曾经写过一部以中国农村为背景的戏剧《四川贤妇》，很是赞扬，但是并没有向张爱玲提起他们之间的不快。

赖雅这一年70岁了。与张爱玲在一起生活时间久了，对她已产生强烈的依恋之情。有一次，他在日记中将傍晚步行回家记成："走向他的家，他的爱，他的光明。"张爱玲渐渐成了他老年生活中感情的寄托。有时候，她外出回来晚了，他都会焦虑担心不已，生怕她有什么闪失。

赖雅在华盛顿的亲人只有女儿霏丝，当初他也是为了离女儿近一些才搬到华盛顿的。霏丝的丈夫是史密斯索尼亚学院的海事历史学家，她自己则在华盛顿芭蕾学校中担任行政管理员和教师。霏丝夫妇有三个儿子，大儿子捷乐米已到了上大学的年龄。因为赖雅住在附近，霏丝每星期都与赖雅通几次电话，也几乎每星期都要邀请赖雅去她家吃一次晚餐。但是张爱玲一般很少随赖雅前去，可能是她与霏丝年龄相仿，身份却迥异，相互之间并不感到那么如意吧。每次赖雅去霏丝家，她都宁愿自己在家煮些小吃。不过有一次，她还是参加了他们夫妇举办的大型派对，她穿了一件用她母亲的大围巾改做的新衣服而大出风头，在派对中博得好评。她虽然早就没有了早年"奇装炫人"的兴趣，但是偶一为之，却很愉快。

但是，赖雅对张爱玲在节日的时候，比如感恩节或复活节，仍然拒绝去霏丝家感到难以理解，张爱玲自己则从来没有就此对他做过解释。其实张爱玲从来不愿意无端地接受别人的恩惠，无论处在什么样的艰难中，她都如此。她不去霏丝家，主要还是因为自己无力回请她，虽然说霏丝未必期望她回请，但是张爱玲却不愿因此白领对方的情。

他们的生活就在这种平静中维持下去，然而事情意外发生了变故，1964年，张爱玲忽然失去了通过写作剧本获取稿酬这一主要经济来源。事情起因极其偶然。这年6月20日，有一架民航飞机在台湾中部坠落。这本来是一桩平常的空难，可是它却直接影响了远在大洋彼岸的张爱玲的生活。在这次空难中，有一位名叫陆运涛的乘客丧生了。陆是新加坡一个集团的总裁，这个集团控制着香港电懋电影公司。在过去多年的经营中，电懋公司并不是这个集团获利的中心，但是由于陆运涛本人喜欢电影，所以他多年来一直支持电懋公司，现在他突遭空难，电懋公司没有了靠山，很快就士气涣散，面临被解散的危险。宋淇一直是电懋的制片人，此时他也打算离开电懋，自谋出路。张爱玲此时刚刚为电懋公司写完一部剧本，即艾米莉·勃朗特的《魂归离恨天》的中文版本，电影公司已经收到，但是还没有拍成电影。这部剧本也就成了张爱玲最后为电懋写的一部。宋淇的离去，使她失去了数年来最主要的经济来源。

张爱玲和赖雅这几年主要的稳定收入就是两人的版税费，以及赖雅每月52美元的社会福利金，然而数目都很少，连最低的生活开支都难以维持。知道电懋公司出事以后，张爱玲马上做出决定：从皇家庭院的简朴公寓搬到黑人区中的肯德基院。后者属于政府提供的廉价住宅区，他们还能勉强支付。但是生活来源仍然必须解决。她通过勒德尔卖给《记者》一篇 "A return to the Frontier"（《重回前线》，即前述《重访边城》）的文章，得到了稿酬200多美元。但是这篇文章把台湾称作 "frontier"，引起了王祯和那一班年轻学生的不满，他们向她发出了抗议，但是她实在是顾不上搭理他们。她想方设法重新找到朋友麦加锡，希望能够得到较多的翻译任务。麦加锡答应帮忙。这大大帮了她的忙。在随后的两三年时间里，她还为美国之音的广播节目改写了不少剧本，其中包括莫泊桑、亨利·詹姆斯以及苏联小说家索尔士肯尼顿（Solzhenitsyn）的作品。对此，时在美国之音工作的高克毅回忆，当时张爱玲不愿进他们的办公室，"一位身段苗条，穿着黑色（也许墨绿）西洋时装的女士，在外厅徘徊，一面东张西望，观看四周的壁画"，他想拜访赖雅，但张爱玲说赖雅卧病在床，不愿见客。（高克毅：《请张爱玲写广播剧》）其实，这些翻译也好，剧本也好，深受中国古典传统影响的张爱玲都是不甚以为然的，然而为了谋生，她连抱怨的话都没有。只有不停地写，方可解除她与赖雅的生存之忧。

　　但是，最严重的考验还是来了，躲都躲不及。有一天，赖雅从国会图书馆出来，在街上不小心摔了一跤，跌断了股骨，很快又再次引发中风。张爱

张爱玲在迈阿密大学的住所

玲不得不分出大量时间去照顾他，经常送他上医院，而她自己又没有车，只得每次都打电话给霏丝，要她开车把他们送到医院去。赖雅病了一段时间以后，开始行动不便，很少出门，经常卧居在家。张爱玲无计可施，只好在起居室中间安装了一张行军床，供自己休息。与此同时，她还要更加努力地从事翻译，以支付赖雅经常的治疗费用，而且与此同时，她又不得不兼做一个护士，照顾赖雅的起居。这实在让她陷入了巨大的困难。要知道，出身豪贵的张爱玲，自小养尊处优，一直有用人伺候，长到16岁的时候都还不会削苹果，还不曾单独去商店里买过东西，现在让她去细心地照顾一个气息奄奄的老人，而且又是在经济困窘的忧虑中！这桩突如其来的事故，让张爱玲和赖雅两个人都陷入绝望之中不能自拔，家中完全为忧郁与阴沉所笼罩。1965年的圣诞节姗姗来临，霏丝的三个男孩子与捷乐米的女友安琪都来看望外祖父赖雅。他们送给他一些玩具作为礼物，但是这些孩子的安慰丝毫无改于赖雅与张爱玲的悲伤与无助。告别的时候，女孩子安琪禁不住哭了起来。

赖雅瘫痪两年，终于发展到大小便失禁。张爱玲在艰难谋生与照顾赖雅之间感到心力交瘁。她本人也并不是一个健康结实的女人，长期奔劳使她常常牙痛难耐，眼疾又没有痊愈。她完全是依靠最大的毅力忍受着生活的折磨。她需要寻找新的解决方法。1966年，她听说俄亥俄州牛津的迈阿密大学要招募一名驻校作家，她马上报名申请，很顺利地得到批准。该年9月，她动身去了牛津。在动身之前，她找到霏丝商量，希望她能够把赖雅接到她家里去由她照顾，但是霏丝每天都要上班，还有两个10多岁的儿子需要照料，已经是满负荷，再要她照顾父亲，则多少有些力不从心。赖雅最后还是在女儿那儿住了一段时间，但是霏丝确实无力把他照顾好。对此，张爱玲颇感压力，她在给夏志清的信中说，"Ferd久病，我在华盛顿替他安排的统统被他女儿破坏了，只好去把他接了来，预备在附近城里找个公寓给他住着，另找个人每天来两次照料，但迄未找到人，在我这极小的公寓里挤着，实在妨碍工作，与在华府时不同"。张爱玲请了相邻的两个女人帮忙，付给她们一些钱。但赖雅大小便完全失禁，别人很难收拾干净。张爱玲最终无可奈何，只得从迈阿密返回，将赖雅带到了俄亥俄州，由她亲自照顾。

张爱玲在迈阿密大学的任务比较轻松，只是要求每星期能和教员、学生谈几次话，并无具体的授课任务。正因为这个原因，迈阿密大学只提供公寓住宿，以及适量的车马费，却不支付薪水。在张爱玲看来，这和当初的文艺营并无区别。她初来时，迈阿密大学曾经在《迈阿密校友会》上刊登了一则消息，"一流的中国女作家，迈阿密的驻校作家"，并附了张爱玲的一份简短的编年介绍。这使大学里的教授和官员都开始注意这位新来的驻校女作家。然而，张爱玲令他们失望了，除了例行任务外，她很少露面，一般的社交活动她都拒绝参加。英文系教授瓦尔特·哈维格斯特曾经邀请她参加他的研究班，但是她借故不去。照顾赖雅已经使她费尽心力，她实在抽不出精力再去做其他事情，当然除了写稿。她始终不能放弃的是她的文学追求。在此期间，她实际上还是在艰难中差不多完成了英文小说《少帅》，"《少帅》完成后

迈阿密大学报道张爱玲驻校的消息

有三个人读过，第一个是张爱玲英文作品的经纪人 Marie Rodell，他读后觉得人太多而感到混乱。另外两个人是 Dick McCarthy 和 Raymond Swing，前者是美国新闻处处长，后者是著名的时事评论员，他的中国太太曾在美国之音工作，可能跟宋淇、邝文美见过面。他们都很喜欢这部作品，但他们算是中国通，所以他们大致能认出作品中出现的人物。同样地，他们也认为作品要多一点解释人物的背景，张爱玲因此感到灰心，觉得写不下去了"（宋以朗：《书信文稿中的张爱玲》）。

在牛津的时候，她又经夏志清的介绍，向洛克菲勒基金会提出申请翻译晚清小说《海上花列传》，得到批准。正巧此时位于麻州康桥的莱德克利夫大学的朋丁学院也向她发出了邀请，张爱玲于是于 1967 年 4 月，带着病入膏肓的赖雅悄然离开了迈阿密，没向任何人道别，直接去了康桥。到此时，年已 76 岁的赖雅被病魔折磨得骨瘦如柴，已经完全失去了过去的神采。但是，这个倔硬的老人却不愿意别人看见他的痛苦，同时又为自己拖累了张爱玲而痛苦。他们到达康桥后，找了一所公寓安顿下来。赖雅的表亲哈勃许塔脱闻讯来探望他，但是赖雅见到他的时候，把头转向墙壁，要他离开。一生慷慨漂泊的赖雅，不愿意接受别人的怜悯。1967 年 10 月 8 日，他终于在痛苦中去世，也算是结束了命运对自己的折磨。他的遗体火化后，张爱玲把骨灰转交给了霏丝，由她负责安葬。

这场婚姻，从 1956 年麦克道威尔文艺营大雪飞舞的初春算起，到 1967 年的秋天，总共是十二年。十二年间，张爱玲自己也从 36 岁艰难地挨到了 47 岁。老年的赖雅虽然给了张爱玲不少的男人的温暖与关怀，但同时也是更深地把她带入了生存挣扎的旋涡。自幼生于阀阅世家的张爱玲，可能是做梦也未预想到将来她会陷入那样的窘迫那样的无助。她曾经说过，"乱世的人，没有真的家"，她自己多难的生活算是一一验证了这句不幸的话。从上海到香港，从香港又到美国，她总是处在接连不断的漂泊之中，现在赖雅一去世，她对感情就彻底丧失了兴趣。本来她之选择赖雅，与年青时代爱上胡

张爱玲在华盛顿（1966）

兰成是很不同，有很多的现实因素考虑在内。现在，她是完全不再寄希望于爱了。她本喜欢孤独，赖雅的去世，恰给了她一种解脱。从此她又开始了一种新的生活：她将开始自己和自己对话的岁月。她的一生是一次旅行，一次朝向自己内心的完美的旅行。

第八章　月光下的悲凉

　　二十世纪七八十年代以后，张爱玲的杰出才华逐渐被台湾、香港和大陆所承认，但她已完全离群索居，谢绝一切邀请与访见。晚年张爱玲主要做了三件事情：修改旧作、考证《红楼梦》、翻译《海上花列传》。她选择了一种沉湎于记忆与想象的唯美主义的生活方式。她的逝去也是一种朝向自我内心的完美旅程的终结。

旧作新改：悲凉之美

历尽了浮世的悲欢之后，她不再谈论生活，亦不再哀挽人世的悲凉。相反，从悲凉中细细琢磨出生命亮美的色泽，再以文字的形式把它凝定在现时之中，才是她晚年唯一醉心之事。她选择了一种沉湎于记忆与想象的自由生活方式。她与时间握手言欢。

对于自己的一生，晚年的张爱玲在她最后一部面世的作品《对照记》中曾经有这样的"自画像"：

> 悠长得像永生的童年，相当愉快地度日如年，我想许多人都有同感。
>
> 然后是崎岖的成长期，也漫漫长途，看不见尽头。满目荒凉，只有我祖父母的姻缘色彩鲜明，给了我很大满足……
>
> 然后时间加速，越来越快，越来越快，繁弦急管转入急管哀弦，急景凋年倒已经遥遥在望。

没有了赖雅，张爱玲彻底地回到了自己身边。自 1968 年后，她似乎是一步一步撤出纷俗的现实生活，直到进入幽居状况。她不为人知，也不关心外部世界。她将自己置入无声的时光。在外人看来，那或是没有光的所在，或是一种永不可接近的神秘。

12 岁的时候，张爱玲曾经在上海圣玛利亚女校的年刊《凤藻》上发表过一篇短篇小说《不幸的她》。在小说中，她叹息道：

> 人生聚散，本是常事，无论怎样，我们总有藏着泪珠撒手的一日。

"传奇"时代的张爱玲，是个彻底的悲观主义者，又是个及时的行乐主义者。她知道一切文明都会遭到破坏，一切浮华都会成为过去。人生没有什么东西可以永恒，唯青春之美丽她不忍错过，"出名要趁早呀，迟了就来不及了"。她的美丽洋溢在一种飞飞扬扬的感觉中。而现在，二十年过后，当这一切真的都成为过去时，她亦将淡然隐去，遁出这滚滚的红尘俗世。

淡于水的，是她的心境。1969 年，张爱玲移居加州。自此之后，直到 1995 年她悄然去世的二十六年时间，张爱玲几乎从公众世界消失了。她似乎不再是在这个红尘世界行走的人。除非万不得已，她基本上不与外界接触。

尝遍了浮世的悲欢之后，她选择了完完全全的自己。以前她是个完美主义者。经过十几年艰难岁月的洗磨，美仍停留她内心秘不示人的角落。在这二十六年的幽居岁月里，她主要做了三件事情：修改旧作、写作《红楼梦魇》与翻译《海上花列传》。她寻找到了与青年时代截然不同的生活方式，一种沉迷于记忆与想象的古典生活，一种遨游于完美世界的自由生活。对于在这个世界上匆忙奔走的其他人而言，这种生活大约只能是遥远的神话与不可及的梦想。

还是在 1968 年，台湾的皇冠出版社看准台湾、香港两地逐渐兴起的"张爱玲热"，决定重印张爱玲早年的小说与散文作品。《传奇》《流言》《秧歌》《怨女》《半生缘》等作品因此都得以重新面世。这次重印，是宋淇在两年前与皇冠社的主持人平鑫涛联系商定的。平鑫涛是台湾言情小说家琼瑶的丈夫，也是 20 世纪 40 年代上海出版商平襟亚的侄子。当年，平襟亚曾经与张爱玲磋商过出版事宜。那是在 1944 年，当时张爱玲没有同意由平襟亚的中央书局出版她的文集，双方还因为稿费问题闹出一些不大不小的不愉快，但时移世变，过了二十多年，平家的侄辈又欣然为她出书了。这次重版，应和了"张爱玲热"，销量非常好，使张爱玲的声誉突破相对狭小的文学圈子，扩展到一般的学生与市民读者。张爱玲因此在文学上多少获得了"东山再起"的机遇。在经济上，她也突如其来地获得了较为稳定的来源。到 20 世纪 60 年代的最后两年，她作为一个杰出的新文学作家在台湾和香港奠定了自己的地位。这是 1967 年赖雅去世之际、心力交瘁的张爱玲实在没有料想到的。自此以后，她的经济状况出乎意料地转入平稳状态。这对于她来说，真是太重要了。

这些当然要归功于夏志清十余年前在《中国现代小说史》中对她的高度评价："但是对于一个研究现代中国文学的人来说，张爱玲该是今日中国最优秀最重要的作家。仅以短篇小说而论，她的成就堪与英美现代女文豪如曼斯菲尔德（Katherine Mansfield）、波特（Kathrine Anne Portor）、韦尔蒂（Eudora Welty）、麦克勒斯（Carson Mc Cullers）之流相比，有些地方，她恐怕还要高明一筹。《秧歌》在中国小说史上已经是本不朽之作。"我们说过，夏氏推崇《秧歌》自然缺乏眼光，潜意识里有政治意识形态的偏见。张爱玲的主要成就无疑是在 20 世纪 40 年代的《传奇》与《流言》，而且夏氏拿她与曼斯菲尔德等英美女作家相比，大约也是低看了张爱玲，其实在 20世纪世界范围内最优秀的女作家里面，譬如阿赫玛托娃、波伏娃、玛格丽特·杜拉斯等，张爱玲还是有一席之地的。不过夏氏视她为现代文学史上很重要（非"最重要的"）的作家，不能不说相当有识见。现在，经过十余年的时间，夏志清的张爱玲研究也从专业的文学研究圈子走向更为广泛的文化界，而张爱玲本人，也在台、港与新加坡等地开始具备普遍的名声。

由于文学地位得到了一定程度的恢复，更由于稳定经济来源的出现，张爱玲在 1969 年后再一次进入较为纯粹的文学写作与文学研究状态。对于这些新的文学活动，夏志清的研究并没有涉及，他的研究，限于 20 世纪 50 年代以前的张爱玲。而在 60 年代及以后，张爱玲仍然时有少量新作问世，并且对旧作有所修改、提高。皇冠出版社出版的《怨女》《半生缘》，其实就是旧作新改。

《怨女》改自张爱玲 60 年代断续写成的英文小说《北地胭脂》（*Rouge of the North*）。关于这本书，张爱玲非常用心，是她计划用来"进攻"英语世界的一部倾心之作，结果没能成功，只好再度改译为中文，在汉语世界出版。在这本书的前面，她原本想用"南朝金粉，北地胭脂"八个美丽的字词作为卷首格言，但是又不知道出处，还专门请了她的新朋友、当时在加州柏克莱大学任教的庄信正代为查找。庄信正费力查找一番，没有得到结果，但是在徐陵的《〈玉台新咏〉序》中，他发现有"南部石黛，最发双蛾；北地燕支，偏开双靥"数句，与之有点关联。张爱玲无奈，只得在篇首将这篇小说名字的出处解释为 probably seventh century（大约 7 世纪）。这部书是张爱玲在一边照顾中风瘫痪的赖雅，一边在迈阿密大学做驻校作家时写成的。写成后，她多方联系，后来由英国的凯塞尔出版社出版，但是英国的评论家对这部小说的评价不好，彻底打击了张爱玲此后用英文写作的信心。60 年代后期，她开始全力以赴地恢复用中文写作。她将《北地胭脂》译为中文，取名《怨女》，交给平鑫涛出版了。

《北地胭脂》（《怨女》）的本事取自张爱玲 40 年代的名篇《金锁记》，但是《金锁记》只是中篇，《北地胭脂》已经具有长篇的规模。更不同的是，《金锁记》集中于七巧、长安两个人物，《怨女》则果断地舍去了长安的故事，而集浓墨重彩于七巧（书中改称银娣）。但是，张爱玲对银娣的处理与七巧不同。七巧是一个戴着黄金枷的心理变态的疯子，银娣则只是一个平常的有机心的却又多遭不幸的妇人。七巧极度压抑的情欲、报复欲，在银娣身上都淡化了、平静了。这多少反映出张爱玲经过近二十年的磨难之后，对人生看法的改变。以前，她在反驳傅雷批评的文章里就说过："极端病态与极端觉悟的人究竟不多，时代是这么沉重，不容那么容易就大彻大悟。这些年来，人类到底也这么生活了下来，可见疯狂是疯狂，还是有分寸的。所以我的小说里，除了《金锁记》里的曹七巧，全是些不彻底的人物。他们不是英雄，他们可是这时代的广大的负荷者。因为他们虽然不彻底，但究竟是认真的。他们没有悲壮，只有苍凉。"银娣异于七巧的，就在于从极度的歇斯底里变作了苍凉。这种苍凉，主要体现于银娣在男人世界里所感受到的怨愤，她对三爷的痴情与无望。情的因素，青春的记忆与伤感，在《怨女》中得到了极大的突出。小说结尾时，不再是曹七巧一级一级走进"没有光的所在"，而是银娣关于青春的苍凉回忆。她，一个被金钱所吞噬了的女性，在生命的最末的时光，想起了什么呢？银娣只能在遥远的回忆中感受青春些微的闪亮了，然而那只不过是她做姑娘时一个男人对她的调戏，那个人在门外喊着她的名字："大姑娘！大姑娘！"仅仅只有那样一个男人！从来没有人爱过她。她爱三爷，三爷却只是图她的钱。啊，她的生命，就这样一闪就过去了。人生为什么这样悲凉！

张爱玲对"悲凉"或"苍凉"的营造更突出地表现她在对《十八春》的修改上（即《半生缘》）。《半生缘》对《十八春》的改动主要有三个地方。一是将张慕瑾被诬为汉奸遭国民党逮捕、他的妻子也随之遭受酷刑致死这一段情节，改为张妻遭日本人轮奸致死，张本人则下落不明；二是将许叔惠奔赴延安学习改为去美国留学；三是删除了准团圆式的结尾，而让顾曼桢和沈世钧在一种恍然隔世的感觉中面对面地坐在一起，坐的地方仍是过去他们初相识时的咖啡馆：

> 重逢的情景他想过多少回了，等到真发生了，跟想的完全不一样，说不上来的不是味儿，心里老是恍恍惚惚的，走到弄堂里，天地全非，又小又远，像倒看望远镜一样。使他诧异的是外面天色还很亮。她憔悴多了。幸而她那微方的脸型，再瘦些也不会怎么走样。也幸而她不是跟

从前一模一样，要不然一定是梦中相见，不是真的。

然而一切都已成为过去，欢乐、悲伤和痛苦，全都化成了水一般的过去，淡淡地流尽了。许多真实而美丽的东西，已然被时间夺去，仅余两具躯壳在这犹可闻见当年气息的咖啡馆里徒然挣扎：

> 她一直知道的。是她说的，他们回不去了。他现在才明白为什么今天老是那么迷惘，他是跟时间在挣扎。从前最后一次见面，至少是突如其来的，没有诀别。今天从这里走出去，是永别了，清清楚楚，就像死了的一样。

是呀，回不去了。往事已然苍老，曾经有过的爱情隔着时间这堵厚墙，再也触摸不到了。一切都化成了 long long ago 的悲凉的声响。

然而，与以前的作品不同，在这悲凉的声响之中，一种惘然的情绪又悄悄地氤氲其间。通过悲凉声响的反复回旋，这惘然的情绪，就慢慢闪现出了美的色泽。重读这些小说我们可以发现，往昔之爱并未随着时间而流逝，相反，在历尽沧桑的张爱玲的笔下，它作为一种声响，一种色泽，开始在美丽的文字中固定下来，成为一种记忆，一种形式，一种可供缅怀与想象的形式。经过近二十年的时间，张爱玲以平淡心境重改《十八春》，并非像刚刚从恋爱的痛苦中走出来的年轻人一样，是为了哀挽一段乱世恋情的消逝；不，那是年轻人的感受，张爱玲已无心过分地去哀挽。她所想的，是对人世的河流的平静的体验，她想在令人恐惧的生命的逝川中取得几许平衡。所以，在经过修改的《十八春》中，我们看到的，不是痛不欲生（以前是，50 年代曾经有女读者找到她的住处放声大哭），而是平静与感受，甚至是对生命的感恩。张爱玲细细地擦拭生命中最为闪光的部分，努力捕捉它的气味、光彩，把它凝定下来，变成现时生活的一部分，变成当前。

从这一点上看，20 世纪 60 年代的张爱玲是真正地走进了她自童年时代就醉心不已的《红楼梦》。那是一部伟大的书，有很多人喜欢，也有很多人希望从它那里学到文学的绝对秘密。年青时代的张爱玲是这样，和她同时代的众多前辈与同龄作家，莫不如此。20 世纪 30 年代散文《画梦录》的青年作者何其芳、小说《家》的青年作者巴金，20 世纪 60 年代未完成小说《霜叶红似二月花》的作者、一代文豪茅盾先生，他们谁不是在向往《红楼梦》呢，但又有谁得到了这部伟大的书的精髓呢？何其芳没有，巴金没有，茅盾先生同样没有。他们看到的、学到的只是技法，而修改旧作时期的张爱玲才真正懂得了这部伟大的书。但是，在这中间，又有多少人世的沧桑曾降临在这个当年生于阀阅世家的女孩子身上呢？

　　当然，这样评说张爱玲并不意味着她在现代中国作家中首屈一指。因为，与《红楼梦》精神是否接近只是多样的文学风格与精神中的一种，它本身并非标准；再则，即使在与《红楼梦》的沟通与默契上，张爱玲尽管独异，但是这并不表明其他作家在此方面的无能，其实有作家比她做得更好，譬如来自那悲伤的呼兰河的、1942 年就已在香港孤独殒去的年轻女作家萧红。那个时候，张爱玲还是香港大学的三年级学生。这些，自然是题外话。张爱玲就是张爱玲，她的创造与价值，其实是很难去比较的，但只要是有，那就是好的。

　　张爱玲并不想哀叹人世的悲凉。历尽浮世的悲欢之后，她希望从悲凉中找到美，从美中看到生命的价值。在修改过的《半生缘》《怨女》中，道德恩怨的痕迹大为减少，而生命之美却透过乱世悲凉冉冉升起。

　　她是一个唯美主义者。从 1952 年到现在，艰难的生活差点完全淹没了她，但是赖雅去了，她对这个世界便不再抱有责任，也不再寄以渴望。她慢慢地，又重新回复到原来的自己。她对现时没有兴趣，重改旧作事实上是她对过去的探寻。她向过去岁月索求的、采摘的是美，也仅仅是美。张爱玲写了俗世男女"跟时间挣扎"的痛苦，但是她自己，却从这痛苦中升华出来了。

她不再跟时间做斗争。她与时间握手言欢。时间变成一种质素，融入了她的生命、她的文字、她的平淡与她的从容。过去以一种美的形式变成了她的现在。

这就是张爱玲用心修改旧作的意义。这意义仅仅是对她个人而言的。她表现给外界的，则是她依然保留的感受天才及相应的表达能力。这令她的新老读者都感到惊奇。

张爱玲作品的重印出版，本身也为"张爱玲热"掀波助澜，不但在港台地区人们开始对她的作品、她的生平趣好感到莫大兴趣，就是在美国的华人文化圈里她也逐渐受到重视。1969 年，加州柏克莱大学中国研究中心的主持人陈世骧，来函邀请她担任高级研究员的职位。陈世骧是当时中国研究的著名教授，与夏志清之兄夏济安为同事，他也深知张爱玲的惊人才华。1964年陈世骧即与张爱玲相识，还在一起吃过饭，夏氏兄弟均在。1969 年陈世骧主持下的职位正好有空缺，他就写信邀她前来，专事研究中国共产党的常用词汇。张爱玲曾经在共产党新政权下生活了三年时间，自然有研究的便利。

陈世骧在自己的家中宴请了张爱玲，作陪的有陈夫人及陈世骧在研究中心的几位华裔学生。张爱玲穿着一件薄料子的旗袍，深灰色，没有袖子，袖缘往里剪得很深，显得清瘦飘逸。她安安静静地坐在沙发里，听陈世骧说话，自己话却很少，有一句没一句的，声音很小，而且她只和陈世骧说话，除偶尔应和一下陈夫人的招呼外，其他人一概不理。这给人感觉既有一份小女孩式的天真，又有一种冰冷远人的距离感。

张爱玲在加州中国研究中心的工作是学术性的，时间安排悉听自便，比较散漫，所以，她总是在大家都下班以后，才像幽灵一般出现在空无一人的办公室里，以致研究中心的许多人都不知道新来的张爱玲是何时来何时去。她差不多是一个"与月亮共进退"的人，白天极少出门，更不愿意见人。自赖雅去世以后，她成了完全的一个人，也就选择了一种完全随心所欲的与世隔绝的生活方式。哈佛大学的一位教授要了解布莱希特的生平事迹，打听到赖雅，知道赖雅已经离开人世，就又追踪到柏克莱大学找到张爱玲，希望她能提供一些资料。但是，他第一次求见便遭到拒绝。他只好候在夜间，等张爱玲出门到研究中心上班的时候，才得见上一面，得到一些简单的情况。

张爱玲在加州生活期间，生活已经较为顺利，不仅是因为陈世骧替她谋得了这份工作，而且也因为她的作品已经再版并获得好的收益。对此，夏志清回忆说："对于她，真正关键的帮忙倒是在我的英文著作《中国现代文学史》出版之后，我和台湾皇冠出版集团的平鑫涛、香港的宋淇一起协力陆续再版她40年代的小说。皇冠和张爱玲的合同还是由我代她签的呢！虽然版税有限，但总算可以维持生活，不需四处颠簸了。"（周励：《张爱玲在美国的凄凉岁月》）她20世纪40年代的小说与散文，在读者和学术圈内名气愈来愈大（以至于到70年代，台湾一批标举乡土文学的新作家认为要清除现代主义的"不良"影响，首先是要清除张爱玲在读者中造成的"不良"影响。在他们看来，张爱玲已是一个必须pass的权威，由此亦可见张爱玲其时名气之盛，影响之大）。日益上升的文学声誉，使她在香港、台湾两地发表文章可以得到较高酬金。这些收入，总加起来，已经够她单身之用。她生活简单，而且又经过长期的漂泊不定的生活，身边物具极少，只有些最简单的必需品。她不喜欢购物（与她年轻时大不相同），甚至连书都不愿意买。她曾对宋淇说："一添置了这些东西，就仿佛生了根。"她的日常开销并不高。而且，到1972年，她已经完全获得了经济保障，从此结束了那种颠沛流离的生活。

那种生活她整整经历了二十年。所以，当初她若不出国，即使有政治运动，恐怕也不会比那种经常的绝望无助更差到哪里去，说不定还能因她深居简出（如沈从文）而避过冲击，并在她生命的全盛之年写出更多的经典之作。当然，这种写作只能是私人的、潜在的（如穆旦），然而历史究竟不容许假设。只是，张爱玲再度进入经济正常的状态，她已经52岁，她所经过的那些苦苦挣扎绝望煎熬的岁月，绝对不会比丁玲去北大荒、杨绛下放"五七"干校要好到哪里去。这是使人心酸不已的。

张爱玲倒从来未就自己的遭历抱怨过什么。在生活上，她是永远独立的，即便身处绝境也不向人乞求怜悯。在智慧上，她悟透了历史，对生命有了新的认知。她曾对邝文美说："中年之乐——有许多人以为青年时代是人生最美好的时期，其实因为他们已经忘记 adolescent（青年）时候的许多不愉快的事——那时还没有'找到自己'，连二十几岁时也是。我倒情愿中年，尤其是 early middle age〔中年初期，中国人算来是三十（岁）前后，外国人算起来迟得多，一直到五十几岁〕人渐渐成熟，内心有一种 peace（宁静）。"（张爱玲等：《张爱玲私语录》）在她看来，所谓浮世的悲欢，都是人生的一场戏剧，一个过程，尽可宁静面对。以前胡兰成说她身上有一种"贵族氛围"，大概就是这两种因素的融合吧。张爱玲始终是"爱悦自己的"，1967 年后，她即已显出与世隔绝的倾向，现在在加州，既然没有客人来访，也很少有电话，她与少数一些友人的主要联系方式是通信。宋淇夫妇与她通信比较频繁，她常向他们谈一些生活上的烦闷与苦恼。这对夫妇，是张爱玲离开国内以后在感情上最为亲近的人。

幽居岁月

1969 年后她几乎是拒绝所有仰慕者的求见，很少有人知晓她的生活。她对水晶说，像这样的谈话，她大概十年里只有这一次。提到上海，她忽然凄凉起来，摇摇手不再说了。

到 20 世纪 70 年代，张爱玲完全离群索居，不再与外界往来。同时，她的名字在海外华人世界里广为流传。仰慕她的人骤然多了起来，写信联系或登门拜访的人络绎不绝，但几乎全遭拒绝。"张爱玲"开始变成一个神秘、高贵的名字。十年里能与她取得联系或者访见到她本人的，只有王祯和、水晶等少数几个人。

王祯和读大学二年级时，曾经陪伴张爱玲游览过自己的家乡台湾花莲县，并在自己家中安顿过张爱玲。张爱玲从台湾返回美国后，还和王通过信。最开始，她把为《记者》杂志所写的那篇 "A return to the Frontier" 寄给了王祯和。因为文章中提到台湾有臭虫，王祯和回信，表示不满，她又回信来，写了淡淡一句：臭虫可能是大陆撤退到台湾时带去的。后来，王祯和大学毕业，去军队中服役，仍然和张爱玲保持着通信，看到了相思树，看到了相思豆，都写信告诉她。服役期满后，王祯和又到国泰航空公司工作，获得可以免费去美国的机会，于是他写信给张爱玲，说要到波士顿去看望她。张爱玲回信说欢迎他去，不过她家比较小，可以安排他住旅馆。结果王祯和因为是第一次出国，到了纽约，拿着地图迷迷糊糊地找不到灰狗巴士站，最后耽搁了。张爱玲等了他一天，第二天直犯头痛。过了几年，王祯和又有机会到爱荷华居住一年，但是那时张爱玲已经搬迁到洛杉矶。王祯和再次写信给她，希望见一见她，张爱玲婉转谢绝了，说：你应该了解我的意思。王祯和后悔不及，错过一次机会，结果是错掉了所有机会。此后，王祯和终其一生未能再见到他一直崇拜的张爱玲。直到20世纪80年代，王祯和接受台湾记者的采访，已是著名作家的他仍然对张爱玲怀念不已，叹息她年青时代的风采。张爱玲就是这样干脆的性格。不过她还是很欣赏这个年轻的后辈作家，在她看来，王祯和的小说《鬼·北风·人》和《来春姨悲秋》都是他那一代人中的杰作。后来，王祯和在1990年不幸英年早逝，张爱玲还写了一封信给他的母亲作为安慰，虽然她们只是在1961年短短地相处过几天。

1969年后，张爱玲几乎拒绝所有人的访见。庄信正倒见过她数次，但因为非文艺圈中人，也未留下有价值的记载。而水晶就成了偶然的幸运的一个。他虽然一开始也遭到拒绝，但是最终他还是意外地得到了她的欣赏，得以面见。水晶是王祯和的同学，读大学时非常崇拜张爱玲。1961年张爱玲到花莲游玩的时候，他总赶到王祯和处打听张爱玲做了什么，自己却又不敢去看望她。大学毕业以后，他从事过张爱玲的研究（后于1973年出版《张爱玲的小说艺术》一书）。1970年9月，他获得一个到加州柏克莱大学进修一年的机会，其时，张爱玲也在柏克莱的中国研究中心。一到柏克莱，他就马上问清了张爱玲的住所，径直找到地方，按响门铃求见。过了好一阵，才从传话器里透出一声迟缓朦胧的英文："Hello？"张爱玲大概以为是售货员，水晶一紧张，竟用英文去回答她。做了自我通报后，张爱玲说不能见他，因为感冒了，躺在床上，"很抱歉"。他还想说话，传话器竟传出一阵沙沙声，音沉响绝了。

后来，水晶又试着打电话，每次都落空，但是有一次是周末，凌晨两点钟，竟然意外地通了。张爱玲精神似乎比较好，与他多说了几句话。水晶告诉她，几年前她到花莲去游玩的时候，他的朋友王祯和负责接待她，他自己也很想见她，不知怎么搞的，阴差阳错，竟是错过了。最后说起约见的事，张爱玲说她这几天不舒服，必须时常躺在床上。水晶问："听说你还是照常上班？""是啊，因为住在这三层楼上太热，上班的地方有冷气，凉快些。"说了几句话，张爱玲找他要去了地址与电话号码，并且答应先写张便条来，然后由他用电话联系，才能算数。孰料水晶一等一个多月，既无便条来，又没有电话，水晶于是知道她的确是不想见他。好在他早已经知道她的幽居习惯，也就不敢再打扰她。

次年夏，陈世骧不幸去世。水晶知道陈世骧这一去世，张爱玲在研究中心的工作就可能不保了。因为她的工作时间昼伏夜出，与同事素不往来，上司陈世骧一去，她的职位不保实在是情理之中的事。同时水晶自己也准备在暑假期间从柏克莱回到东岸。临走之前，他将自己已经发表的一篇《试论张爱玲〈倾城之恋〉中的神话结构》一文影印了一份，寄给张爱玲，算是道别。谁知没隔几天，便收到她的回信：

水晶：

　　陈先生丧事那天，我正感冒，撑着去的。这次从春假前闹起，这两天更发得厉害。office 也常不去。工作到月底为止，但还是要一直赶到月底，一时不会搬。你信上说六月中旬要离开这里。我总希望在你动身前能见着——已经病了一冬天，讲着都嫌腻烦。下星期也许会好一点。哪天晚上请过来一趟，请打个电话来，下午五六点后打。祝近好，文章收到，非常感谢。

　　　　　　　　　　　　　　　　　　　　　　　爱玲　六月三日

张爱玲是看了水晶的评论文章，觉得他还聪明，才约他见面的，这仍然是她年轻时看人的风格：永远是以聪明为第一，笨拙者她看都不屑一看，更别谈见面了。她拒不见人与这种心理也有关。于是，有了张爱玲长期幽居生活中难得的一次谈话。张爱玲和水晶在周末晚上七点半见了面，促膝长谈，一谈竟然长达七个小时。这在张爱玲的一生中是很少有的。同时，水晶的夜访也为世人了解晚年幽居中的张爱玲的心态和生活提供了一些珍贵资料。

张爱玲这时已经 51 岁。水晶见到的她已经很瘦，不再像胡兰成在《今生今世》中所说的"正大仙容"，两条胳膊尤其瘦，恰如杜甫诗中"清辉玉臂寒"的感觉。他把这种印象直接告诉了张爱玲。张爱玲说是这样的，并没有一点不高兴的样子。她微扬着脸，穿着高领圈青莲色旗袍，斜倚在沙发上，一直笑容可掬，看来她很欣赏这个来自台湾的年轻人。

他们一边喝咖啡一边谈天。张爱玲说她很喜爱看章回小说，尤其是张恨水的几本小说，看了很有 relaxed（放松）的感觉。水晶提及《歇浦潮》是很少有的好小说，她的《怨女》里"圆光"一段，就好像是直接从《歇浦潮》里剪裁下来的一般，张立即很愉快地承认有其事，不过她看《歇浦潮》时还是童年，写作《怨女》时手边并无《歇浦潮》参考本，可能是不小心滑进去的吧。

水晶问到她的饮食起居情形，她说大概是每天中午起床，天亮时候才休息，这习惯养成很久了。至于食物，一天只能吃半个 English wuffin（一种类似烧饼的食品），以前她倒是很喜欢吃鱼的，但是现在害怕得血管硬化病，遵照医嘱连鱼也不吃了。她还说，她有患 high cholesterol（高胆固醇）的可能性，还有一种感冒旧病，发作起来可能几天都要躺在床上，几天不吃饭，因为吃了都吐出来，却总是口渴。

从《歇浦潮》，他们很自然地谈到了《海上花列传》。水晶认为《海上花列传》文笔虽然干净利落，可惜过于隐晦，有许多地方交代不够明白。张爱玲很赞同这种观察，说诗婢苏冠香便是一例。她又用手比画说："像红楼有头没有尾，《海上花》中间烂掉一块，都算是缺点。"然后，水晶批评《海上花列传》里的陶玉甫、李漱芳的恋爱，太过于"温情理想化"，而李沅芳与姐夫的亲热，可能是她姐姐郁郁而死的直接原因。张爱玲对他这种弗洛伊德派的看法，开始是微微一惊，然后又突然大笑起来，说这话如让志清听到了，一定会诧异的。

谈起她自己的作品，她说早前的东西她大都不记得了，倒是《半生缘》最近重印，印象还比较深。水晶称赞她每篇小说的意象，怎么交排得那样好！和整个故事、人物都有关系，有时是嘲弄，有时却是暗示性的道德批判，"五四"以后很少有人能够将意象的功效，发挥得像她那样活泼。水晶还举了《沉香屑·第一炉香》中的几个例子。张爱玲听了，叹息地说：我的作品要是能出个有批注的版本，像脂本《红楼梦》一样，你这些评论就像脂批。谈到《桂花蒸　阿小悲秋》，水晶提到那苏州娘姨看来像一个"大地之母"，因为自始至终，她都在那里替主人洗衣服、收拾房间，像有"洁癖"似的，小说结尾时，她发现"楼下一地的菱角花生壳、柿子核与皮"，她还愤愤不平地想："天下就有这么些人会作脏，好在不在她范围之内。"写得真是好！张爱玲听到这里，又爽朗地笑了。他也批评了《秧歌》的结局不好，动作太多，近乎闹剧，冲淡了故事的抒情主调，张甚表赞同，并说《赤地之恋》也是不好的，因是在 commissioned（授权）的情形下写的，发挥的余地不大。

他们接着转到"五四"以来的作家。张爱玲说她非常喜欢沈从文的作品，她认为沈从文是一个极好的文体家，水晶则认为沈的短篇不错，但是《长河》并不成功。说到老舍，水晶对他的《骆驼祥子》相当钟爱，张爱玲则以为他的短篇更为精彩。至于钱锺书，水晶以为《围城》是写得好，但是太过"俊俏"（too cute）了，看第二遍时便不喜欢，张爱玲大笑，显然是同意他的看法。水晶又说他很欣赏吴组缃，张则觉得这个名字很陌生，她倒是知道有个剧作家吴祖光，非常有才气，只可惜被"斗"掉了。最后说到了鲁迅先生，张爱玲很是推崇，说"他很能暴露中国人性格中的阴暗面和劣根性。这一种传统等到鲁迅一死，突告中断，很是可惜。因为后来的中国作家，在提高民族自

信心的旗帜下，走的都是'文过饰非'的路子，只说好的，不说坏的，实在可惜"。(水晶：《蝉——夜访张爱玲》)

两人说起台湾作家。张爱玲看过朱西宁的《铁浆》与康芸薇的《新婚之夜》，对《新婚之夜》印象比较深，认为写得很 colorful（色彩丰富）。她也经常看两种台湾出版的文学杂志：《幼狮文艺》和《皇冠》。她又批评台湾作家聚会太多，是不好的，作家还是分散一点好，免得彼此伤害。至于西洋小说，张爱玲承认她看得不多，只看过萧伯纳，而且仅只是剧本的序言，以及赫胥黎、威尔斯，至于亨利·詹姆斯、奥斯汀、马克·吐温，她从来没有看过。水晶很奇怪，她既然很少看英文作品，英文为什么又写得那样好！张说她喜欢看通俗英文小说。

最后，还谈到了她自己的作品："她说这本书（《怨女》）在英国出版后，引起了少数评论，都是反面的居多。有一个书评人，抱怨张女士塑造的银娣，简直令人'作呕'（revolting）！这大概是因于洋人所接触的现代中国小说中的人物，都是可怜虫居多；否则，便是十恶不赦的地主、官僚之类，很少'居间'的，像银娣这种'眼睛瞄发瞄发，小奸小坏'的人物，所以不习惯。"（水晶：《夜访张爱玲补遗》）而对她的作品的流传问题，张说感到非常的 uncertain（不确定），因为从"五四"开始，似乎就让几个作家决定了一切，后来的人根本就不被重视。最初开始写作的时候，她就已经感到这层苦恼，不过不太有切身的实感，"一个人，做他自己分内的事，得到他分内的一点注意。不上十年八年，他做完他所要做的事了，或者做不动了，也就被忘怀了。社会的记忆力不很强，那也是理所当然，谁也没有权利可抱怨……大家该记得而不记得的事正多着呢！"（张爱玲：《必也正名乎》。）现在这种苦恼是越来越深了。水晶听了，也不禁黯然，因为当时张爱玲在台湾、香港地区虽然已有很大名气，但是在大陆却完全被"遗忘"了，甚至连"另册"都没有资格进入。对于根在上海的张爱玲来说，如果在国内的文学史上不能取得地位，在海外有再大声名也是没有用的。

想到这儿，张爱玲不免回忆起自己年青时代的上海。以前她说过，"一个人年纪越高，距离童年渐渐远了，小时的琐屑的回忆反而渐渐亲切明晰起来"（张爱玲：《公寓生活记趣》），这使她不禁有点儿感伤。她对水晶说：许多洋人心目中的上海，不知多么彩色缤纷；而我写的上海，是黯淡破败的，而且，就是这样的上海，今天也像古代的"大西洋城"，沉到海底去了。提起上海，离开中国近二十年的张爱玲忽然凄凉起来，摇摇手不再说了。

辞别的时候，张爱玲赠送了水晶一瓶八盎司重的 CHANEL NO.5 香水，是知道他已经订婚，特意送给他未婚妻的。水晶十分感动。张爱玲自己说，像这样的谈话，她大概十年里只有这么一次。这一次会面，使水晶成了很少几个得以目睹张爱玲晚年形容的人之一。

此后不久，张爱玲即着手移居他处。因陈世骧一去，她的职位自然失去，但好在她在港、台两地版税收入较佳，已经不需要再去申请奖金资助或研究员职位以维持生活，她终于可以按照自己的喜愿选择居住的城市了。以前，她一直期望到纽约定居，但是这些年纽约秩序混乱，犯罪率上升，她于是选择了洛杉矶。她曾经与赖雅在洛杉矶居住过一段时间，这里风景优美，气候宜人，她还比较喜欢。

移居洛杉矶，张爱玲请了庄信正帮忙。他们 1966 年就已经认识，当时她经夏志清推荐去印第安纳大学参加东西文学关系研讨会，庄信正正好是一所学校的青年讲师，会后曾专门到学校附近的旅馆去拜见过她，由此得以相识。后来，张爱玲受陈世骧之邀前往加州大学，庄信正也正好在加州大学，同在中国研究中心工作，算是同事了。因为庄信正在大学里的博士论文是关于《红楼梦》的，本人又是"张迷"，所以两人很谈得来，张爱玲也对他比较信任，现在她决意迁到洛杉矶，庄信正正好也已移居洛杉矶。她请他在洛杉矶替她找房子，庄帮她找到了好莱坞区的一家公寓。公寓中只提供家具，张爱玲自己带来一台心爱的铜制台灯，排着三个可以转头的灯罩，每只灯泡都是 200 瓦，可以把客厅照得雪亮，但是她没有书架书台，她不要。移居以后，张爱玲照例离群索居，少与人往来，即便是与住在同一座城市中的庄信正，也是如此。仅是 1974 年庄信正准备离开洛杉矶时，张爱玲得知消息后，邀请庄与太太前去她家做客，她以咖啡、冰淇淋招待客人，还给他们看自己的照相簿，包括她童年时期的照片，她 20 世纪 40 年代在上海走红时期的照片，以及她母亲、姑姑年轻时的照片，非常愉快。庄信正临离开时，又替她介绍了一位可靠的中国朋友，住在洛杉矶的，说张爱玲若有急事可以找他帮忙。

此后二十多年，张爱玲一直住在洛杉矶，直到去世为止。在洛杉矶，她虽然搬过几次家，但都是在城内人口比较密集的地区之间搬动，比如从好莱坞到西木区，都是可以步行而不需要汽车的区。

张爱玲在洛杉矶的幽居生活，外界所知甚少，即便和她偶尔有联系的夏志清、宋淇等人，也只知道不多的一部分，而其中又大多是关于《红楼梦》考据、《海上花列传》翻译等学术方面的事情。她在洛杉矶的生活，很多都还是谜。但这只是对外界如此。

对她自己而言，那一定是一种没有人世纷扰、徜徉于记忆与想象的美丽生活。

梦回 "海上红楼"

　　七八十年代，她声名日隆，但她已不再激动。她沉迷于一次朝向自己内心的旅行。有了"海上红楼"，她可以在月光清凉的夜晚，一个人轻轻推开窗子，轻轻享受宁静而金黄的遥远记忆。她与命运彼此认同了。

　　张爱玲在洛杉矶幽居的前期，虽然不太与外界往来，但仍然偶有新作面世。其中出色者如短篇小说《色·戒》，还被一些海外学者推为不朽之作。这篇小说的初稿可能写于20世纪50年代，后来经过修改，发表于1978年的《皇冠》杂志。她在这时期刊登的另外两篇小说《相见欢》《浮花浪蕊》情形大致类似。写作较早，而发表时间则滞后。《小团圆》则反复修改多年，在出版问题上犹豫不决。

　　《色·戒》里的故事发生在20世纪40年代，主人公王佳芝为了实现她所在的爱国学生团体刺杀汪伪汉奸易某的目标，自觉地充当诱饵，准备将易某骗到一家珠宝店里，然后将他袭杀。在实施计划之前，佳芝按照团体的决议，先失身于一个平时颇令她讨厌的男同学。然而，失去童贞之后，同学们又对她窃窃私议，仿佛她成了不洁之人，所以当计划实施到关键时刻，佳芝和易某在珠宝店的私室里，挑选一只粉红色的戒指，情形忽然发生了些微的变化：

这个人是真爱我的,她突然想,心下轰然一声,若有所失。太晚了。店主把单据递给他,他往身上一揣。"快走。"她低声说。他脸上一呆,但是立刻明白了,跳起来夺门而出。

她倒是没有逃掉。她和团体成员一起被易某捕拿,当天就被处决了。

其实,这倒是有真实的故事来源。不过在酝酿为小说时,张爱玲稍略做了一些改动:"佳芝"本是国民党特工组织内部的人,并不是学生,在珠宝店里挑珠宝时,是汉奸头目自己瞥见珠宝店边忽然出现几个形迹可疑的男子,于是夺门而去,"佳芝"也没有立即被捕,而是那汉奸故意装作丝毫没有察觉,她又去接近他时,被枪杀的。胡兰成所讲述的,本来是一个极具传奇色彩的刺杀故事,但是张爱玲把它转换成了对人性脆弱的观察及对人类生活的反讽。易某之所以落进圈套,自然是因为他的好色,这是人性脆弱的一面,而佳芝之所以自愿充当诱饵,也是因为她对一种浪漫传奇的向往,对一种"顾盼间光彩照人"的自我感觉的渴望。她的这种心理病缺与易某并无二致。而且,她为崇高目标而献身却又遭到目标设定者的窃议,设圈套者反人之圈套,恰恰显示出了人类理智背后的空妄与荒诞。《色·戒》清楚地表明,张爱玲在年近60岁的时候仍然保持了可观的创作活力,虽然和她青年时期的观察点相比,已经发生很大变化。

到20世纪70年代,她又以自己童年和青年时期的生活为本,完成了自传体小说《小团圆》,约有18万字。这部是她计划写的长篇小说《易经》的一部分。小说完成后,她先寄给了宋淇、邝文美夫妇。而宋淇读完《小团圆》后,就写信给张爱玲说:我们不是保守的人,我们国家的观念较保守,但我们要面对现实的问题。"无赖人"(暗指胡兰成)死了的话倒没什么的,或在大陆没有出来,也算不了什么,可是他人就在台湾,而且正在等翻身机会,至少可以把你拖垮。(宋以朗:《书信文稿中的张爱玲》)不过,宋淇似乎没能理解张爱玲的意图，她在信中又说，"这是一个爱情故事，我想表达出爱情的万转千回，完全幻灭了之后也还有点什么东西在"。但宋淇说得也有道理，后来胡兰成在日本，一直在等待"翻身"机会（他因"汉奸"问题受到台湾文化界排斥），《小团圆》若出版，很可能被他利用。张爱玲自己也颇犯难，加上《小团圆》不讳言，大量写了她的未必宜于公开的家族旧事，她最后还是没有出版。有时说要销毁它，有时又态度含混，终于是沉之于箱底了。

不过，张爱玲似乎对创作本身，热情已经不是最大。从20世纪30年代末期她逃离父亲的家开始，到现在她遗世隐居于异国他乡，她可谓是历尽了人世沧桑。现在她心淡如水。很久以前，她就在《〈传奇〉再版序》中说过："生命也是这样的吧——它有它的图案，我们唯有临摹。"经过了青春时代的飞扬恣肆，经过了二十余年波荡辗转的哀乐年华，她和命运似乎已经达成了新的默契：他们彼此接近了，彼此认同了。她曾经是一个璀璨夺目的旷世天才，但她终究还是接受了普通人的命运。命运似乎也不再特意给她磨难。以前她曾说过，"长的是磨难，短的是人生"，现在命运也终于向她妥协了：把淡淡的平静的生活悄然地交还给了她。

在此后的十多年时间里，张爱玲主要醉心于两件工作，一是潜心研究《红楼梦》，二是翻译《海上花列传》。她对它们的研究、翻译，是一次朝向自己内心的沉迷的旅行。有了"海上红楼"的美丽音响，她已经不需要外界的喧声。

张爱玲自幼熟读《红楼梦》，10来岁时甚至还试着写过一篇《摩登红楼梦》的鸳鸯蝴蝶体小说。她对《红楼梦》的痴迷终生无改，她曾经说，《红楼梦》和《金瓶梅》"在我是一切的源泉，尤其是《红楼梦》"。在《红楼梦未完》中，她说："有人说过'三大恨事'是'一恨鲥鱼刺多，二恨海棠无香'，第三件不记得了，也许因为我下意识地觉得应当是'三恨《红楼梦》未完'。"所以，步入老境之后，她"十年一觉迷考据"，先后五详《红楼梦》自是情理之中的事。1977年，她出版了《红楼梦魇》，这是她一生唯一的一部学术性著作。她素来不喜欢看理论书，但是关于《红楼梦》的理论研究却知之甚详。在她着力研究的六七十年代，"红学"的门派颇为繁多，索隐派作为旧红学影响犹在，考证派作为新红学占据着主要位置，但是社会历史分析方法已是纷涌而起。张爱玲走的是考证派的路子，不过在考证派里面又有注重曹氏家世生平的"曹学"与注重文本的"红学"之分，她大致是属于后者。

张爱玲对于《红楼梦》的主要研究在于，她以一个小说家的眼光提出了自己的看法。若论考证功夫，她自然是难以同现代考据派专家俞平伯、吴世昌、周汝昌等相比的，但是她注重的是作者创作过程之中的细微之处。比如她说："（曹雪芹）改写二十多年之久，为了省抄功，不见得每次大改几处就从头重抄一份。当然是尽量利用手头现有的抄本，而不同时期的早本已经传了出去，书主跟着改，也不见得每次又都从头重抄一份。所以各本内容新旧不一，不能因某回某处年代早晚判断各本的早晚。"这是很重要的见解，即同一抄本可能含有不同时间的改写，所以研究其改写时间就不应以各抄本之间做勘照，而应把各个抄本打散，以回与回的对比做研究更为科学。而且，她的考证带有很强的体验色彩，经常从一个小说家的角度揣测作者曹雪芹的所思所为。这一点她有其他红学家不可比拟的优势。譬如她谈《红楼梦》的改写为何常出现在每回的开头或结尾，她使用的方法就是进入创作角色："因为一回本的线装书，一头一尾换一页较便。写作态度这样轻率？但是缝钉稿本该是麝月名下的工作——袭人、麝月都实有其人，后来作者身边只剩下一个麝月——也可见他体恤人。"这种揣测未必实有其据，但亦可见出张爱玲式的体察入微的"臆测"，其实也很有参考价值。

张爱玲最有价值的观点，或许在于她认为"红楼梦是创作，不是自传性小说"。她的眼光依然是小说家式的。她凭作家的直感断定曹雪芹是一个完全孤独的人，他之写作《红楼梦》有一个摸索前进的过程，他无疑是想气势恢宏地创造一种全新的小说。这种摸索徘徊的痕迹，她又以在小说中求内证的方法得到，她还据此对红学研究中的一些众说纷纭之谜提出了自己的解释。比如各本中宝黛年龄大小很不一致，她的解释是："早本白日梦的成分较多，所以能容许一二十岁的宝玉住在大观园里，万红丛中一点绿。越写下去越觉不妥，唯有将宝黛的年龄一次次减低。中国人的伊甸园是儿童乐园，个人唯一抵制的方法是早熟。因此宝黛初见面时一个才六七岁，一个五六岁，而在赋体描写中都是十几岁的人的状貌。"又比如关于每回结法的看法，早期后期都有回末套语，中期的结法则较别致，这也是诸多学者关注到的问题。张爱玲分析说："想来也是开始写作的时候富于模仿性，当然遵照章回小说惯例，成熟后较有实验性，首创现代化一章的结法，炉火纯青后又觉不必在细节上标新立异。也许也有人感到不便，读者看惯了'下回分解'，回末一无所有，戛然而止，不知道完了没有，一回本末页容易破损，更要误会有阙文。"据此，她还提出改写过程中存在某种双向运动：一方面是实验风格日益加强，叙事日益成熟（她认为，宝黛感情的高潮是放在最后写的），另一方面又不断"从现代化改为传统化"。她甚至推测在现今的百回本之前有一个早本，其结局宝玉、湘云二人穷困潦倒以至于死，但作者可能担心这种"黯淡写实"的作风很难为读者接受，遂又改为"青梗峰下了情缘"的结局。这使张爱玲叹息不已："这第一个早本结得多么写实、现代化！"在她看来，曹雪芹到底是回避了一些自己对于人生比较现代的理解。

《红楼梦》的考据工作整整做了十年，其间断断续续，终于在 1976 年汇集成书。但是成书与否，在红学界的地位如何，并不是张爱玲所关心的。十多年沉浸在红楼世界里，她多少有些遗形忘物，"偶遇拂逆，事无大小，只要'详'一会儿《红楼梦》就好了"。《红楼梦》之于她，是寄寓想象与回忆的所在，有了它，她才可以在月光清亮的夜晚，一个人轻轻推开窗户，在晚风中轻轻享受宁静而金黄的遥远记忆。

二十世纪七八十年代，张爱玲另外完成的一个大工程是翻译《海上花列传》。《海上花列传》是光绪末年松江人韩邦庆所著，是记述沪上妓女风采的。当时以妓女生活为题材的小说很多，比较著名的就有《海上繁华梦》（孙玉声）、《九尾龟》（张春帆）等几部。但是，韩邦庆因为只懂得吴语，这部书纯用吴语写成，出版后影响不大，但是它又颇受现代学者的重视。胡适提倡"整理国故"时，曾经专门做过《海上花列传》的考证。张爱玲看《海上花列传》即与此有关。小时候她家的《海上花列传》也是她父亲读了胡适的考证才去买的。胡适对《海上花列传》的推重是以"平淡而近自然"为标准，在他看来，那是"文学上很不易做到的境界"，他视《海上花列传》为"奇书"，比《儒林外史》还要符合他对小说 结构的设想。1926年上海亚东书局出版标点本《海上花列传》，就是他努力的结果。"五四"时期有文言白话之争，胡适是提倡白话文而反对文言文的，在此理论旗帜下，他又认为白话文学需要向方言文学汲取新鲜的血液，《海上花列传》既然被他认为是"吴语文学的第一部杰作"，自然是在推重之列。1926年《海上花列传》标点本出版时，胡适、刘半农皆为之作序，足见推介之力。与胡适同时，鲁迅先生对《海上花列传》也给予了很高的评价，以之为"狭邪小说"的上品。在《中国小说史略》中，他称其他小说"大都巧为罗织，故作已甚之辞，冀震耸世间耳目，终未有如《海上花列传》之平淡而近自然者"。

张爱玲翻译《海上花列传》的念头由来已久，20世纪50年代她与胡适信中即说："我一直有一个志愿，希望将来能把《海上花列传》和《醒世姻缘》译为英文。"后来拜访胡适时，她又提及此事，胡适表示支持。不过到美国后，她一直颠沛漂泊，又兼有年老多病的赖雅在旁，她很难着手这项工作。直到赖雅去世并取得稳定的经济保障之后，她才能由乎一己之性情去翻译这部幼年时候即让她迷恋不已的"奇书"。不过她的翻译计划有所调整，不仅是要将《海上花列传》译为英文，而且还计划将其中的吴语对白皆译为国语（当时的汉语普通话），并加上适当的注解。这项工作很艰巨，也很有价值，它是胡适工作的承续。张爱玲的目的在于重新发掘或者说"打捞"一部古典杰作，使之进入传统文学的经典序列，与《红楼梦》《金瓶梅》《水浒传》等一

张爱玲像（1985）

样并列而流传久远。

《海上花列传》英译的工作开始于 60 年代后期，至 70 年代后期才告完成，在香港中文大学翻译研究中心的《译丛》上刊过第一章、第二章及介绍性短文，全部定稿是在 80 年代。不过，她一直没能找到出版社愿意出版《海上花列传》的这个英译本，实在是可惜。国语的译注本就顺利得多，1982年由皇冠出版社出版。张爱玲的译注工作，主要集中在对吴语对白的翻译上。这种困难主要在于吴语的复杂难懂，其中妙处往往又不是国语可以传达的。胡适即说过："这种轻灵痛快的口齿，无论翻成哪一种方言，都不能不失掉原来的神气。"张爱玲借着她对"古白话"遣用自如的能力，将《海上花列传》中那种娇嗲悦耳的吴语对白，悉数转为了地道的晚清官话，虽然无法做到原汁原味，但到底是高水准的。她一方面在译后的国语中尽量保留一部分吴语词汇，另一方面，又大量增加国语中很少使用的语气词，再加之她自己的写作对语言灵熟的处理技巧，仍然使国语译文不失吴侬软语的嗲味，神态语气跃然于纸上。譬如，她对原书第二十四回蕙贞劝王莲生的一段翻译，韵味仍然非凡："小红这个人，凶死了，跟你是总算不错。她这时候客人也就像是没有，就不过你一个人去替她撑撑场面，她不跟你要好，还跟谁要好？上回明园，她要跟你拼命，倒不是怕别的，就怕你做了我，她那儿不去了。你不去了，她可是要发急呀？我倒劝你：你跟她相好三四年，也应该摸着点她脾气了。稍微有点不快活，你哝得过去就哝哝罢。她有时候就推扳了点，你也不要去说她。你说了她，她不好来怪你，倒说是我教你的话，我跟她结的冤家还不够？光是背后骂我两声倒也罢了，倘若台面上碰到了，她嘿倒不要面孔，跟我吵架，我可要难为情？"这种文字上的婉转回复之妙，很近似张爱玲自己的小说创作。陈永健认为："（这）是将苏白《海上花》来一次再创作，像她说，国译本不免失去了方言上的活泼性，但起码避免了失传的机会，为读者保存了这样一部伟大的中国小说，这也是国译《海上花》的崇高成就所在。"（陈永健：《三挈海上花》）

张爱玲对《海上花列传》的另一个贡献是为它做了很多注解。这些注解涉及晚清的服饰时尚、欢场生活的行规、用语、典故，以及旧上海屡经变化的地名，甚至有对作品的艺术赏析。这些注解为作品准确传达当时上海的风土人情、晚清时代人们的心理和精神状态起到了很好的提携扶助的作用。

不过，虽然张爱玲如此倾心译注，但是《海上花列传》到底是一部有缺陷的作品，比如它缺乏中心人物，不能保证整个作品的戏剧性张力，它用笔隐晦微妙，一般读者也难以悟解，而且，旧时代欢场人物的心理、行为方式都与今日受过现代教育熏陶的人有格格不入之处。这些因素，都使得《海上花列传》难以得到广泛流传。张爱玲也有此担心，所以，她在译本《海上花》的序言中说："就怕此书的下一回目是：张爱玲五详《红楼梦》，看官们三弃《海上花》。"不过对她而言，的确是已经尽了自己最大的心力，贡献是客观的。

到了 20 世纪 80 年代，张爱玲声名日隆。尽管她幽居在美国，不为外界所知，但作为天才的小说家，她不但早已经被台湾、香港承认，更被进入改革开放时代的大陆所承认。这使她在经过多年的 uncertain（不确定）之后，开始对自己的作品抱以一种欣慰的态度。同时，她的小说开始在海峡两岸暨香港同时成为畅销书（不过她似乎并未从大陆取得收益），部分作品也屡屡被改编、拍摄成电影，如《倾城之恋》《怨女》《红玫瑰与白玫瑰》（《半生缘》是在她去世以后拍摄的）。这些都使她的收入大为提高。

80 年代以后，她基本上不再写什么新作品，而开始依靠稳定且不断增加的丰厚稿酬过一种比较舒适的生活。其时她已经 60 多岁。"传奇"时代的橙红色的梦幻彻底散去，甚至被她自己所"遗忘"。她早已不为声名所激动。

她老了。

影印出版的《流言》

在银色的月光下

9月9日正值中国农历中秋前夕。月亮圆而澄静，银色的月光透过轻轻被风卷起的落地窗帘，无声地洒在她饱经人世悲欢而又安详入梦的脸上，似乎在为这位曾经风华绝代的女子奏着一支无声而美丽的歌，为她送行。

在长长的幽居岁月里，张爱玲习惯了独自一个人的生活，习惯了一个人独享内心的完美。她不再面对外界，而外界关于她的喧哗却在持续高涨。崇拜、模仿她的年轻女作家先是出现在20世纪70、80年代的台湾，紧接着出现在90年代的中国大陆。"张爱玲"三个字成了天才、神秘、高贵、爱情、传奇与30年代"上海"的代名词。她更受到了广泛的社会欢迎与崇拜，成了不在场的明星人物。没有人可以见到她，但是，四十多年前她与胡兰成的乱世之恋被拍摄成了电影。一曲《滚滚红尘》随着她年青时代的往事流传四方，令无数爱恋中的男女为之悄然动容，默默收起那些烦琐细碎的欲望而平静守候生命中唯此一次的爱情。她过去写的沉积在三四十年代各种刊物中的小说散文不断被人"发掘"出来，也令她苦恼不已。她对自己的一些旧作是不满意的，但是她无法阻挡人们再次将它们发表，公之于众。她唯一的办法是逃避。除此以外，她还能有别的办法吗？

她不希望有人来扰乱她的宁静。她待在家里，整天不出房门，一天看十二个小时的电视。偶然出门，大多是购物，她总是在信手可得的比如银行寄来的小纸头上，记下购物的清单，咖啡、牛奶、衣架、奶油、刮刷、抹布、香皂、牙签、灯泡、叉烧包之类，然后集中出一次门。一走就是好多家，买齐了东西就回来。她偶尔也读一读报纸，如《洛杉矶时报》《联合时报》《中国时报》，零零散散地读读，也不是太认真。她到住宅楼下取信，也很稀少，十天半月才拿一次信。有时还是半夜三更去拿，以免遇见人。

1987 年，台湾记者戴文采小姐前去采访她。戴小姐到了洛杉矶，打听到她的地址，就投了一封信过去。但是，过了几天都没有回音。戴小姐看见张爱玲隔壁的房间正好空出，于是将它租了下来，自己搬进去住。戴小姐每天都待在房间，用耳朵贴着墙壁，仔细听着墙那边张爱玲的动静。一个月过去了，终于有一天戴小姐听到了开门声，是张爱玲出来扔东西。戴小姐马上跟踪出来，但是张爱玲好像察觉到有人，整了整袋子，又马上退回了房间。戴小姐只好回房。一回房，她又听到张爱玲开锁出门的声音。戴小姐马上从另外一条路，躲在墙后观看，但是看得不真切。但这已足令人震动了，戴小姐说："如见林黛玉从书里走出来葬花，真实到几乎不真实。岁月攻不进张爱玲自己的氛围，甚至想起绿野仙踪。"这一看，让戴小姐兴奋莫名，她马上告诉自己的一个朋友，但是朋友不太认可戴小姐的这种做法，就通知了夏志清，夏志清迅速通知庄信正，庄信正又通知了住在张爱玲附近的建筑师林式同。隔了一天，张爱玲就搬走了。事后她在给庄信正的信中说："记者掏垃圾的事使我毛发皆竖。尤其是临走因久病积下十廿袋垃圾，刚好点就理行李搬家，精神不济，有一包东西混入垃圾袋内，里面有一大叠信，是前几年流浪中收到，一直带来带去的。没什么秘密也头痛，这篇掏垃圾记虽然没刊出，恐怕迟早会出现。"

张爱玲这样拒绝见人，再加上她如此少地出来，以至于公寓的管理员以为她脑袋里有毛病。他们完全不知道，这个闭门不出的女子，曾经有过怎样的"传奇"。到了 80 年代稍后时期，台湾和大陆都开始邀请她去做客访问，但是都被她礼貌而坚决地谢绝了。她不再像年轻时候那样愿意再做公众人物。她倒是想到欧洲走走，那是她在20世纪30年代即怀有的梦想，也是她幼年所仰慕的母亲的羁魂之地，但是这个愿望最终未能如愿。所以，她也早早地没了四处游历的兴致。她生活在自己的内心里。四十年前上海清冷的月光，月光下悲凉的胡琴声，在她的梦境里缓缓流淌。

一个人真的步入晚境时，现实与过去的位置便会发生颠倒。现实变得空虚，过去则会浮现眼前，变为"现在"。张爱玲在她闭门不出的最后岁月里，大概也是这样吧。她年青时代的上海开始在她记忆里闪烁明亮起来，只是，那些记忆与想象是否令她黯然神伤？

晚年的张爱玲是怀念上海的。因为20世纪80年代国内的开放政策，一别祖国近四十年的女作家张爱玲尚还健在的消息，也传到了国内。所以，很多她过去在上海的朋友在途经美国的时候，也多去向她致意。虽然因为她闭门谢客，没有人能够亲见她本人，但是她对从上海来的朋友表现了难得的兴趣。80年代初，著名翻译家冯亦代到达洛杉矶，想去看望她，通过熟人与她联系。张爱玲知道冯亦代40年代也在上海后，就表示愿意同他见见面。不过，等她通知冯亦代时，冯已等候不及，离开洛杉矶往别处去了。后来冯亦代每次提及此事，都惋惜不已。1993年魏绍昌到洛杉矶（魏是张爱玲40年代在上海文艺圈里的熟人，与龚之方、桑弧也都是朋友），正巧遇见与张爱玲同住一幢公寓的一位邻居。她说张爱玲深居简出，她们邻居也很难见到她，即便偶尔遇见，也不打招呼，不过她告诉魏，如果他想写信给张爱玲，她倒是可以帮他投到张的信箱，一定收得到的。魏绍昌于是写了一封信，并附上友人的电话，希望张爱玲能先和他通一个电话。信投过去了，然而等了好几天，却杳无消息，魏绍昌不免失望，就离开了洛杉矶。半年之后，魏绍昌已经回到上海，忽然一天接到友人的电话，说他离开洛杉矶一个多月后，有一位自称姓张的老太太打来电话，问："魏先生在吗？"友人告诉她魏已经走了，她说了一句："我刚看到信呀！"电话就挂断了。张爱玲一定是想从老朋友那里感受一下旧上海的气息，但是，上海和她看来只有在梦中相遇的缘分了。

张爱玲完全谢绝见人，与她性格孤僻封闭有关，但是，同时与她唯美主义的人生态度也有关系。这种唯美表现于待人接物，便是以聪明论人。张爱玲与人往来重视"情趣"。她是稀见的天才，日常与人交往不自觉地有一种距离。戴文采这样说她："人才恐怕其实应该分天才与地才。我们常常惺惺相惜把许多有'天才症候群'的同类，嘉许或互相标榜为天才，其实都仅仅能列入地才。地才的痛快及寂寞皆带有成分太多的自许自怜自伤。天才因为清洁到不染红尘，定型人情一概俱无，但又有本事化身做地才，喜怒哀乐一眼洞穿，结果弄得人世看天才总面目全非。地才极易教人喜，教人安，天才恐怕地才见了必要不安，因为照见自己的欠缺，不能逼视，唯无才见天才一样活泼无疑，因大有和大无互不犯煞。……我也懂了她是宁可与无才朝夕相对，也不愿地才为她不安。'对人世有不胜其多的抱歉。'但悲天悯人实在仍是定型人情，于天才多听不惯，所以宁可不见。"戴小姐的这种见解虽然多半来自胡兰成《今生今世》的看法，但是并不失为有理由的看法。所谓"清洁到不染红尘"，就是指张爱玲超尘脱俗的唯美主义态度。张爱玲倒也不一定非要和天才相交，但是她看重人的才质是显然的。她对胡兰成的痴绝之恋，无疑与胡兰成傲视王侯落拓不羁的才气有关。胡能"解"她，能悟会她的聪妙之处，是她欣赏不已的。她曾经说胡兰成："你怎这样聪明，上海话是敲敲头顶，脚底板亦会响。"对爱恋的人是如此（对赖雅她从未这样评说过，一个美国作家在她眼里难得算上"聪明"，她当时主要是困窘无助想找一个依靠），对朋友亦如是。水晶初访她不得见，等她看过他的文章后又主动约他相见，也是因为相信他的才质可以一谈，后来见面果然如此。她这种"贵族气质"使一般人都不易理解她，视她为封闭僻异，其实她并不然。在她与宋淇、夏志清等朋友的通信中，她也很留意日常起居的细节，与一般絮絮叨叨的家庭妇女并无大的差异。在她去世之前的三个月，夏志清还收到她一封信，内中写道："过去有一年多接连感冒卧病，荒废了这些日常功课，就都大坏。好了就只顾忙着补救，光是看牙齿就要不断地去两年多……你和王洞、自珍都好？有没旅行？"这些言语，分明洋溢着家常亲切的气味。张爱玲的行为处事，虽然与许多人有所不同，但是并非心理怪异所致。她仅仅是因为历尽了浮世悲欢，愿意选择沉默作为自己的生存方式而已。但是，能够这样理解她的人并不多。

在晚年，她与当年留在中国的亲戚又建立了不固定的联系，主要是与她的姑姑、弟弟恢复了通信。她姑姑曾经要求她回上海探亲，她婉转谢绝了。

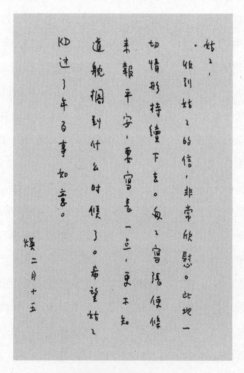

张爱玲致姑姑信（1985）

但是，她同时又寄了一笔钱给姑姑，邀请她到洛杉矶来游览，并邀请已经与姑姑结婚的李开第先生一同前来。李开第先生她是认识的，当年她读香港大学时，他曾经受她母亲和姑姑之托做过她的监护人，只是当时没有料到他会与最亲近的姑姑有戏剧式的结合。40年代她与姑姑住在一起时，姑姑似乎抱有独身主义态度。不过，现在大家都老了。对此事，张爱玲在1979年3月19日给邝文美的信中说："（姑姑）以前为了爱一个有妇之夫没出来，后来他太太死了，但是他有问题，'文革'时更甚，连我姑姑也扣退休金。两人相互支持，现在他cleared（平反了），他们想结婚不怕人笑。他倒健康，她眼睛有白内障。我非常感动。""（这）是唯一亲眼见的伟大的爱情故事。"（张爱玲等：《张爱玲私语录》）不过这"伟大的爱情"的主角都是年近九十的人了，他们经不起旅途的颠簸。她们姑侄最终未能见上一面。比她只小一岁的弟弟也还健在，并且还从一位同宗叔叔手上（不是从他们的父亲手上）继承了一份产业。张爱玲在中国再次"热"起来之后，他出版过一本回忆录《我的姐姐张爱玲》，题目和他在40年代曾经写过的一篇文章完全一样。这本回忆录为20世纪90年代以后的张爱玲研究提供了很多宝贵的资料。不过，张爱玲对弟弟的书不无微言，"但是他在困境中赚点稿费我都阻挠，也于心不安"（致庄信正信），所以她最终也未表示什么。

大约是从20世纪80年代中期开始，张爱玲的健康状况开始恶化。她身体原本就不太好，与赖雅一起熬过的那些艰难岁月，无疑极大地影响了她的健康。1984年时，她的皮肤有了毛病，为了避免蚤子的侵扰，她离开了公寓，不断地迁居。但是病痛如影随形，又缺乏精细的照顾，以至于身体大受损坏，她甚至疑心自己将不久于人世。她曾经挑了一件她尚未售出的祖传古董，送给麦加锡，以感激他当年在她移民美国之际对她的帮助。幸而在1988年，她的皮肤病被控制住了，她又从汽车旅馆搬回公寓居住。但是此时她不免身心皆疲，对所居之处要求简而又简，以至公寓中除了一架行军床、一台电视和几件小家具之外，别无他物。她本来不擅长于家务，又一个人生活久了，所以现在也不怎么做饭，饿了就用冷冻食品或罐头热热充饥。这使她愈发瘦削，几乎脱形。

张爱玲在最后的十多年里，虽然不与人往来，但仍然有一个人取得了她的信任，经常帮助她。这人就是林式同，是当年庄信正介绍给张爱玲的新朋友。林式同是从事建筑工作的，不了解张爱玲的小说，自然也不是"张迷"，但是他对张爱玲超拔脱俗的性格非常钦佩。张爱玲步入老年之后，淡然视物，不为物事所累，亦不为人情所牵挂，了无挂碍，其逍遥自得的境界，一般人很难达到。林式同对此很是叹服，所以，他自愿为她做没有任何回报的帮助。张爱玲受到了林式同的许多帮助。住汽车旅馆时，她遗失了一部分手稿，还弄丢了一些证件，包括身份证。林式同帮助她重办理了身份证，又帮助她取得了联邦医药保险、老人福利卡、图书馆借书证等。他还帮助她搬过家，也做过她的房东，1992年还做过她的遗嘱执行人。张爱玲对他很信任，但是她仍然保留着不愿意见人的一贯作风。第一次林式同去拜访她，她临时变卦，不愿开门，林式同只得沿原路开了四十分钟的车返回。第二次张爱玲请他去，仅见了五分钟。第三次是一起去见公寓的房东，她需要林式同为他做担保。平时他们很少往来，仅是通过电话或书信联系。不过在最后几年，她也曾经同林式同谈天。彼时她已经不知身外之事，与林的谈话是与外界唯一的接触。所以，她有一次对林式同说："我很喜欢和你聊天。"

张爱玲最后几年的生活是完全封闭的。到最后一年，她几乎连来信都不再拆开，所以外界之人，对她的这一段生活都知之甚少。1994年，她发表了自己一生中的最后一部作品《对照记》。在这部作品中，她向世人展示了100多幅她和她家人、朋友的照片，尤其以她早期的生活照片居多。这部作品对于她的个人研究非常有价值，大概亦是她自知大限将近，有意识地留一份真实的资料给世人。对于这样一个终生以文字的方式面对这个世界的人来说，这部作品是她在幽居岁月里对这个世界说的最后的话，平静的，不带任何特意为之的姿势。

她对这个世界要说的话已经说完。她对自己要说的话也已说完。她是我们这个世纪彻底的唯美主义者，她是一个漫徊于月光下的女子。

　　从出生到现在，她始终生活在上海，前三十年，她生活在飞扬的上海传奇里面，后四十年，她生活在对上海的想象与回忆里面。她的一生是一次旅行，一次朝向自己内心的完美的旅行。现在，这个旅行也到了结束的时候。

　　1995年9月9日，张爱玲被人发现病逝于洛杉矶西木区公寓内，时年75岁。按照中国农历，9月9日正值中秋前夕。月亮圆而澄静，银色的月光透过轻轻被风卷起的落地窗帘，无声地洒在她饱经人世悲欢而安详入梦的脸上，似乎在为这位曾经风华绝代的女子奏着一支无声而美丽的歌，为她送行。

　　张爱玲猝然病逝的消息，迅速传及她生活过的祖国大陆及台湾、香港地区，举世为之哀恸。夏志清第一反应是"震惊"，但是"想想张爱玲20多年来一向多病，两三年来更显得虚弱不堪，能够安详地躺在地毯上，心脏突然停止跳动，未受到任何痛苦，真是维持做人尊严、顺乎自然的一种解脱方式"。台湾作家朱西宁则说："张爱玲先生不声不响，一些也不要惊扰人世的就那么悄悄地去了；一如其生平不欲人惊扰于她，原是她素来信守的己所勿欲，勿施于人。可见并非一般俗世误解她的太于孤僻自我，目中无人。她是谪仙归位，真的羽化而去。"白先勇的第一个反应则是"失落感"。在他看来，张爱玲是"五四"文学之后的作家中最有才华的一个，她的逝去是中国文坛的损失。哥伦比亚大学教授王德威认为，她是擅写月亮的，然而却赶在八月中秋传来她逝世的消息，这该是她留给我们最后的嘲讽吧，现在，她成了一种"神话"。香港科技大学教授郑树森则认为，随着她的逝去，20世纪40年代的旧上海，终于写下了句号，而由她一手推至巅峰的"海派小说"，也永远不在了。"三十年前的上海"的月光也就此化为了传奇。

　　张爱玲对自己的去世做了平静的准备。1992年2月4日，她就已经找好律师，立下遗嘱。遗嘱内容只有简单两项：（1）一切私人物品都留给在香港的宋淇、邝文美夫妇；（2）立刻火化遗体，不举行任何仪式，骨灰撒到任何广阔的荒野中。9月30日，美国西海岸华人作家在玫瑰公园为张爱玲举行了一个追思会，以表示对这位杰出女作家的敬意，并遵照她的意愿，将她的骨灰撒于空旷的原野。而之所以选择9月30日，是因为她出生于1920年的9月30日，这天正好是她的生日。一个人在她生日的那天，又重新回到生育她的大地，也算是几近完美的旅行了。遗憾的是，只有隔着浩渺的海洋才能闻见故乡丝缕的气息。

张爱玲论

在《流言·天才梦》中，张爱玲说："我是一个古怪的女孩，从小被目为天才，除了发展我的天才外别无生存的目标。然而，当童年的狂想逐渐褪色的时候，我发现我除了天才的梦之外一无所有——所有的只是天才的乖僻缺点。世人原谅瓦格纳的疏狂，可是他们不会原谅我。"事实却非如此，她的冷漠、自私、乖戾、孤傲一类的性格缺憾以及个人生活不尽光彩的经历已逐渐为人们善意地忽略、遗忘（尤其近十年来）；相反，作为小说家和天才的"张爱玲"却引导着人们观察、理解这位乱世才女的角度与方式。她的一系列作品，《金锁记》（1943）、《倾城之恋》（1943）、《沉香屑·第一炉香》（1943）、《封锁》（1943）、《年青的时候》（1944）、《红玫瑰与白玫瑰》（1944）、《五四遗事》（1956）以及散文集《流言》，作为中国新文学发展史上奇有的异数，已被人们目为至美精粹的经典之作，并有"张爱玲体"之誉，甚至有过于揄扬的现象出现。客观地看，张爱玲毋庸置疑是一位广受读者欢迎的、不可多得的杰出作家，"她在中国现代文学史上已做出了她自己的重大贡献，有她不可替代的位置"，但又恰如钱谷融先生所言："她还远够不上一个伟大作家。"[1] 由此我想，尽量排开某些非文学因素的干扰，力求以实事求是的态度分析张爱玲作品业已取得的成就及其客观存在的缺陷与不足，或许是我们作为后人与研究者，对这位富于传奇魅力的已故女作家的最适合的缅怀与纪念的方式。本文拟就张爱玲小说创作（1943—1968）的某些成就及局限，分别谈述一下我的一二意见。

之一：故事性时间与感受性时间

很可能张爱玲没有读过下面这段话，但她明显意识到了：

> 我们生命中每一小时一经逝去，立即寄寓并隐匿在某种物质对象之中，就像有些民间传说所说死者的灵魂那种情形一样。生命的一小时被拘禁于一定物质对象之中，这一对象如果我们没有发现，它就永远寄存其中。我们是通过那个对象认识生命的那个时刻的，我们把它从中召唤出来，它才能从那里得到解放。[2]

我以为，作为小说集《传奇》之作者的张爱玲，她的过人之处，不仅在于，她在半封建半殖民统治的历史背景下描写了光怪陆离的洋场生活及封建遗老遗少的没落历史，更主要的，引起我莫大兴趣的，在于她如同普鲁斯特一样，认识到或者直觉到了某种可能性，某种"通过那个对象认识生命的那个时刻"的可能，某种对抗不可逆转的时间、追返过去的可能。似前者，穆时英、刘呐鸥、徐訏等海派作家，或多或少都曾表现到了；而后者，足以使张爱玲独步于现代作家之间。她说："人是生活于一个时代里的，可是这时代却在影子似的沉没下去，人觉得自己是被抛弃了。为要证实自己的存在，抓住一点真实的、最基本的东西，不能不求助于古老的记忆，人类在一切时代之中生活过的记忆。"[3] 人在乱世的仓皇与无所依归的感觉，在张爱玲是极深切极沉痛的了，她唯恐失掉"生命"这最后的唯一的真实，记忆，闪烁游移的时间片段，她都视为"生命的那个时刻"，努力地捕捉着，把握着。她小说中大量的繁复奇丽的象征，其实就是普鲁斯特所谓的"一定物质对象"，它们，像或欢悦或凄凉的月亮（《金锁记》），像拉过来又拉过去的苍凉的胡琴（《倾城之恋》），要么自身积淀着主体的人生感受和情感体验，要么作为触发的契机，唤醒生在可爱而又可哀的乱世的人的或沉痛或战栗的生命瞬间，都是张爱玲追寻过去复现生命的中介之物。因为对这一可能性的不自觉的意识，张爱玲聚拢来了她对语言、叙述以及外部结构的娴熟处理技巧，又使她很早就感受到了小说所应该有的内在组织方式或结构原则。前一特点已经被人们普遍认识到，而后一特点还没有受到应有的重视。因此，我想重点讨论张爱玲小说的内部结构及其美学意蕴，而且在我看来，张爱玲在现代文学史上的"重大贡献"与它密不可分。

作为一个早慧的女孩，张爱玲很早就立志做一名作家，7岁时就写出了第一篇小说。像这样一个人，那么早地就把自己放置在经验世界与艺术世界的裂缝之中，经受着两者无休止的撕扯，她会怀着怎样的意愿去弥合这裂缝，去结构她的艺术世界呢？一般而言，作品的结构体式多少总包含有甚至决定作家对于人生及世界的主观理解内容。俄国学者维克托·日尔蒙斯基说："形式是一定内容的表达程序。"[4] 对于经验的世界，张爱玲有自己独特的理解，这种理解导致了她对艺术世界的结构方法。她说：

> 现实这样东西是没有系统的，像七八个话匣子同时开唱，各唱各的，打成一片混沌。在那不可解的喧嚣中偶然也有清澄的，使人心酸眼亮的一刹那，听得出音乐的调子，但立刻又被重重黑暗拥上来，淹没了那点了解。[5]

在《流言·公寓生活记趣》中，又说：

> 长的是磨难，短的是人生。

整体的经验世界被张爱玲分作了两个部分，可解的和不可解的；单一的经验时间也被分作了两种类型，长的和短的。对人生及世界，张爱玲素来深抱着怀疑的与不信任的态度，"对于人生，谁都是个一知半解的外行吧？"[6] 她认为，现实、人生大半是不可解的，满布着破坏与磨难，沉落在重重的黑暗，不必用一己之心去感知，而真实的可了解的可感知的人生，"人生的所谓'生趣'全在那些不相干的事"[7]，即一些偶然的、刹那间的情境。经验世界截然不同的两个部分，在张爱玲看来，是在两种性质极不同的时间之内展开的，不可解的、黑暗的、混沌的部分意味着长的磨难，可解的、清澄的、使人感动的部分意味着诗意的瞬短的人生，我把长的前者称为故事性时间，将短的后者称为感受性时间。在张爱玲的理解中，故事性时间内展开的一切不过是经验的事件，总在发生着与己无关的事件，而感受性时间内展开的一切却是对"我"而发的，因"我"而有的，使人心酸眼亮，飞扬着诗意。一是无"我"之境，一是有"我"之境。不自觉地，张爱玲为自己栽下了一道藩篱，把自我收缩到一个相对狭小的范围中去了。这种理解在张爱玲的创造过程中潜移默化，影响了她的小说结构。

她使用的是"联系"的方法，她说："画家、文人、作曲家将零星的凑巧发现的和谐联系起来，造成艺术上的完整性。"[8] 具体到其小说创作，张爱玲用长的磨难联系短的人生，用故事性时间连接感受性时间。经验世界的两类时间经张爱玲的转换，成了艺术世界的两样叙述时间，并获得各自的实指语词：时代和记忆。她这样概括她的小说："我……描写人类在一切时代之中生活下来的记忆。"[9] 时代与记忆是张爱玲小说中最重要的时间语词，时代代表的是漫长的磨难与黑暗，记忆则总浮现为蕴含有主体生命体验的，或沉痛或欢悦的迅短的现时情境。张爱玲是个极精于世相又极真切质纯的人，在叙述过程中，对于不必用一己之心去感知不能动其心者，她将它们统统委托给了时代，或附在时代宽大的背景下，凡俗的传奇故事，在她世故讥诮的语调下，被抽干为客观的故事过程，时代在这里是缺乏诗意的故事性时间；可用一己之心去感知触动其心者，张爱玲往往把它们处理为刹那的情境（记忆），在她质纯真切的叙述下，生命细微的深切丰富的感受使一切变得澄明透亮，记忆成了意义充盈的感受性时间。这样，通过经验时间与叙述时间的转换，张爱玲弥合了经验世界与艺术世界之间的裂缝，从经验世界转身到了艺术世界。

在张爱玲小说中，记忆与时代如影随形，感受性时间与故事性时间紧密关联。故事性时间作为长的链条、将众多短的感受性时间系于一处；感受性时间或作为故事性时间的一环融在其中，像《倾城之恋》中白、范拥被相向的刹那是在故事时间之内，或作为独立的片段镶嵌其上，像《金锁记》中"迟迟的夜漏——一滴，一滴……一更，二更……一年，一百年"这样"寂寂的一刹那"与故事性时间即若即若离。两种时间，长的时代和短忽的记忆，相互错合甚至融合无间，形成了一种独特的时间内结构，从而为张爱玲小说增添了丰富的魅力。

杨义在《中国现代小说史》中谈及"沉香屑"系列时说："她（张爱玲）像富贵人家的老妈子一般精熟主人的风流韵事，又如同有学养的朋友一般，对读者幽幽叙来，妙语解颐。"在张爱玲眼中，很少有雅俗的区别。在故事性时间内，张爱玲满是俗琐，男女私情，家长里短，颇如鸳鸯蝴蝶派，但因感受性时间（雅）的融、嵌，人世悲欢离合虽凡庸却也多少有了或和谐或飞动的特征；在感受性时间之内，张爱玲挽叹生的无常和欢乐的倏忽，几有李商隐晚凉的气息，又因有故事性时间（俗）作衬，在乱世沧桑与人事错连的中间，生命沉伤的莫名的忆念虽细微却不流于轻丽，历史的质感隐约可见。这是张爱玲卓绝的地方。像《倾城之恋》，素常的故事性时间，一旦被置入非常态的战时生活，便不断被打碎，感受性时间在其中时时闪射着复归了的人性的价值力量：

> 她（流苏）终于遇见了柳原。……在这动荡的世界里，钱财，地产，

天长地久的一切，全不可靠了。靠得住的只有她腔子里的这口气，还有睡在她身边的这个人。她突然爬到柳原身边，隔着他的棉被，拥抱着他。他从被窝里伸出手来握住她的手。他们把彼此看得透明透亮，仅仅是一刹那的彻底的谅解，然而这一刹那够他们在一起和谐地活个十年八年。

两种时间相互映照，形成了一个意义互生的过程：故事性时间（"十年八年"）因为人性之光的照彻，原有的虚伪、浮华和磨难都突然产生了新的安稳、和谐的诗意；感受性时间（"刹那"）因在文明破坏的境遇中，所以多少迫近了对于人类生存价值的哲学反思。张爱玲在她最优秀的小说中，使用的都是这种时间内结构，《红玫瑰与白玫瑰》《金锁记》《茉莉香片》《年青的时候》《沉香屑·第一炉香》，即因此获得了比较丰富的思想意义与艺术魅力。

张爱玲曾经谈到过自己写作的目的，说，"我写作……而以此给予周围的现实一个启示"[10]，又说，"苍凉则是一种启示"[11]。在这方面，在从艺术世界向经验世界的返回中，张爱玲相当成功。她的小说，演绎着无奈何的苍凉故事，漫徊着苍凉的美，替人们照亮了经验世界的真实。在张爱玲看来，在现实的经验世界里，人生是永久的黑暗，人们的行动、思想和言说全都淹没在故事性的时间里，随着时代不断地沉没着，消失着，人们从而丧失了人生中唯一的真实，很难感受生活的诗意；而人们却不能认识到自己所处的真实境况，麻木不仁。张爱玲希望借助艺术的世界，帮助人们发现这一点，并摆脱它。她的小说，反复写了人对时间的无力把握，人类无法摆脱自身的有限而趋近时间的无限，其中轻轻颤动着 long long ago 的凄伤的声响。"苍凉"给人们启示了这样一个经验真实：人生唯一的真实，生命，正在流失。

这样的艺术世界一旦与经验世界相遇，便会激起人们生命经验中的原始恐惧。人必须在不可逆转的时间之河中救渡自我，抗拒时间的毁灭。抗拒的方式是尽量延长感受性时间的边限，用它的光亮穿透漫长灰暗的故事性时间，而不致让后者噬食了全部生活；在张爱玲看来，是以反复的记忆（通过象征的反复而实现）延长着感受性时间，生活在经验世界的人们，则应紧紧抓住"当前"。费孝通说："人的当前是整个靠记忆所保留下来的'过去'的累积。"（《乡土中国》）两种方式都回应着人类的永恒欲望："追寻失去的时间。"（普鲁斯特语）张爱玲的小说，将"过去"全都凝成了一个一个"苍凉的手势"，在恍如隔世的时间烟雾里闪动着凄冷与美丽；它们以不可言喻的力量唤醒了、启示了经验世界里人的内在生命。是啊，多少年过去了，多少文明毁坏了，可这样的记忆，这样的感受，不能不激起人们灵魂深处轻微的敏细的颤动：

> 她（曼桢）说这个话，不能让许太太他们听见，声音自然很低。世钧走过来听，她坐在那里，他站得很近，在那一刹那间，他好像是立在一个美丽深潭的边缘上，有一点心悸，同时心里又感到一阵阵的荡漾。（《十八春》）

人的生命价值全都隐喻在这些刹那的情境与闪亮的记忆内；它们作为潜含在张爱玲小说的时间内结构中的"坚实生命种子"（别林斯基语），是张爱玲在后来赢得众多读者的主要原因所在。

之二：我……惭愧写得不到家[12]

张爱玲16岁时，母亲从法国回来，研究一番暌隔多年的女儿后，母亲说："我懊悔从前小心看护你的伤寒症，我宁愿看你死，不愿看你活着使你自己处处受痛苦。"[13]

这句话或许可用以阐释张爱玲的一生及其创作。但我以为，囿于天性或者个人性格的因素，张爱玲在她全部的创作生涯里，尤其是创作《传奇》的巅峰阶段，并没有表现过深久的彻入身心的痛苦体验，她的绝大多数小说在思想深度上还是有所欠缺的。如果说文学是言说人类苦难经验的诗学方式，那么它对张爱玲则未尽适用；这不仅仅是文学观念的问题，更重要的，是涉及张爱玲对于人生及世界的理解程度与理解方式。按照她母亲爱悯的话去理解张爱玲及其创作似还需要商榷。

创作《传奇》的两年，张爱玲二十二三岁，正是她艺术创造力最为活跃的时期。但早在这以前许多年，张爱玲就已在经验世界里栽下了一道人为的藩篱。在无"我"之境，她仿佛智者，世故老练，抱着不相干的嘲弄的心情，视战争、破坏、凡俗的悲欢离合如云烟；而在有"我"之境，她实际上仍是一个质纯真切的女孩，爱幻想，愿意为令她怦然心动的东西付出一切，纵它隔有千万年远、混在千万人中。像这样"出奇"的性格类型，在创作上与个人感情生活中都给张爱玲带来了极大的影响，而且两者还相互加深着。毕竟，张爱玲所受的教育与所处的生活环境，使她对人生及世界的理解只能达到一定的程度（童年不幸记忆的作用到底有限），尽管她资质高，很早就能透解人性的冷漠与虚伪，但感受、体验一件事情与理知、识解一件事情到底是非常不同的，她曾说："我们这时代本不是罗曼蒂克的。"显然得自对无"我"之境的理性认知，而非有"我"之境的感性体验（1945 年后她才逐渐体验到）。张爱玲在生活上与思想上的全面成熟是经过了较长过程的，创作《传奇》时期恰恰处于她的不成熟阶段。

创作《传奇》时期张爱玲的作品里同时交错着有"我"之境与无"我"之境，感受性时间与故事性时间；但整体而言，有"我"之境与无"我"之境都未能给张爱玲提供足够深刻的人生体验，她没有能够在自己才情最为璀璨的时期创作出思想深邃之作。

张爱玲曾经说："……我最常用的字是'荒凉'。"[14] 在 20 世纪文学的语义系统中，"荒凉"通常意指人（类）的一种存在困境，内中常与"荒原"意象、"荒原感"相沟通；而在张爱玲，"荒凉"意指的则是个体面对时间流逝的恓惶之感，与"荒凉"大略相同。她的作品，部分如《金锁记》《封锁》《倾城之恋》，已经涉及人的基本生存状态与存在价值，但总的说来，其中绝大部分，基本上是停留在人生感悟的层次，无论是在有"我"之境还是无"我"之境，张爱玲都没能够像鲁迅或萧红那样通过对时代（环境）的把握而达到对生命本体存在境遇的追问的层次。

长期以来我一直坚持一种看法，就是，一个人只有在对自身生命与生存的痛苦具有深刻体验的时候，他（她）才有可能洞见时代的内在意义和人（类）自身的悲剧境遇。像张爱玲这样类型的人，那么早地就在经验世界栽下了难以逾越的藩篱，封闭了"我"，结果必然戕伤"我"。20余岁的年龄，又在相对顺利的境况中（成年后），张爱玲确实对生活难得有深刻的体验，她的痛苦多是一种精致的痛苦，诚如她自己言："在没有人与人交接的场合，我充满了生命的欢悦。可是我一天不能克服这种咬啮性的小烦恼，生命是一袭华美的袍，爬满了蚤子。"[15] 这样的"我"，又在封闭中，源自"我"的人生体验也就很难使张爱玲意识到、表达出生命自身在环境之中的悲剧境况。

而隔着人为的藩篱，张爱玲认为另一边的人生及世界，无"我"之境，都是不可解的，也不必去解，洋场社会适足嘲谑，洋场以外的社会尽可不理会；她把爱与热情仅置放在有"我"之境。一般而言，深刻的痛苦体验和苦难意识能够使人对有"我"之境与无"我"之境都产生极细微的敏感，并用一己之心去感受这二者，沟通这二者。然而1943—1944年间的张爱玲，尚未经过人生彻骨之痛楚，对无"我"之境的苦难缺乏必要的敏感，洋场社会的"意义"在她笔下并没有得到最大限度的发掘（她并非批判者）；相反，从这期间（以及其前）张爱玲的生活与创作，隐约可见她基本的人生态度：看戏。"看戏"是中国上层知识分子一种源远流长的人生态度，体面、闲适、心满意足，使他们在途有饿莩的时代也能把一切服务于社会进步与民众解放的行为，统统看作热闹、闲耍和戏剧。1943—1944年间的张爱玲，仿佛总坐在中国的戏台上，以嘲弄的眼光高蹈于人间世，万事不系于心、万事不以为意，品看着热闹，她说："我是中国人，喜欢喧哗吵闹。"[16]无处不在的"看戏"态度使张爱玲推开了无"我"之境的意义，结果反过来戕伤了她自己。

论理，"看"当是所有创作主体面对经验世界共具的态度。鲁迅在"看"的同时深切感受到了经验世界沉滞的苦难，并接受了这苦难，浸溶在苦难之中使他"看"出了经验世界的"荒原"真实，发现了20世纪中国历史"看／被看"的悲剧本质。[17]萧红别具一种天才，世界于她，是"通体透明"的，她凭直觉感悟到，"看"到了北方旷野上群体生命湮灭的"荒原"本相。鲁迅、萧红，和张爱玲不同，他们"看"取经验世界的眼光是整体性的，他们没有在经验世界里分裂出一个部分以容纳"我"的遁逃，他们的"我"覆盖着整个的经验世界，所以他们一旦感受到了经验世界的苦难，就无所逃于天地之间，就必须接受它，如要解除它，就必须把它写出来。而张爱玲"看"取世界是分裂的，她透解"不可解"之世界（无"我"之境，经验世界的绝大部分），但她用有"我"之境接纳逃遁的"我"，而拒绝接受广大世界里的苦难真实，"能够不理会的，我们一概不理会"[18]，像她自述在战时香港避难的经历即讲道："香港重新发现了'吃'的喜悦。……我们立在摊头上吃滚油煎的萝卜饼，尺来远脚底下就躺着穷人的青紫的尸首。"[19]不接受也就无所谓"解除"。《传奇》并不言说无"我"之境的苦难（《金锁记》算是极少的例外），苦难在《传奇》中被处理为荒唐怪诞的为叙述者所戏看的故事，自身不具备它们在鲁迅、萧红小说中所具有的形而上的本体意义，而主要被张爱玲用作了表达有"我"之境之感受的载体。作为苦难渊薮与人（类）存在困境之表征的各类意象，如"无物之阵"（鲁迅）、"城堡"（卡夫卡）、"旷野"（萧红）之类，在张爱玲小说中也是没有的。这种与人类苦难经验缺乏深刻沟通的写作方式，应该说在很大程度上妨碍了张爱玲小说实现人类普遍伟大的人性价值。所以，总体而言，1943—1944年间的张爱玲小说虽然在客观上能为我们认识近现代中国社会历史提供一个特殊的"窗口"，但它们大都未能把握住时代的内在意义，达及人和世界的存在本质的深度。

1945 年后，张爱玲的小说创作进入后期，不但在数量上减于从前，在质量上也无法再与创作《传奇》时期相提并论，她再也没能创作出类似《倾城之恋》《金锁记》的艺术杰作。作为一位小说家，张爱玲自 24 岁起才情就开始急骤衰退，直至完全从文坛消失，这是长期困扰着现代文学研究的一个"奇"现象。我想略述一下我的看法。

从发表于 1950 年前后的几部作品看，《多少恨》（1947）、《小艾》（1951）、《十八春》（1951），1945 年以后的张爱玲在思想上由不成熟转向成熟的趋势，在文学观念上有由"异数"转向新文学传统的趋势。倘若不是囿于某种天性，张爱玲或有可能重新崛起于文坛（1950—1952 年间她显示出了类似势头），但变动不测的时代终于惊醒了蛰伏于她的意识深处的某种天性，这天性或曾帮助过小说家张爱玲，但在 50 年代却是抑制了她。

这种天性我称之为"安稳情结"。如果一个人在童年深切体验过无家可归的恓惶，那么成年后她必然会对安稳与家产生非常强烈的渴望，张爱玲深知这一点，她写小说即是为着"人生安稳的一面"，只是张爱玲远远未曾料到另外一点：对于"安稳"的追求已经那样深刻地渗进了她的生命意识，她已不可能改变它或根除它，而只能维护它。"安稳情结"真正的是张爱玲天性里最为深刻的因素，对于人生及世界的理解方式（区分有"我"之境与无"我"之境）只是她的天性的一种表现，其根源在于张爱玲需要以拒绝苦难的方式来在最大程度上维护"我"的和谐与安稳。这导致了张爱玲创作的与生活的不幸。因为在张爱玲的观念世界里，世俗的一般人所常遭遇的痛苦或伤害，大都能被她以"看戏"的姿态化解掉，真正能对她的封闭的精神世界造成沉痛的创伤的，只能是那类对"安稳"具有"威胁与毁坏"性质的事件。这类事情在创作《传奇》时期之后主要有两件：一是她与汪伪汉奸胡兰成的失败的婚恋（1944—1947），二是新中国的出现（1949—1952）。意识到这二者的"毁坏"性质，张爱玲经过了较长的时间，而一旦意识到了，她便做出了激烈的反应。一是质问胡兰成："你与我结婚时，婚帖上写现世安稳，你不给我安稳？"于1947年与他最终绝交。二是于1952年出走香港，迅速发表两部"反共"长篇小说《秧歌》（1954）、《赤地之恋》（1954）。前一反应使张爱玲在生活上与创作上都发生了转变，意欲探寻另一方式维护"安稳"，维而不得便导致了后一反应，后种反应却使这种转向中途夭折。

与胡兰成的相恋及被玩弄，使张爱玲发现了自己性格中爱幻想、不成熟的一面。由于对人性之虚伪与冷漠的切身体会，她意识到此前精心筑就的有"我"之境的脆弱，或虚幻；再则，新的痛苦的人生体验开始使她对无"我"之境的苦难也产生了一定程度的敏感。这必然使张爱玲的人生态度发生某些转变。加之张爱玲本不是彻底的悲观主义者，她虽自私、冷漠却也洒脱、豁达，初经创痛之后她必然重筑"安稳"之境，以抚平旧伤迎接新生，恰如她对胡兰成说的："我倘使不得不离开你，亦不致寻短见。"[20] 张爱玲开始尝试拆除经验世界的藩篱，欲在更广大的环境中求得"岁月静好，现世安稳"，这种人生态度的转变明显表现在创作的转变中：她的表现范围开始扩大，由洋场社会而至一般平民社会；不再严格区分有"我"之境与无"我"之境，而欲在更广大的环境中表现"我"的感受，发掘更普遍的人生人性的价值；不再强调故事性时间与感受性时间之别，而欲在所有时间内发现与"我"相关的诗意；叙述态度亦由远距离的嘲讽转向近距离的同情（这已与新文学主流作家的写作逻辑相似了）。概言之，张爱玲是希望在更大范围的经验世界里重新营造"我"之"安稳"；新的人物、新的生活，一股脑儿地被张爱玲用来设计"幸福的世界"（《小艾》）了，其中自然也包含一个由她颇为陌生的阶级所创立的新社会（《十八春》）。

但是，历史很快就让自以为已经饱经沧桑世变文明隳坏的张爱玲再次明白了自己的幼稚与匆促：新社会虽气象万千但却不是她的，新社会对她表示了礼貌却不可避免地抽掉了她的"安稳"之境的现实根基——洋场社会。这后一点至关重要。"洋场社会"于张爱玲而言，不单单是文学表现的对象，更重要的，是她生活意义与人生价值得以维系的文化根基，她虽嘲讽它，但那只是智力优裕之表现（如钱锺书），却非激于正义与人性的鞭挞（如鲁迅）；生于斯游于斯，她已形成了她那一社会的眼光，正像沈从文之有乡绅眼光，赵树理之有底层农民眼光，汪曾祺之有闲适士大夫眼光，都因包含有明显的价值偏见而不足为真正艺术家。但"安稳情结"作为她那一社会根深蒂固的人生意识，浸染她既久也就支配了她。一旦张爱玲终于意识到新社会实质是一种摧毁着洋场社会及其人生意识的巨大异己力量时，那些恍悟后的绝望、痛苦、阴郁乃至愤恨的情感会怎样一起涌塞在她的心头呢？作为她那一社会中人，张爱玲必然又会做出令后人百思不得其解的又一"奇"举：出走香港，并创作"反共"小说。

这两件事情都严重戕伤了张爱玲对于"现世安稳"的情感需求，危及她基本的人生意识，她的决绝的反应必然亦是情感性质的。倘若我们用通常的政治眼光去观察张爱玲，那么这位乱世才女便是奇不胜奇令人大惑不解的：她不迎合日寇却也不憎厌，她不关心胡兰成的汉奸行径，她欢迎过新中国却又以小说歪曲它，她'反共'却又再嫁给信仰马克思主义的左翼剧作家。一般论者常为张爱玲扑朔难辨的政治倾向弄得左右为难，贬斥和辩解也因此层出不穷。其实在我看来，张爱玲是没有政治倾向的，至少是极其淡漠的，在她整个的人生态度中不起什么作用；她没有政治倾向不是因为她禀性洁逸自远于人世污秽，而是因为她从她那一社会浸染而有的极端利己主义气质，她具有与人无害的自私，一以贯之的坦率的冷漠，唯美至上，缺乏一般的同情心。在张爱玲的人生意识中，"民族""国家""正义""良知"，一般人所常有的这类抽象观念在她是极淡薄的（这是张爱玲所有"奇"的原因），"我"是她衡断人生及世界的唯一标准，具体而言，她用"安稳"这种情感标准判断一切，而非政治标准。所以，不在根本上触动她"安稳"的，不论是民族的屈辱还是人民争取解放的战争她都不理会，凡是给了她"安稳"的，不论是汉奸还是左翼剧作家她同样接纳，凡是在根本上破坏她"安稳"的，不论是曾经爱过的情人还是曾经欢迎过的新中国，她一概由爱而恨，终其一生不能消释。洋场社会造就了张爱玲的深层性格，反过来她对洋场社会形成了深刻的依赖关系。这种依赖关系在生活上最终只能使张爱玲远迹海外，在一个难以为人理解的世界里了其余生；在创作上使她只能以"安稳"的和谐与诗意的"我"作为价值归宿，而无法真正地在经验世界中确立一种类近"正义"与"良知"的超验价值，所以一旦诗意的"我"为旋踵而至的历史所毁损，张爱玲的创作便丧失了必要的价值根基。1952 年后她的小说创作基本上已告结束，愤恨的情绪使她不但放弃了 1947—1952 年间的有价值的探索，而且把写作变作了发泄郁恨的方式，《秧歌》《赤地之恋》出于此，改写《十八春》（删除对新中国蓬勃建设的描写）也是这个原因。

20 世纪 50 年代的张爱玲在思想上与生活上毕竟经历着成熟的过程，不过痛苦逐渐深切的她却慢慢看淡了创作，她的后期创作，其实已渐近"欲说还休"的人生阶段了。1968 年后，作为小说家的张爱玲终于暂时搁笔了，正如她从前所言："我自将萎谢了。"沉默、孤独是人们表达成熟的一种方式。

除非有伟大的品质及毅力，一般的人很难摆脱社会的个人的局限。现在我们研究张爱玲及其创作，更应重视的是其创作在现代文学史上的独特价值。深切、丰富、细微的惊人感受能力以及富于表达感受的天才，是张爱玲成为杰出作家的主要因素。如果要对张爱玲做出应有和能有的结论，本文是勉力难为的，尚须进一步细致认真的研究。最后，我还想指出一点：近年来的张爱玲"热"是存在于比较限定的读者范围与文化层次内的，与 20 世纪 90 年代知识阶层普遍的精神状态也甚有关系；我们从事张爱玲研究应该注意到这种非文学因素的影响。

【注释】

[1] 钱谷融：《谈张爱玲》，《读书》1996 年第 6 期。

[2] 〔法〕普鲁斯特：《驳圣伯夫·序言》，百花洲文艺出版社 1992 年版。

[3][5][6][7][8][9][10][11][12][13][14][15][16][18][19] 张爱玲：《张爱玲文集》（第四卷）第 178、54、21、54、54、178、178、177、17、17、138、18、169、55、59 页，安徽文艺出版社 1992 年版。

[4] 〔俄〕维克托·日尔蒙斯基：《诗学的任务》，转引自维克托·什克洛夫斯基等《俄国形式主义文论选》第 211 页，三联书店 1989 年版。

[17] 钱理群、王得后：《鲁迅小说全编·前言》，浙江文艺出版社 1991 年版。

[20] 胡兰成：《今生今世》，转引自阿川《乱世才女张爱玲》第 151 页，陕西人民出版社 1993 年版。

张爱玲生平·文学年表

◎ 1920 年 9 月 30 日生于上海市麦根路。原籍河北丰润。外曾祖父李鸿章，祖父张佩纶，祖母李菊耦，父亲张廷众，母亲黄逸梵，其家事晚清名著《孽海花》有隐写。本名张煐。

◎ 1921 年 12 月 11 日，弟弟张子静出生。

◎ 1922 年随父母从上海迁居天津英租界，父亲任职津浦铁路局英文秘书。

◎ 1923 年在嗜爱古典文学的父亲的督导下，开始习诵唐诗。

◎ 1924 年开始私塾教育。父母婚姻出现危机，母亲与姑姑结伴赴法留学，父亲纳妾。

◎ 1927 年父亲去职。尝试写短篇小说。第一部小说是写一个家庭悲剧，也写过一个以隋唐为背景的历史小说。

◎ 1928 年母亲与姑姑由英国返回上海，举家由天津搬回上海。读《红楼梦》《西游记》《七侠五义》等书。在母亲的指导下学习钢琴、绘画和英文，感受到天伦之乐。试写乌托邦式小说《快乐村》。

◎ 1930 年入上海黄氏小学插班读六年级，改名张爱玲。父母离婚，母亲与姑姑搬出宝隆花园洋房，租居法租界。

◎ 1931 年入读上海圣玛利亚女校，并随白俄老师学钢琴。

◎ 1932 年在校刊上首次发表《不幸的她》，并受父亲鼓励，做过三首七绝，其中《夏雨》有"声如羯鼓催花发，带雨莲开第一枝"句，颇受先生赏识。母亲再度赴欧。

◎ 1933 年在校刊上发表散文《迟暮》。

◎ 1934 年父亲再婚，娶孙宝琦之女孙用蕃，迁回麦根路别墅。写《理想中的理想村》《摩登红楼梦》《后母的心》，未发表。

◎ 1936 年在校刊上发表散文《秋雨》、小说《牛》。母亲返回上海，同行有一美国男友，但张爱玲从未与人道及。

◎ 1937 年在校刊上发表小说《霸王别姬》及评论《〈若馨〉论》。从圣玛利亚女校毕业。因与后母口角遭父亲责打并拘禁半年。

◎ 1938 年年初（阴历年底）逃出父亲的家，随母亲、姑姑居于开纳公寓。后母将她的一切用具都拿去送了人。在英文《大美晚报》发表被禁及出逃经过，这是首次以英文发表文章。随犹太裔老师补习数学，参加伦敦大学远东区入学考试，得第一名。

◎ 1939 年与母亲、姑姑迁居静安寺路爱丁顿公寓。欧战爆发，改入香港大学文科。初识终生挚友炎樱。参加《西风》杂志三周年纪念征文，次年征文揭晓，《我的天才梦》一文获征文第十三名（名誉奖第三名）。

◎ 1940 年获香港大学文科两个仅有的奖学金，港大毕业后可以直接免费入读英国牛津大学。

◎ 1941 年《我的天才梦》由上海西风社出版。年底，珍珠港事件爆发，香港沦陷，经历了香港被围的全过程。港大停课。母亲的男友死于新加坡战火。

◎ 1942 年辍学返回上海。投考上海圣约翰大学，因国文不及格，入补习班学习，随即因学费问题放弃。尝试职业写作，用英文给《泰晤士报》及《二十世纪》写剧评影评。

◎ 1943 年经人引荐拜访周瘦鹃，于 5 月、6 月接连在《紫罗兰》月刊上发表《沉香屑·第一炉香》《沉香屑·第二炉香》；7 月，初识柯灵，在《杂志》月刊发表《茉莉香片》；8月，在《杂志》上发表散文《到底是上海人》，在《万象》月刊发表小说《心经》（上）；9月，结识苏青，在《万象》上发表《心经》（下），在《杂志》发表小说《倾城之恋》，朝鲜女舞蹈家崔承喜二次来沪，出席欢迎会并与之合影留念；10月，在《古今》半月刊发表散文《洋人看京戏及其他》；11月，在《天地》月刊发表小说《封锁》，在《万象》发表小说《琉璃瓦》，在《杂志》发表小说《金锁记》；12月，在《古今》上发表散文《更衣记》，在《天地》发表散文《公寓生活记趣》；胡兰成因读《封锁》登门拜访，拒而不见，次日又邀他相见，长谈五个小时。

◎ 1944年1月，在《万象》连载长篇小说《连环套》，后因迅雨（傅雷）的批评自动腰斩，共连载六期；2月，在《天地》发表散文《烬余录》，在《杂志》发表小说《年青的时候》，与胡兰成同居，胡每月回上海八九天；3月，在《天地》发表散文《谈女人》，在《杂志》发表小说《花凋》，16日参加由《杂志》月刊社主持召开的"女作家聚谈会"，地点在新中国报社，出席者有苏青、潘柳黛、吴婴之、关露、汪丽玲，做主要发言；4月，在《杂志》发表《论写作》《爱》《有女同车》等散文；5月，在《天地》第7、8期上发表散文《童言无忌》《造人》，在《杂志》上发表《红玫瑰与白玫瑰》，胡兰成在《杂志》上发表《评张爱玲》驳迅雨在《万象》发表的《论张爱玲的小说》；6月，在《天地》上发表散文《打人》；柯灵遭日本宪兵逮捕，与胡兰成同去柯家慰问并要宪兵队放人；7月，在《天地》上发表散文《私语》，在《杂志》上发表《说胡萝卜》，在《新东方》上发表《自己的文章》；8月，在《小天地》上发表散文《散戏》，在《杂志》上发表杂谈《诗与胡说》《写什么》；同月，与胡兰成结婚，炎樱为证；参加《杂志》社在康乐酒家主持召开的"《传奇》集评茶会"，受邀参加者有鲁风、谭正璧、苏青、炎樱、袁昌、尧洛川、谷正櫆、南容、陶亢德、钱公侠等；9月，在《天地》

发表散文《中国人的宗教》，在《小天地》发表《炎樱语录》，《传奇》小说集由上海杂志社出版发行；11 月，在《天地》发表《谈跳舞》，在《杂志》发表《殷宝滟送花楼会》，在《苦竹》发表《谈音乐》；12 月，在《杂志》发表《等》，在《苦竹》发表《桂花蒸　阿小悲秋》；同月，散文集《流言》由上海五洲书报社总经销，自编话剧《倾城之恋》开始公演，并颇受欢迎，在《小天地》上发表《孔子与孟子》；胡兰成赴武汉接办《大楚报》，并结识护士周训德。

◎ 1945 年 1 月，在《小天地》上发表《气短情长及其他》；2 月，在《杂志》上发表小说《留情》，在《天地》上发表《"卷首玉照"及其他》；3—4 月，在《杂志》上发表小说《创世纪》，在《天地》上发表散文《双声》《我看苏青》，在《杂志》上发表散文《吉利》，胡兰成在《天地》发表《张爱玲与左派》；5 月，在《杂志》上发表《姑姑语录》；7 月，出席《杂志》社在咸阳路 2 号以茶宴形式召开的纳凉座谈会，参加者有陈彬和、李香兰等；8 月，在《杂志》上发表《纳凉会记》；同月，日军投降，胡兰成从武汉出逃，并于年底匿至浙江温州，与范秀美姘居。

◎ 1946 年 2 月，到温州见胡兰成，泣哭而返；母亲回到上海。被上海小报攻击为"文化汉奸"。

◎ 1947 年剧本《不了情》《太太万岁》上演；在《大家》创刊号上发表小说《华丽缘》；与胡兰成离婚；与姑姑迁居梅龙镇巷内重华新村；出版《传奇》增订本。

◎ 1948 年母亲再度赴欧。

◎ 1949 年上海解放，胡兰成出逃香港，又转至日本定居。

◎ 1950 年 4 月 25 日至次年 2 月 11 日，以笔名梁京在《亦报》上连载长篇小说《十八春》，并参加《亦报》组织的"与梁京谈《十八春》讨论会"；7 月，在《亦报》创刊一周年之际发表《〈亦报〉的好文章》；同月，出席上海第一次文艺工作者代表大会。

◎ 1951 年《十八春》单行本出版；在《亦报》连载中篇小说《小艾》。

◎ 1952 年出走香港，翻译《老人与海》《爱默生选集》《美国现代七大小说家》（部分）等书；结识宋淇、邝文美夫妇，并成终生挚友。

◎ 1953 年发表译作《小鹿》；撰写长篇小说《秧歌》《赤地之恋》；父亲病故。

◎ 1954 年《张爱玲短篇小说集》由香港天风出版社出版；寄《秧歌》予胡适。

◎ 1955 年离开香港到达美国纽约；与炎樱同去拜访胡适；英文版《秧歌》由纽约司克利卜纳公司出版。

◎ 1956 年申请到麦克道威尔文艺营暂居；结识美国剧作家费迪南·赖雅，同年结婚；以英文写作长篇小说《怨女》；发表《五四遗事》。

◎ 1957 年母亲在英国病故；夏志清作《张爱玲》，首次肯定她在文学史上的重要意义；为香港电懋电影公司编《情场如战场》《人财两得》等剧本。

◎ 1958 年到加州亨顿·哈特福文艺营住半年；为香港电懋电影公司编《桃花运》等剧本。

◎ 1961 年到台湾访游，为《少帅》收集材料，欲访见张学良而未得；结识台湾青年作家白先勇、王文兴、陈若曦、王祯和等，并游花莲，途中闻赖雅中风；转赴香港，为电懋公司写作《红楼梦》《南北一家亲》剧本。

◎ 1962 年自香港回华盛顿；在英文《记者》杂志发表《重回前线》一文。

◎ 1963 年《美国诗选》《欧文小说选》《爱默生文选》等译作均由香港今日世界社出版。

◎ 1964—1966 年为美国之音编广播剧，改编莫泊桑、詹姆斯、苏辛尼津等人作品；长篇小说《怨女》在香港《星岛日报》连载；改写《十八春》为《半生缘》；任迈阿密大学驻校作家。

◎ 1967 年任纽约莱德克利夫女子学院驻校作家；开始英译《海上花列传》；赖雅在康桥去世；《半生缘》在《星岛晚报》（港）、《皇冠》杂志（台）连载；英文版《怨女》由伦敦 Cassell 出版社出版，英语评论界评论不佳。

◎ 1968 年台北皇冠出版社重印《传奇》《流言》《秧歌》《怨女》，为"张爱玲热"推波助澜。

◎ 1969 年应陈世骧之邀，赴加州柏克莱大学中国研究中心工作；进行《红楼梦》研究。

◎ 1971 年陈世骧去世，自中国研究中心离职；接受水晶夜访。

◎ 1972 年移居洛杉矶，开始幽居生活。

◎ 1973 年在《皇冠》发表《初评〈红楼梦〉》。台北《幼狮文艺》月刊重刊《连环套》《"卷首玉照"及其他》；水晶《张爱玲的小说艺术》由台北大地出版社出版。

◎ 1974 年在《中国时报》发表《谈看书》与《谈看书后记》；胡兰成自日赴台讲学。

◎ 1975 年在《皇冠》发表《二详红楼梦》；完成英译《海上花列传》（未出版，译稿在搬家中遗失）。

◎ 1976 年台北皇冠出版社出版《张看》；发表《三详红楼梦》；胡兰成自传《今生今世》由台湾远行出版社出版。

◎ 1977 年《红楼梦魇》由台北皇冠出版社出版。

◎ 1978 年在《皇冠》发表《相见欢》《色·戒》《浮花浪蕊》三个短篇小说；《赤地之恋》（删节本）由台湾慧龙出版社出版。

◎ 1981 年译注《海上花》由台北皇冠出版社出版；胡兰成在东京去世。

◎ 1983 年《惘然记》由台北皇冠出版社出版；唐文标编《张爱玲卷》由台北远景出版公司出版。

◎ 1984 年上海《收获》杂志重刊《金锁记》，引起关注；唐文标编《张爱玲资料大全集》由台北时报出版公司出版。

◎ 1987 年《余韵》由台北皇冠出版社出版。

◎ 1988 年《续集》由台北皇冠出版社出版；郑树森编《张爱玲的世界》由

台北允晨文化公司出版。

◎ 1991 年姑姑张茂渊病逝于上海。

◎ 1993 年完成《对照记》。

◎ 1994 年《张爱玲全集》15 册由台北皇冠出版社出版，同年获台湾《中国时报》授予的"特别成就奖"。

◎ 1995 年 9 月 9 日被人发现逝世于公寓内。

后　记

　　承蒙广西师范大学出版社的支持，本书最新版得以再与读者见面。较之前版，这一版的主要变化是根据近年新见的张爱玲作品及史料，对前版的具体记述做了少量的增订与修改。

　　与人一样，每本书都有它自己的遭际与命运。这本书出版以来，能得到许许多多读者的肯定与喜爱，再版多次，一直令我心怀感激。同时，也由于这本书记录着我个人生命中特殊的印迹，我依然珍爱着它，以及与它相关联的时光。

张　均

2019 年 10 月 7 日，于广州